新能源汽车底盘技术

主　编　宋延东　徐　煌
副主编　丁守刚　秦洪艳　冒小文
参　编　陈　勇　钱　辉　秦永法
　　　　朱长建　朱伟标　陈丹丹

机械工业出版社

本书是高等职业教育（本科）和应用型大学新能源汽车工程技术专业教材。本书从新能源汽车底盘的基本知识和最新技术入手，较为系统地介绍了新能源汽车底盘及其各个部分的基本组成和工作原理，主要内容包括新能源汽车底盘概述、新能源汽车动力传动系统构造与原理、汽车行驶系统构造与原理、汽车转向系统构造与原理、汽车制动系统构造与原理、高级驾驶辅助系统（ADAS）。

本书可作为高等职业教育（本科）和应用型大学新能源汽车工程技术专业教材、新能源汽车行业岗位培训教材或自学用书，也可供工程技术人员学习参考。

本书重点难点知识配有二维码动画链接，读者可通过手机扫码观看。为方便教学，本书配有电子课件，凡选用本书作为授课教材的教师均可登录机工教育服务网（www.cmpedu.com）注册后下载。

图书在版编目（CIP）数据

新能源汽车底盘技术/宋延东，徐煌主编. —北京：机械工业出版社，2023.8（2025.6重印）
ISBN 978-7-111-73650-9

Ⅰ.①新… Ⅱ.①宋… ②徐… Ⅲ.①新能源-汽车-底盘-高等职业教育-教材 Ⅳ.①U463.1

中国国家版本馆CIP数据核字（2023）第147797号

机械工业出版社（北京市百万庄大街22号 邮政编码100037）
策划编辑：曹新宇　　　　　　责任编辑：曹新宇 谢熠萌
责任校对：韩佳欣 王 延 封面设计：王 旭
责任印制：张 博
北京机工印刷厂有限公司印刷
2025年6月第1版第5次印刷
184mm×260mm·13.25印张·326千字
标准书号：ISBN 978-7-111-73650-9
定价：45.00元

电话服务　　　　　　　　　　网络服务
客服电话：010-88361066　　　机 工 官 网：www.cmpbook.com
　　　　　010-88379833　　　机 工 官 博：weibo.com/cmp1952
　　　　　010-68326294　　　金 书 网：www.golden-book.com
封底无防伪标均为盗版　　机工教育服务网：www.cmpedu.com

前　言

在数字化浪潮的驱动下，智能化已经成为全球汽车产业发展的必然趋势。随着汽车技术与信息通信、人工智能、大数据、互联网等行业深度融合，新能源汽车正在成为高新技术产业的最佳应用平台和全球产业创新热点与未来发展的制高点。我国已经在国家战略层面明确了新能源汽车产业发展的战略地位。2022 年我国新能源汽车销量达到 688.7 万辆，市场占有率达到 25.6%，占据全球新能源汽车销量的 60% 以上。由于新能源汽车底盘技术的综合性和复杂性，目前国内系统介绍新能源汽车底盘技术的图书和教材较少。本书旨在通过相对完整的新能源汽车底盘技术的介绍，使读者对新能源汽车底盘技术的结构和原理有较为完整的了解。

本书在体系和内容上，依据新能源汽车底盘的结构与原理，参考了国内现有的新能源汽车类教材，并兼顾原有的"汽车构造"课程体系和相关内容，结合教学实践经验和目前新能源汽车工程技术专业学生的教学安排，进行了精心编排和取舍，力求使读者在学习掌握新能源汽车技术的同时，兼顾学习部分传统的汽车构造与原理。其中传动系统的删减比较大，在汽车底盘的传动系统内容中剔除了传统的离合器、变速器等内容，增加了新能源汽车传动系统的内容；在保留传统的行驶系统、转向系统、制动系统的基础上，增加了新能源汽车电控方面的最新内容。另外，本书在学习任务 6 中增加了现代新能源汽车中高级驾驶辅助系统（ADAS）常用的功能。

党的二十大报告指出："推进教育数字化，建设全民终身学习的学习型社会、学习型大国。"本书深入贯彻落实教育数字化的理念，配有电子课件、视频、动画等配套资源，便于读者学习。

本书由南京工业职业技术大学、三江学院、南京工业大学浦江学院、扬州大学、南京工程学院、南通理工学院、江苏知德汽车科技有限公司联合编写。由南京工业职业技术大学宋延东、徐煌任主编；南京工业职业技术大学丁守刚、三江学院秦洪艳、南京工业大学浦江学院冒小文任副主编。

具体编写分工如下：宋延东编写了学习任务 1 并负责本书的统稿工作；丁守刚编写了学习任务 2 的 2.1 和 2.2；冒小文编写了学习任务 2 的

2.3 和 2.4；陈勇编写了学习任务 3 的 3.1~3.3；秦洪艳编写了学习任务 3 的 3.4、3.5 和学习任务 5 的 5.5 和 5.6；钱辉编写了学习任务 4 的 4.1 和 4.2；徐煌编写了学习任务 4 的 4.3、4.4 和学习任务 5 的 5.7、5.8；秦永法编写了学习任务 5 的 5.1~5.4；朱长建编写了学习任务 6 的 6.1~6.3；朱伟标编写了学习任务 6 的 6.4~6.6；陈丹丹编写了学习任务 6 的 6.7 和 6.8。

本书可作为高等职业教育（本科）和应用型大学新能源汽车工程技术专业"新能源汽车底盘"课程教材，也可供从事新能源汽车底盘设计与维修的工程技术人员参考。

在本书的编写过程中，得到了相关企业提供的技术资料，并参考了汽车界同仁的一些著作，在此表示感谢。

由于编者水平有限，书中难免有疏漏和错误之处，恳请广大读者提出宝贵建议，以便进一步修改和完善。

编　者

目 录

学习任务 ① 新能源汽车底盘概述

知识目标

1. 掌握新能源汽车的性能评价指标与含义。
2. 认识新能源汽车与燃油汽车动力传动系统的区别
3. 认识和掌握新能源汽车底盘的各个组成部分。
4. 理解汽车的产品分类及车辆识别代号。

能力目标

1. 能够说明新能源汽车的性能指标与含义。
2. 能够根据定义和功用识别新能源汽车底盘的各个组成部分。
3. 能够分析比较新能源汽车与燃油汽车动力传动系统的区别。
4. 能够根据汽车的VIN判断汽车的相关参数。

1.1 新能源汽车底盘的技术发展状况与结构组成

1.1.1 新能源汽车底盘技术发展状况

汽车从1886年诞生至今，经历了100多年的发展历史。图1-1所示为卡尔·奔驰发明的世界上第一辆汽车，图1-2所示为我国现代常见汽车。

图 1-1 卡尔·奔驰发明的世界上第一辆汽车

图 1-2 我国现代常见汽车

20 世纪 90 年代以前，汽车底盘和车身各系统、各总成主要由机械零件构成，且主要采用机械控制，部分总成采用了液力传动与控制。

20 世纪 90 年代以后，在不断改进和应用液力传动的同时，汽车上越来越广泛地应用了电子控制技术。随着电子控制技术和计算机技术的发展及其在汽车上的应用，新能源汽车集"机、电、液"于一体。新能源汽车底盘及车身电子控制系统在提高汽车的动力性、续驶里程、操纵稳定性、制动性、平顺性等方面起着重要作用。

新能源汽车底盘电子控制系统主要有电子控制自动变速器（Electronic Controlled Transmission，ECT）、电子控制防滑差速器（Electronic Limited Slip Differential，ELSD）、驱动防滑（Acceleration Slip Regulation，ASR；Traction Control System，TCS）系统、电子控制悬架系统（Electronic Control Suspension System，ECSS）、防抱死制动系统（Anti-lock Braking System，ABS）、电子制动力分配（Electric Brake force Distribution，EBD）系统、自适应巡航控制（Adaptive Cruise Control，ACC）系统、电子稳定程序（Electronic Stability Program，ESP）；Vehicle Stability Control，VSC）、电动助力转向（Electric Power Steering，EPS）系统等。

随着汽车技术的进步和 AI 智能控制技术的发展，对汽车整车进行智能化控制得到了迅速发展，现在新出厂的汽车装备 L2 级别的辅助驾驶控制技术已经比较普遍，在不远的将来，汽车自动驾驶控制技术将会得到普遍应用。运用液力机械传动、电子控制技术对汽车整车进行一体化、智能化控制是现代汽车底盘的发展方向。

1.1.2 新能源汽车底盘结构组成

新能源汽车底盘组成和传统燃油汽车一样，由传动系统、行驶系统、转向系统和制动系统四大系统组成，如图 1-3 所示。

图 1-3 新能源汽车底盘组成

1）传动系统。新能源汽车传动系统的功用是将驱动电机的动力传递到驱动轮。

2）行驶系统。行驶系统的功用是安装部件、支承汽车、缓和冲击、吸收振动、传递和承受驱动电机与地面传来的各种力和力矩，并保证汽车正常行驶。行驶系统由车架、车桥、车轮、悬架等组成。

3）转向系统。转向系统的功用是控制汽车的行驶方向，由转向操纵机构、转向器、转向传动机构等组成。新能源汽车普遍地采用了动力转向装置或电控转向系统。

4）制动系统。制动系统的功用是使汽车减速、停车或驻车。一般汽车制动系统应至少设置行车制动和驻车制动两套相互独立的制动装置，每一套制动装置由制动器、制动传动装置组成，现代汽车行车制动装置还装设了防抱死制动系统（ABS）、电子制动力分配（EBD）系统、驱动防滑系统（ASR）、电子稳定控制程序（ESP）等。

1.2　汽车产品分类及车辆识别代号

1.2.1　我国汽车产品分类

《汽车和挂车类型的术语和定义 第1部分：类型》（GB/T 3730.1—2022）中，对汽车的产品进行了如图1-4所示的汽车产品分类。

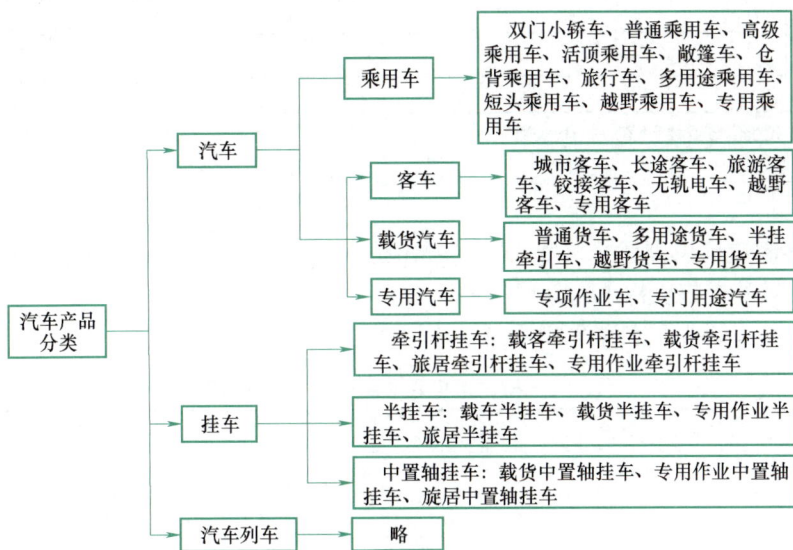

图1-4　汽车产品分类

1.2.2　车辆识别代号和管理规则

现在世界各国汽车公司生产的汽车大部分使用了车辆识别代号（Vehicle Identification Number，VIN）编码。VIN是17位包含字母、阿拉伯数字的编码，又称17位识别代号、车架号或17位号。VIN的每一位代号代表着汽车某一方面的信息参数。车辆识别代号经过排列组合，在30年内生产的任何车辆的车辆识别代号不得相同，具有对车辆的唯一识别性，因此它可称为"汽车身份证"。

VIN仅能采用下列阿拉伯数字、英文字母和大写罗马字母。

数字：1、2、3、4、5、6、7、8、9、0；字母：A、B、C、D、E、F、G、H、J、K、L、M、N、P、R、S、T、U、V、W、X、Y、Z（字母I、O及Q不能使用）。

VIN基本上都在车的前风窗玻璃下面。通过这17位字符不仅能清楚地了解这一车辆的生产厂家、品牌、车辆特征、年代，还能明确底盘、发动机（电动机）功率范围及燃料类型代码（第7位）、驱动形式等信息。

VIN 由世界制造厂识别代号（WMI）（三位），车辆说明部分（VDS）（6 位），车辆指示部分（VIS）（8 位）组成，如图 1-5 所示。

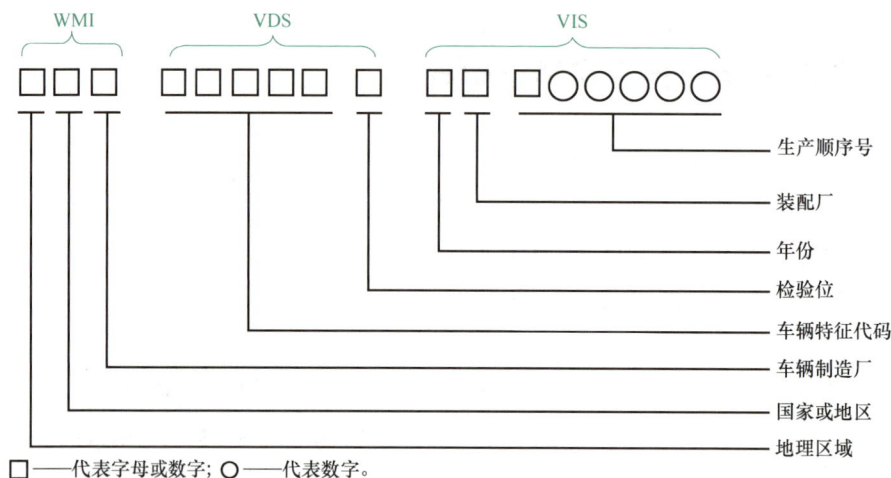

图 1-5　车辆识别代号及含义

（1）世界制造厂识别代号（WMI）　WMI 是车辆识别代号的第一部分，由车辆制造厂所在国家或地区的授权机构预先分配。

国内常见汽车制造厂家的 WMI 见表 1-1。

表 1-1　国内常见汽车制造厂家的 WMI

WMI	制造厂简称	WMI	制造厂简称	WMI	制造厂简称
LSV	上海大众	LVV	上汽奇瑞	LBV	华晨宝马
LFV	一汽大众	LSG	上海通用	LFM	一汽丰田
LDC	东风标致	LKD	哈飞汽车	LVS	长安福特
LS6	长安汽车	LBE	北京现代	LVA、LVB、LVC、LVD	北汽福田
LEN	北京吉普	LFP	一汽轿车		
LHG	广州本田	LZZ、LZK、LZV	中国重汽		

（2）车辆特征说明 VDS（6 位）　第 4~8 位（VDS）：车辆特征，表示车辆种类，应对车辆的一般特征进行描述，其组成代码和排列次序由车辆制造厂决定。

（3）车辆指示部分 VIS（8 位）　车辆指示部分（VIS）是车辆识别代号的第三部分，由 8 位字码组成（即 VIN 码的第 10~17 位）。

1.3　新能源汽车性能及评价

随着我国汽车工业的发展和轿车进入家庭的普及，了解汽车的人也越来越多，但是我们如何来评价一辆新能源汽车的优劣呢？除了用体现新能源汽车价值的价格来进行综合评价，专业上常用动力性、续驶里程、制动性、操纵稳定性、平顺性、通过性、可靠性与耐久性、安全性等特性来评价新能源汽车。

1. 动力性

它是表示汽车动力性能的指标，单位车重的功率越大，动力性能越好。常用三个具体的指标来标示汽车的动力性，即汽车的最高车速 $v_a(\text{km/h})$；汽车的最大爬坡度 $i(\%)$；汽车从静止到 100km/h 所需时间 $t(\text{s})$。上述任意一个指标均能够标示汽车的动力性。

2. 续驶里程

新能源汽车的续驶里程是指新能源汽车（主要是纯电动汽车）上动力蓄电池以全充满状态开始到标准规定的试验结束时所走过的里程，它是新能源汽车重要的经济性指标。

3. 制动性

它是评价汽车安全性能的重要指标。常用 3 个指标来评价汽车的制动性能，与汽车动力性所不同的是，这 3 个指标联合起来才能完全标示制动性能：

1）制动效能，即制动距离 $S(\text{m})$、制动减速度 $a(\text{m/s}^2)$ 或制动时间 $t(\text{s})$。

2）制动效能的恒定性（即抗热衰退性能和水衰退性能）。

3）制动时的方向稳定性，即制动时汽车不发生跑偏、侧滑以及失去转向能力的性能。

所以汽车制动的距离越短或制动减速度越大、制动效能越稳定、制动时的方向稳定性越好，其制动性能也越好。

4. 操纵稳定性

它指汽车按照驾驶人给定的方向行驶，并当遭受外界干扰时，汽车抵抗干扰而保持稳定行驶的能力。常把汽车作为一个控制系统，在给定转向输入时，用汽车曲线行驶的时域响应和频域响应来表征汽车的操纵稳定性。这种响应越迅速、跟随性越好，汽车的操纵稳定性也越好。

5. 平顺性

它指由于路面不平所引发的汽车振动和冲击对成员舒适性的影响在一定界限之内。由路面引起的振动和冲击对人体的影响越小，感觉越舒适。常用主观评价方法和客观评价方法来评价。

1）主观评价方法：采用乘员直接乘坐主观感觉的舒适程度来进行评价。

2）客观评价方法：采用振动加速度的均方根值进行评价。

6. 通过性

汽车的通过性也称为越野性，主要指汽车以一定的车速通过各种坏路面、无路地带以及各种障碍的能力。坏路面和无路地带是指松软路面、凹凸不平路面等，障碍是指陡坡、侧坡、壕沟、台阶、灌木丛、水障等。评价指标采用牵引系数、牵引效率和燃油利用指数来进行评价。与汽车通过性有关的汽车结构参数有最小离地间隙、接近角、离去角、最小转弯直径、纵向通过角等。

7. 可靠性与耐久性

可靠性和耐久性是汽车的重要使用性能，可靠性和耐久性试验在汽车试验工作中占据十分重要的地位。

（1）汽车的可靠性　产品在规定时间、规定条件、规定维护条件完成规定功能的能力，它研究的是与时间有关的质量问题。

汽车的可靠性是指汽车在一定的使用或试验条件下，不发生故障和损坏而能连续正常运行的能力。它直接影响着汽车的其他性能能否正常发挥，汽车是否安全无事故地工作，汽车能否按时准确地完成运输任务（对军用车辆尤其重要），以及备件损耗、运输成本及维修工作量等。

影响汽车可靠性的因素大致有：

1）因零部件的强度不足而损坏，早期不正常磨损而不能正常运行。

2）汽车的某些性能太差，对某种自然条件的适应性差而不能正常工作或引起事故，如操纵失灵、制动失效、气阻及散热器"开锅"等。

（2）汽车的耐久性　产品在规定维修维护条件下，完成规定功能的能力，耐久性考虑的是在规定维修条件下也不能恢复产品规定功能的问题。

汽车的耐久性是汽车在一定的使用或试验条件下，不进行重要总成更换或重大修理而能长期连续正常运行的能力。它直接影响着汽车的大修里程和使用寿命，从而影响汽车的使用成本和完好率，这对于长年使用汽车具有十分重要的意义。

耐久性是对产品寿命的一种度量，即在合理的维修维护情况下产品使用寿命的度量，考量的是寿命长短；可靠性常用来评估故障间隔时间，即产品寿命长度与故障总次数之比，考量的是出现故障频次高低。

8. 安全性

汽车安全性是指汽车在行驶中避免事故，保障行人和乘员安全的性能，一般分为主动安全性、被动安全性、事故后安全性和生态安全性。在道路交通事故中，汽车本身的安全性能也是不可忽视的因素。汽车安全性能好，往往可以避免事故的发生或减轻事故伤亡的程度。

为了保障汽车的安全性，我国制定了《机动车运行安全技术条件》（GB 7258—2017）。

（1）汽车主动安全性　汽车主动安全性又称积极安全性，主要是指汽车防止或减少道路交通事故发生的性能。其主要包括：视认性、操纵稳定性和制动性。此外，还包括减轻驾驶人的疲劳程度、行人的安全性等。

1）视认性，是指可以看见和看清道路、其他车辆、交通信号及仪表的程度。

2）操纵稳定性，是指稳定操控汽车方便、灵活的程度。

3）制动性，是指汽车在高速行驶中进行制动的能力，不仅要能减速和停车，而且不能出现跑偏、侧滑、甩尾等。

（2）汽车被动安全性　汽车被动安全性又称消极安全性，是指事故发生时减小乘员伤亡的能力。其主要包括：结构吸能性、内饰软化、被动安全防护装置及安全玻璃等。

1）结构吸能性，是指汽车在发生碰撞时，汽车结构吸收大部分冲击能量，从而保证座舱变形最小，不挤伤乘员的能力。要求汽车以48km/h的速度与固定障碍物正面碰撞时，乘员不致危及生命。为了满足这一要求，汽车应当有一个可变形而吸收能量的车头A舱和车尾C舱结构，并有一个有足够大刚性而且形状稳定的座舱B舱。通常将汽车头部A舱和尾部C舱的刚度设计得小于座舱B舱的刚度，使头部和尾部尽量吸收碰撞时产生的冲击能量。为此，在汽车设计中，应采用计算机辅助工程，用有限元分析的方法设计车身的结构，并且对新开发的车型进行上百次碰撞试验，以确保汽车达到上述要求。通常在汽车侧面车门设有加强刚性的横梁，以防止车门在碰撞后变形。

2）内饰软化，是指汽车座舱内部的各种器件表面无凸起，材质柔软有弹性，尽可能减少尖角、凸棱和凸出的零件，在发生碰撞时能减少乘员所受的伤害。内饰软化的范围包括转向盘、仪表板、侧围、顶篷、座椅、地板以及遮阳板等凸出的附件。有的汽车的转向盘在碰撞时可以收缩，有的座椅加有头枕，以防后部被撞时头部受伤。

3）被动安全防护装置，包括安全带、安全气囊、转向安全防护装置等。

4）安全玻璃，受碰撞后只裂不碎或碎块不呈尖角，可以减少对乘员或行人的伤害。同时，在碰撞后安全玻璃仍能保持一定的能见度，避免妨碍驾驶人的视线而造成第二次事故。在汽车撞上行人时，安全玻璃也可以减少对行人造成的伤害。

（3）事故后安全性　它是指汽车能减轻事故后果的性能。它主要包括能否迅速消除事故后果，同时能否避免新的事故发生。

（4）生态安全性　它是指汽车行驶噪声和电磁波等对环境的影响。

1.4　燃油汽车与新能源汽车动力传动系统的性能比较

1. 燃油汽车动力传动系统

燃油汽车传动系统的功用是将发动机的动力按需要传给驱动轮。按结构和传动介质的不同，汽车传动系统可分为机械式、静液式、液力机械式和电力式等。机械式和液力机械式运用最为广泛。

燃油汽车传动系统的组成与传动系统的类型、布置形式及汽车驱动形式等许多因素有关。图 1-6 为 SUV 燃油汽车传动系统组成，它主要由离合器、变速器、万向节、传动轴、差速器、半轴等组成。发动机的动力依次经过各总成传给驱动轮，驱动汽车前进。而现在轿车中采用自动变速器的越来越多，其底盘包括自动变速器、万向传动装置、驱动桥等，即用自动变速器取代了离合器和手动变速器；如果是越野汽车（包括 SUV，即运动型多功能车），还应包括分动器。

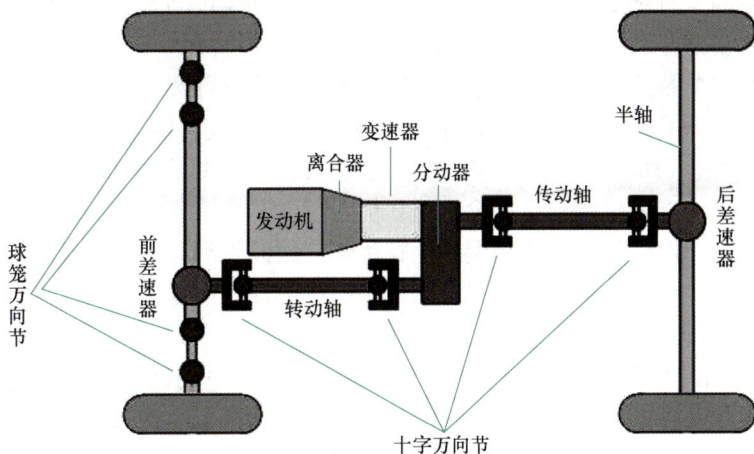

图 1-6　SUV 燃油汽车传动系统组成

燃油汽车传动系统各总成的功用：

1）离合器：按照需要适时地切断或接合发动机与传动系统之间的动力传递。

2）变速器：改变发动机输出转速的高低、转矩的大小及旋转方向，也可以切断发动机向驱动轮的动力传递。

3）万向传动装置（万向节）：将变速器输出的动力传递给主减速器，并适应两者之间距离和轴线夹角的变化。

4）主减速器：降低转速，增大转矩，改变动力的传递方向（90°）。

5）差速器：将主减速器传来的动力分配给左右两半轴，并允许左右两半轴以不同角速度旋转，以满足左右两驱动轮在行驶过程中差速的需要。

6）半轴：将差速器传来的动力传给驱动轮，使驱动轮获得旋转的动力。

对于四轮驱动的汽车，在变速器与万向传动装置之间还装有分动器，其作用是将发动机的动力分配给前后桥。

液力机械式传动系统的特点是组合运用液力传动和机械传动，以液力机械变速器取代机械式传动系统中的摩擦式离合器和普通齿轮式变速器，其他组成部件及布置形式均与机械式传动系统相同。

燃油汽车的四驱传动系统由于前后轮驱动是机械传动连接，在汽车四驱行驶时，如果汽车转向、制动则会存在某种程度的干涉现象，严重的会造成车轮出现滑移而容易出现行驶的不稳定现象和车轮磨损。而在非四驱时，自由转动的那部分四驱机械传动系统又会产生汽车的加速阻力并增大整车质量，造成汽车动力性和制动性的下降。

2. 新能源汽车动力传动系统

20世纪70年代以来，汽车开始了电子化进程，汽车电子化是汽车发展进程中的一次革命，汽车电子化的程度被看作衡量现代汽车水平的重要标志。伴随电子化过程，汽车动力传动系统的发展主要呈现电动化与智能化的特性，一方面动力传动系统的传统机械、液压、气动执行器逐渐被电动执行器所代替，另一方面，随着计算机技术、传感器技术和AI技术的快速发展，动力传动系统的电子控制单元在控制性能、自诊断、自学习等方面的自动化和智能化程度越来越高。特别是新能源汽车出现后，新能源汽车传动系统与燃油汽车相比较为简化，特别是纯电动汽车动力传动系统简化程度较大。

新能源汽车主要是按照动力传动系统的传动方式和能源种类进行分类，主要有混合动力电动汽车（插电式混合动力电动汽车，包括串联式、并联式和混联式，驱动形式有两驱和四驱）、纯电动汽车（两驱和四驱）和燃料电池电动汽车（两驱和四驱）。两驱又称为单电机驱动，四驱又称为双电机驱动（不含发电机）。

新能源汽车由于电机的调速范围大的比较优势，因此无须采用变速装置，四驱时是双电机驱动，两个电机之间没有机械连接，不会出现前述燃油汽车四驱时的干涉现象。

3. 两种动力传动系统的性能比较

（1）传统燃油汽车发动机性能曲线　无论是混合动力电动汽车还是纯电动汽车，只要是由电机驱动的动力传动系统，其动力性能都远优于燃油汽车的动力传动系统，这主要是由于传统燃油汽车发动机的内在缺陷造成的，传统燃油汽车缸内直喷发动机（目前为止发展最好的燃油发动机）的性能曲线如图1-7所示，其功率和转矩曲线的最低对应转速不能为0，因为燃油发动机必须有怠速转速，仅仅是维持发动机运转，而不能够对外做功，此时的尾气排放危害也最大（转速为0，发动机也就熄火了）。发动机再次运转需要重新起动，重新起动的尾气排放危害也很大。燃油发动机在较高转速（3000r/min）时性能较好。

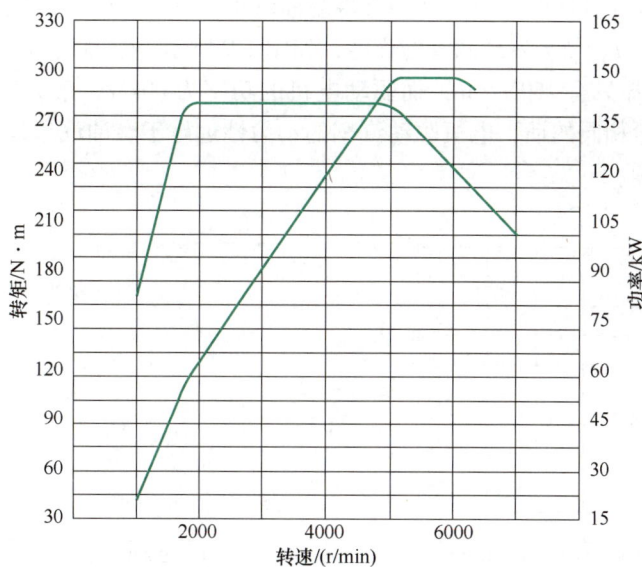

图 1-7 某 2.0TSI 缸内直喷发动机性能曲线图

（2）新能源汽车驱动电机性能曲线 由于驱动电机本身具有低速大转矩的性能优势，因此电机驱动是汽车的最佳动力匹配模式。图 1-8 所示为特斯拉 Model S 驱动电机性能曲线图，从图上可以看出，曲线都是从转速 0 开始的，而且在车速为 0~40mile/h（1mile≈1.61km）的范围内，转矩均为最大值。这一特点，使电机驱动汽车相比燃油汽车有显著加速性能优势。一般售价十几万或是几十万的电机驱动汽车可以媲美造价几百万甚至上千万的燃油汽车的加速性能。

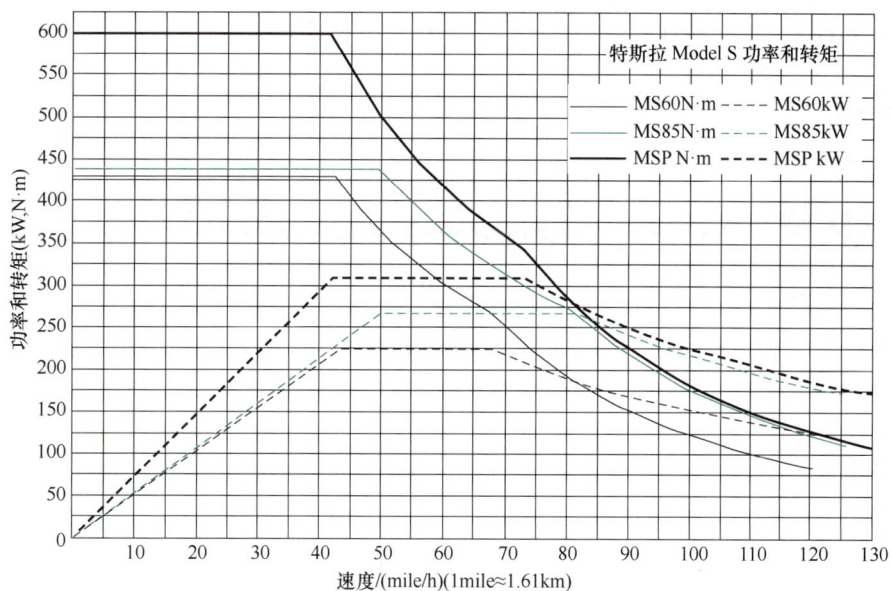

图 1-8 特斯拉 Model S 驱动电机性能曲线图

（3）两者传动系统性能曲线比较　如果将燃油汽车的发动机性能曲线和新能源汽车的驱动电机性能曲线做比较，就会发现两者的优劣，如图 1-9 所示。燃油汽车发动机的最大功率接近 90kW，最大转矩却只有 150N·m，而驱动电机的功率为 60kW，最大转矩却有 380N·m，如果两车的整备质量相同的话，电机驱动汽车的动力性远好于燃油汽车，而且在行驶过程中污染更小甚至无污染。

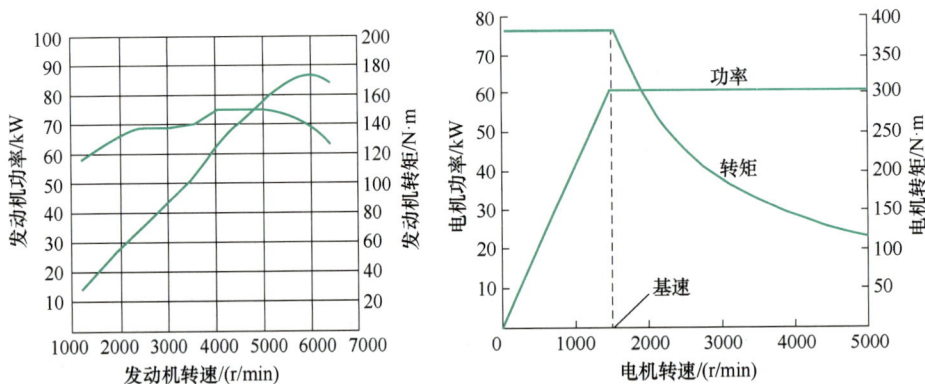

图 1-9　燃油汽车的发动机性能曲线和新能源汽车的驱动电机性能曲线比较

复习思考题

1. 填空题

1）汽车的性能主要可以从 _____、_____、_____、_____、_____、_____、_____、_____ 等方面描述。

2）汽车的车辆识别代号共有 _____ 位，其中第 10 位是 _____，2023 年应是 _____。

2. 简答题

1）新能源汽车传动系统的组成部件有哪些？

2）一辆新能源汽车的 VIN 为 LJ1E6A3U8J7709322，请说出该辆汽车的生产年号，并校核计算出 VIN 中第 9 位校验码数字的正确性。

3）为什么新能源汽车的起步加速性能优于传统的燃油汽车？请阐述原因。

学习任务 2 新能源汽车动力传动系统构造与原理

知识目标

1. 了解各种新能源汽车动力传动系统的基本功用和结构特点。
2. 了解新能源汽车各个动力传动系统主要总成的功用、基本组成和工作原理。
3. 掌握动力传动系统维护内容及主要零件的检修方法。
4. 掌握驱动桥的结构及工作原理,掌握各种差速器的工作原理。

能力目标

1. 能描述混合动力电动汽车动力传动系统的基本组成和工作原理。
2. 能描述纯电动汽车动力传动系统的基本组成和工作原理。
3. 能描述氢燃料电池电动汽车动力传动系统的基本组成和工作原理。
4. 能进行差速器、主减速器的装配、调整与维修。
5. 掌握行星齿轮机构的工作原理。

2.1 混合动力电动汽车(HEV)动力传动系统

2.1.1 混合动力电动汽车概述

混合动力电动汽车(Hybrid Electric Vehicle,HEV)指的是采用内燃机和电动机两种动力源驱动的汽车,其特点是充分发挥了内燃机的动力性和电驱动的经济性,具有很高的自由度,布置灵活,可根据车辆的不同动力性需求设计传动形式。混合动力电动汽车的特点在于其动力输出系统由内燃机与电动机共同组成,内燃机与电动机在组合动力输出方面有着非常灵活的选择性。混合动力电动汽车传动形式可分为串联型、并联型和混联型。

混合动力汽车基本原理

混合动力电动汽车的传动系统基于车辆行驶需求,可实现化石能、电能的功率分流和匹配。其发展趋势可以概括为以下三点。

(1)动力连接方式多元化 随着混合动力电动汽车的发展,各种动力形式的匹配越来

越趋向单一化，匹配方案不再简单地以串联型和并联型进行划分。

（2）传动系统更加紧凑　随着行星排的巧妙利用，传动系统的变速机构更加紧凑。通过对各行星排之间自由度的约束，可实现多档间的可靠性换档。

（3）基于电动机的辅助作用，可实现对发动机动力的无级传动　混合动力电动汽车可以通过行星机构实现电动机对发动机功率的补充，使发动机的功率输出范围尽可能地贴合路面行驶需求，使发动机能在较为经济的工况下实现动力输出，同时延长车辆的续驶里程。

2.1.2　混合动力电动汽车的构造与原理

1. 串联型混合动力电动汽车

串联型的特点在于发动机与电动机、驱动桥是串联的，如图 2-1 所示。串联型的混合动力驱动方式采用发动机带动发电机，将化石燃料的化石能转化为电能，进而储存或直接供给电动机驱动车辆。发动机和驱动桥采用的不是机械的固态连接，而是以电能为介质，可实现能量在化石能和机械能、电能与机械能间的传递。在自动变速器方面，串联型混合动力可简化地将发动机看作一种电源装置，车辆由电动机直接驱动。由于电动机在动力学方面具有的特点，能很好地满足车辆行驶的功率需求。因此，串联型混合动力电动汽车的传动系统可省略或仅需针对少数特殊工况设计，其结构十分简单。

发动机驱动发电机发电，电能通过电动机驱动车轮。

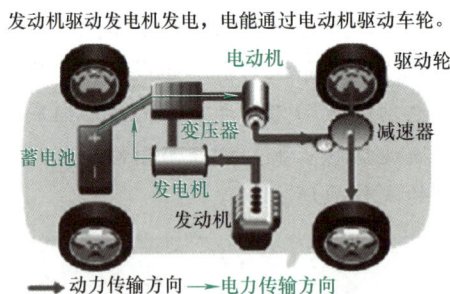

图 2-1　串联型混合动力电动汽车结构

2. 并联型混合动力电动汽车

并联型混合动力电动汽车的发动机和电动机均通过某种类型的变速器与车轮有直接的连接，如图 2-2 所示。这种结构会使发动机的运行转速受到车速的影响，发动机的输出转矩会随着电动机辅助而增加。并联型的发动机与车速的关联使其在控制车辆排放方面不如串联型灵活，但这种连接方式可利用电动机平衡发动机的转矩负荷，使发动机在更高的效率区域工作。并联型混合动力电动汽车有两种基本类型：以发动机作为主要动力源，电动机助力；以电动机作为主要动力源，发动机助力。并联型混合动力电动汽车发动机与电动机之间采用物理连接，导致并联型控制比串联型复杂得多。

3. 混联型混合动力电动汽车

混联型混合动力电动汽车的适应性强，在实现产业化的混合动力电动汽车产品中应用广泛。丰田公司在混联型混合动力电动汽车方面获得了一定的成果。THS-Ⅱ为"单行星排、带传动方式"：发动机产生的动力经过扭转减振器与单星排的行星架相连，有两个电动机分别与太阳轮、齿圈相连。其中，行星排的齿圈和行星轮的直接动力可以分离，齿圈为系统输发动机和电动机共同驱动车轮，两种驱动力可根据驾驶状况分开使用，由于不能关闭发动机行驶，电动机只是被用于辅助发动机。

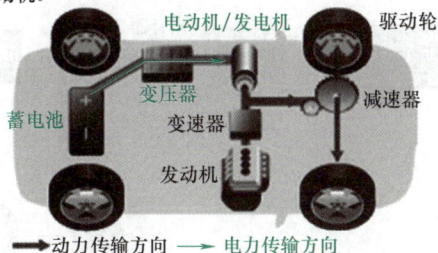

图 2-2　并联型混合动力电动汽车结构

出部件，通过带轮实现减速增矩，以满足汽车行驶的需求。THS-Ⅲ 为"双行星排传动方式"：采用两个平行的行星排，可实现发动机和两个电动机直接的功率分配。单行星 CVT 式传动机构由 1 个行星排和 1 个 CVT 机构组成，其结构简单，且仅需 1 个电动机提供辅助动力。该方案将行星齿轮机构与金属带式 CVT 相结合，实现了功率分流和无级变速。其中，部分功率经 CVT 传递至输出端，提高了传动效率。该方案无须电动机参与调速，实现了全机械传动，不存在能量转换，效率高；不足之处为速比范围较小、发动机驱动时的最低稳定车速较大，如图 2-3 所示。

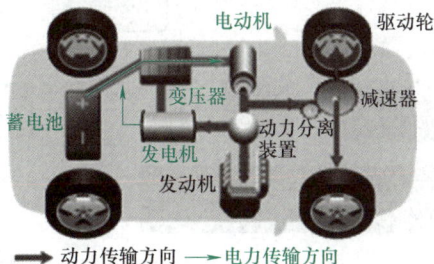

图 2-3　混联型混合动力电动汽车结构

2.1.3　典型插电式混合动力电动汽车传动系统介绍——民族品牌比亚迪汽车混动系统

1. 比亚迪第一代 DM 混动系统

比亚迪第一代 DM 混动系统的设计理念主要以节能为技术导向，通过双电动机与单速减速器的结构搭配 1.0L 自吸三缸发动机，实现了纯电、增程、混动（包括直驱）、动能回收四种驱动方式。第一代 DM 混动系统发动机的最大功率为 50kW，发电机峰值功率为 25kW，驱动电机峰值功率为 50kW。整套系统相互匹配，实现了纯电百公里电耗 16kWh/100km，综合工况油耗 2.7L/100km 的成绩。第一代 DM 混动系统虽然为插电式混合动力系统，但其却和纯电动汽车一样，配有快充接口，可以在 10min 内充电 50%。第一代 DM 混动系统的结构属于经典的 P1、P3 电动机架构，如图 2-4 所示。

这种混动系统的特点是：

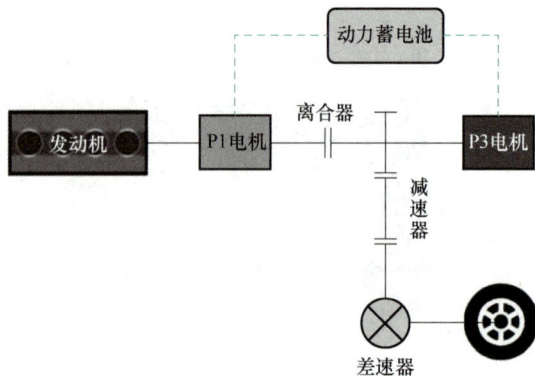

图 2-4　比亚迪第一代 DM 混动系统结构

1）发动机与发电机（P1 电机）直接连接。

2）驱动电机（P3 电机）位于离合器后。

3）通过离合器可控制发电机（P1 电机）与驱动电机（P3 电机）耦合。

4）所有的功率流最终通过减速器传递到输出轴驱动车轮。

第一代 DM 混动系统同样有四种基本的驱动模式：

1）纯电驱动模式：发动机不起动，离合器分离，驱动电机驱动车辆，如图 2-5 所示。

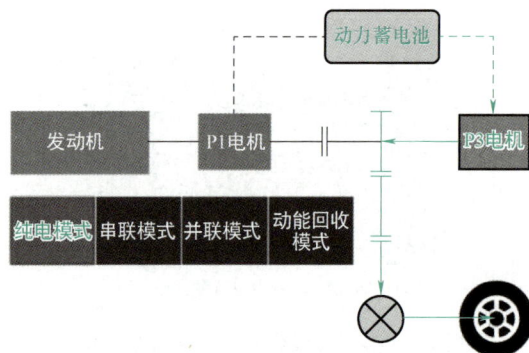

图 2-5　纯电驱动模式结构

2）串联驱动模式（增程模式）：发动机起动带动发电机发电供给动力蓄电池，驱动电机驱动车辆，如图 2-6 所示。

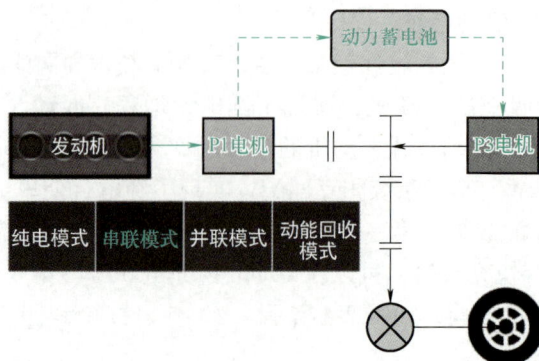

图 2-6　串联驱动模式结构

3）并联驱动模式：发动机起动且离合器耦合，此时发电机和驱动电机同时做功，共同驱动车辆，如图 2-7 所示。

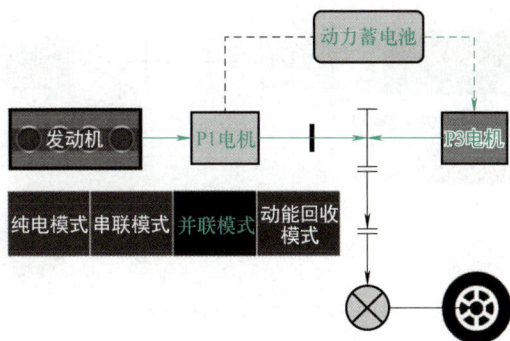

图 2-7　并联驱动模式结构

4）动能回收模式：离合器断开，驱动电机回收动能，如图 2-8 所示。

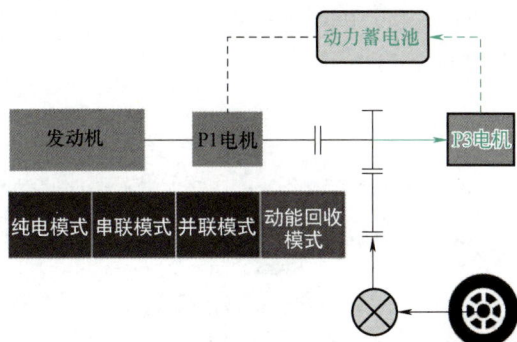

图 2-8　动能回收模式结构

5）此外，第一代 DM 混动系统为巡航时的特殊工况，还设计了两种巡航模式。

巡航直驱模式时，离合器耦合，发动机直接驱动车辆，发电机和驱动电机不做功，如图 2-9 所示；巡航发电模式时，发动机起动，发电机发电给蓄电池充电，离合器结合驱动车辆，而此时驱动电机不做功。如图 2-10 所示。

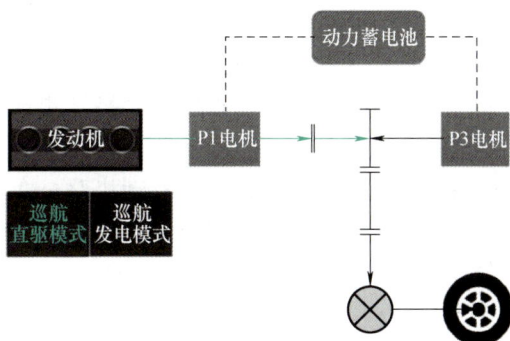

图 2-9　巡航直驱模式结构

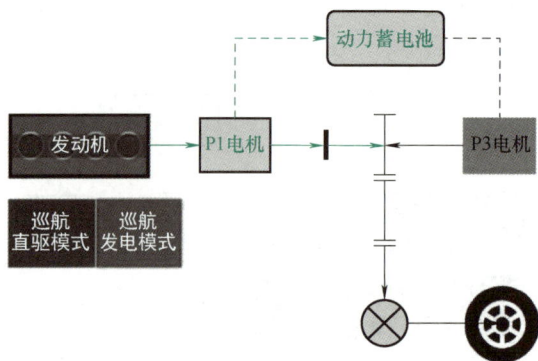

图 2-10 巡航发电模式结构

2. 比亚迪 DM-i 混动系统（EHS 或 E-CVT）

比亚迪 DM-i 混动系统：一套以电为主的自研混动系统，拥有三大核心混动技术，四种主要的混动模式，能提供低油耗、高舒适性的驾驶体验。

比亚迪 DM-i 混动系统拥有电池、电控和电控芯片等关键部件研发和制造的能力。比亚迪 DM 混动系统的技术路线如图 2-11 所示。

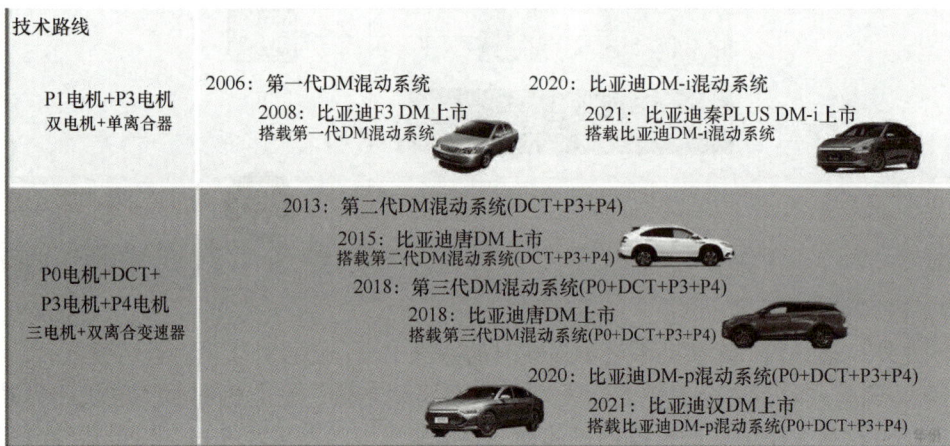

图 2-11 比亚迪 DM 混动系统的技术路线

第一代 DM 混动系统的设计理念是节能省油，比亚迪 DM-i 混动系统则通过增加大功率电动机和大容量蓄电池，使得发动机成为动力的辅助部件，最终达到多用电，少用油的效果。

比亚迪 DM-i 混动系统包括自主研发了插混专用发动机骁云 1.5L 和 1.5Ti 及其控制系统、电机控制系统和蓄电池管理系统等核心控制系统，专门为比亚迪 DM-i 混动系统研制的混动专用变速器，比亚迪称之为 EHS 或 E-CVT，比亚迪 DM-i 混动系统拆解示意图如图 2-12 所示。

（1）骁云 1.5L 发动机 骁云 1.5L 发动机的峰值功率为 81kW、峰值转矩为 135N·m，通过 15.5 超高压缩比、阿特金森循环、高效的 EGR（25%）、低摩擦和取消传统轮系等多

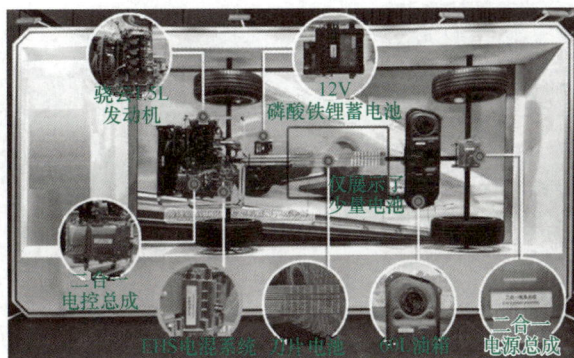

图 2-12　比亚迪 DM-i 混动系统拆解示意图

项技术优化，理论上实现了热效率 43.04% 的目标。1.5Ti 发动机有 12.5 的压缩比，其涡轮增压器采用了可变截面的设计，使得增压器能在更宽的转速范围内进行增压，既可保证在低转速工况下的增压效果，也不影响高转速工况下的排气压力。比亚迪骁云 1.5L 和 1.5Ti 发动机如图 2-13 所示。

图 2-13　比亚迪骁云 1.5L 和 1.5Ti 发动机

（2）混动专用变速器　比亚迪混动专用变速器称为 EHS 或 E-CVT。EHS 的结构为串并联双电动机结构，对第一代 DM 混动系统以电驱动进行了全面的优化：比亚迪 DM-i 混动系统将两个最高转速为 16000r/min 的高速电动机并列放置，从而将整个混动专用变速器的体积减小了约 30%，同时减小了约 30% 的质量。EHS 外形图如图 2-14 和 EHS 组成如图 2-15 所示。

将发动机直连发电机（P1 电机或 ISG 电机），通过离合器与减速齿轮相连，最后连接输出轴；而驱动电机（P3 电机）直接连接减速齿轮，最终功率同样传给输出轴，效率更高，更省油。DMi（EHS）系统结构示意图如图 2-16 所示。

图 2-14　EHS 外形图

图 2-15　EHS 组成

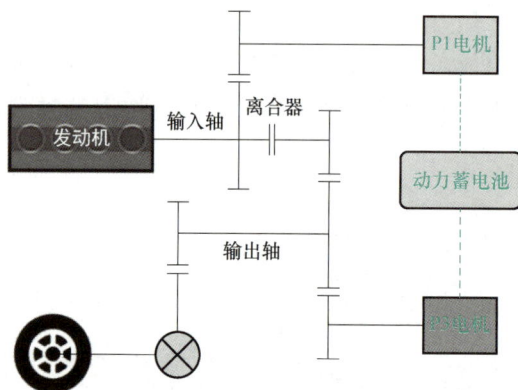

图 2-16　DMi（EHS）系统结构示意图

根据驱动电机的功率，目前 EHS 有三个型号，见表 2-1。

表 2-1　EHS 型号及匹配

型号	发电机峰值功率/kW	驱动电机峰值功率/kW	匹配的发动机
EHS132	75	132	1.5L
EHS145	75	145	1.5L
EHS160	90	160	1.5Ti

而比亚迪 DM-i 混动系统同样拥有混动系统常见的工作模式。

1）纯电模式：在起步与低速行驶时，驱动电机由动力蓄电池供能驱动车辆，如图 2-17 所示。

2）串联模式：发动机带动发电机发电，通过电控系统将电能输出给驱动电机，直接用于驱动车轮。在中低速行驶或者加速时，若 SoC（System on Chip）值较高，则整车控制策略会将驱动模式切换为纯电模式，发动机停机。若 SoC 值较低，则控制策略会使发动机工作在油耗最佳效率区，同时将富余能量通过发电机转化为电能，暂存到动力蓄电池中，实现全工况使用不亏电，如图 2-18 所示。

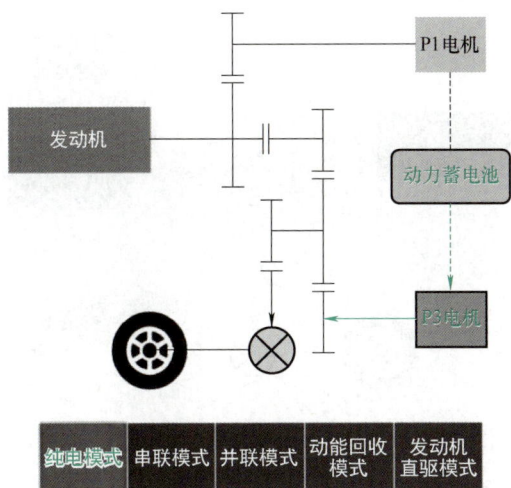

图 2-17　纯电模式结构

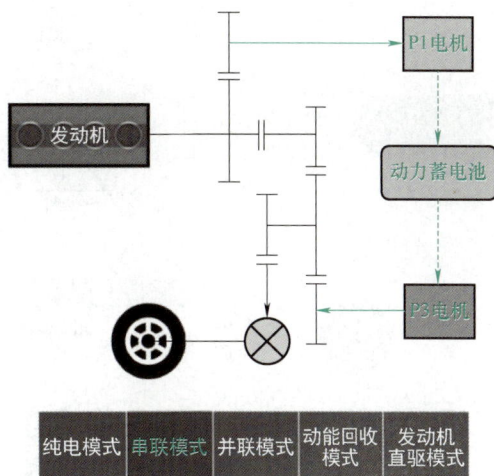

图 2-18　串联模式结构

3）并联模式：当整车行车功率需求比较高时（例如高速超车或者超高速行驶），发动机会脱离经济功率，此时控制系统会让动力蓄电池在合适的时间介入，提供电能给驱动电机，与发动机形成并联模式，如图 2-19 所示。

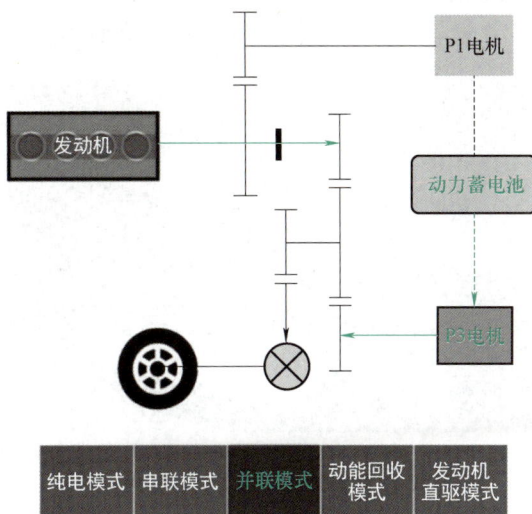

图 2-19　并联模式结构

4）动能回收模式：当制动时，动能通过驱动电机进行回收，如图 2-20 所示。

5）发动机直驱模式：在高速巡航时，通过 EHS 内部的离合器模块将发动机动力直接作用于车轮，将发动机锁定在高效率区，同时为了避免发动机能量的浪费，发电机和驱动电机随时待命，在发动机功率有富余时，及时介入将能量转化为电能，存储在动力蓄电池中，提高整个模式内能量利用率，如图 2-21 所示。

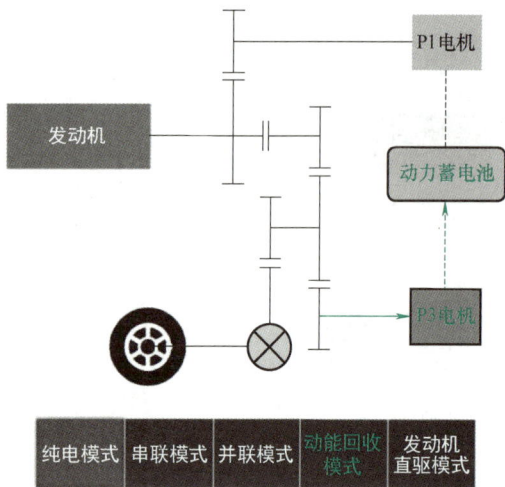

图 2-20 动能回收模式结构

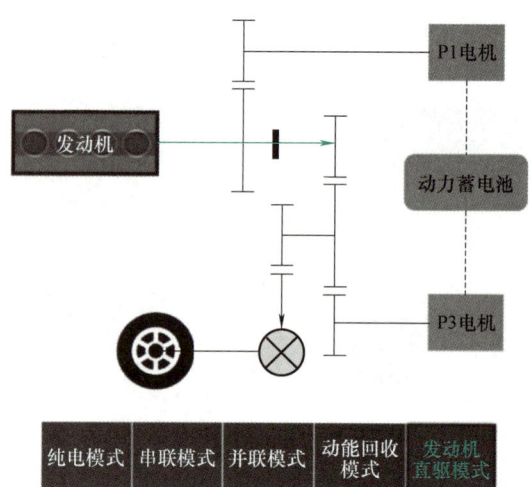

图 2-21 发动机直驱模式结构

EHS 有几项比较关键的技术。

1）扁线电动机：EHS 中的电动机采用了扁线成形绕组技术，电动机的最高效率达到了 97.5%，额定功率提高 32%，高效区间（效率大于 90% 的区间）占比高达 90.3%，质量功率密度达到 5.8kW/kg。比亚迪扁线电动机示意图如图 2-22 所示。

图 2-22 比亚迪扁线电动机示意图

2）自研的第四代 IGBT 系统：比亚迪电控的综合效率高达 98.5%，电控高效区（即电控效率超过 90% 的区域）占比高达 93%，极大地降低了电控损耗，提高了效率。总的来说，EHS 核心是让发动机专注在最佳效率区间运行，而更多地发挥电动机的作用。

（3）刀片电池 刀片电池（图 2-23）对于整套比亚迪 DM-i 混动系统而言，其重要性与骁云发动机和 EHS 一样。比亚迪 DM-i 混动系统使用的刀片电池与纯电车型使用的刀片电池略有不同，称为混动专用功率型刀片电池，如图 2-24 所示。其特点如下：

图 2-23　比亚迪刀片电池示意图

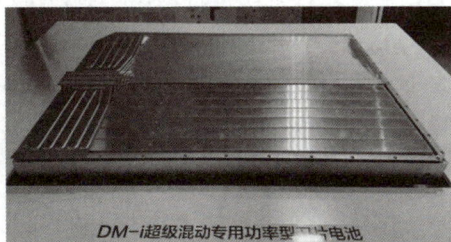

图 2-24　混动专用功率型刀片电池

1）单节电池电压达到 20V：每节电池内串联了若干节软包卷绕式电芯，使得单节电池电压达到 20V 以上，确保电池在低电量时，仍能有足够的电压保证电动机的驱动效率。

2）电池组可灵活搭配：单个电池组由 10 片至 20 片刀片电池组成，即电量在 8.3～21.5kWh 之间，理论纯电续驶里程可设定在 50～120km 之间。比亚迪可以在不同级别的车型上搭配不同容量电池组。

3）结构简化，空间利用率高：这是比亚迪刀片电池的共同特点，例如电池采用纵向排列，这样就可以将电芯采样线、电线、数据线等置于一侧，从而降低结构复杂度，同时也提升了电池组的单位能量密度。搭载比亚迪 DM-i 混动系统的比亚迪秦 PLUS DM-i、宋 Pro DM-i 车型如图 2-25 所示。

图 2-25　搭载比亚迪 DM-i 混动系统的比亚迪秦 PLUS DM-i、宋 Pro DM-i

2.1.4　典型混合动力电动汽车传动系统介绍——丰田混合动力系统（THS）

在丰田混合动力系统（Toyota Hybrid System，THS）中，作为变速系统的 ECVT 的核心部件是一个行星齿轮机构，其结构如图 2-26 所示，行星轮支架连接发动机、太阳轮连接发电机、齿圈通过与差速器连接将动力传递至车轮。ECVT 充分利用了行星齿轮系的优势，根据工况不同，发电机和电动机均可发电或者驱动。

为了便于更好地理解 THS 的特点和工作原理，下面先来学习一下行星齿轮机构的结构和工作原理。

1. 行星齿轮变速机构及其执行元件

行星齿轮机构的组成包括太阳轮、齿圈和行星架，行星轮虽然参与传动，但是其作用相当于中间过渡的惰轮，在进行传动比计算时，只需考虑其是否改变转动方向，而不考虑其对传动比的影响。行星齿轮机构的作用是可以提供几个不同的传动比供选择，而改变传动比则需要用换档执行机构进行操作。换档执行机构的作用是实现档位的变换。

（1）单排行星齿轮机构的结构和传动比　单排行星齿轮机构是由一个太阳轮、一个带有多个行星齿轮的行星架和一个齿圈组成，如图 2-27 所示。由于斜齿轮具有传动平稳、啮合噪声小、承载能力强等特点，行星齿轮机构全部采用斜齿轮。

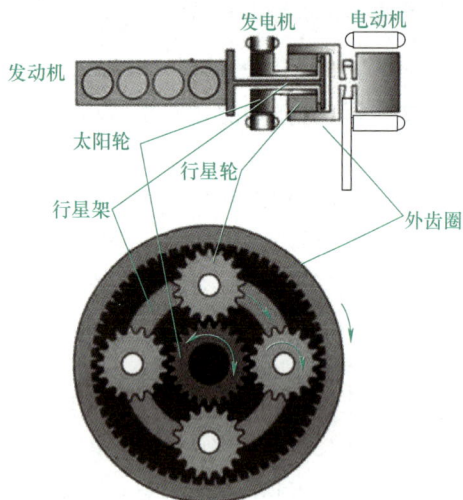

图 2-26　ECVT 结构

图 2-27　单排行星齿轮机构

设太阳轮、齿圈和行星架的转速分别为 n_1、n_2 和 n_3，太阳轮和齿圈齿数分别为 z_1 和 z_2，齿圈与太阳轮的齿数比为 α。根据能量守恒定律，可得单排行星齿轮机构一般运动规律的特性方程式：

$$n_1 + \alpha n_2 - (1+\alpha) n_3 = 0 \tag{2-1}$$

其中 $\alpha = \dfrac{z_2}{z_1} > 1$，由于式（2-1）为三元一次齐次方程，三个未知数清晰地表明了单排行星机构具有两个自由度。因此，参数不能够唯一确定，需要将三构件中的任一构件进行约束，则变为一个自由度的机构，必须再给定一个条件才能够传递动力并计算传动比。

若齿圈固定，太阳轮主动，行星架被动，则太阳轮带动行星齿轮沿静止的齿圈旋转，从而带动行星架以较慢的速度与太阳轮同向旋转，传动比为 $i_{13} = 1 + \alpha$，为前进降速档，减速相对较大。

若齿圈固定，行星架主动，太阳轮被动，则传动比为 $i_{31} = \dfrac{1}{1+\alpha}$，为前进超速档，增速相对较大。

若太阳轮固定，齿圈主动，行星架被动，则传动比为 $i_{23} = 1 + \dfrac{z_1}{z_2} = 1 + \dfrac{1}{\alpha}$，为前进降速档，减速相对较小。

若太阳轮固定，行星架主动，齿圈被动，则传动比为 $i_{32} = \dfrac{z_2}{z_1 + z_2} = \dfrac{\alpha}{1+\alpha}$，为前进超速档，增速相对较小。

若行星架固定，太阳轮主动，齿圈被动，则传动比为 $i_{12} = \dfrac{-z_2}{z_1} = -\alpha$，为倒档，减速档。行星架固定，行星齿轮只能自转，太阳轮经行星齿轮带动齿圈旋转输出动力。齿圈的旋转方向与太阳轮相反。

若行星架固定，齿圈主动，太阳轮被动，则行星架固定，行星齿轮只能自转，齿圈经行星齿轮带动太阳轮旋转输出动力。太阳轮的旋转方向与齿圈相反，传动比为 $i_{21} = \dfrac{-z_1}{z_2} = \dfrac{-1}{\alpha}$，为倒档，超速档。

直接传动时，若三构件中的任两构件被连接在一起，则第三构件必然与这两者以相同的转速、相同的方向转动。

自由转动时，若所有构件均不受约束，则行星齿轮机构失去传动作用。此种状态相当于空档。

上述各工况列于表 2-2。

表 2-2　单排行星齿轮机构的工况

状态	固定部件	输入部件	输出部件	传动比	旋转方向	档位
1	齿圈	太阳轮	行星架	$1+\alpha$	同向	降速档
2	齿圈	行星架	太阳轮	$1/(1+\alpha)$	同向	超速档
3	太阳轮	齿圈	行星架	$1+1/\alpha$	同向	降速档
4	太阳轮	行星架	齿圈	$\alpha/(1+\alpha)$	同向	超速档
5	行星架	太阳轮	齿圈	$-\alpha$	反向	倒档（降速档）
6	行星架	齿圈	太阳轮	$-1/\alpha$	反向	倒档（超速档）
7	无	任意两个	第三元件	1	同向同速	直接档
8	无	不定	不定	0	不动	空档

行星齿轮机构与外啮合齿轮机构相比具有以下优点：

1）所有行星齿轮均参与工作，都承受载荷，行星齿轮工作更安静，强度更大。

2）行星齿轮工作时，齿轮间产生的作用力由齿轮系统内部承受，不传递到变速器壳体，变速器可以设计得更薄、更轻。

3）行星齿轮机构采用内啮合与外啮合相结合的方式，与单一的外啮合相比，减小了变速器尺寸。

4）行星齿轮系统的齿轮处于常啮合状态，不存在换档时的齿轮冲击，工作平稳，寿命长。

（2）多排行星齿轮机构　当需要多种传动方案或是多种档位的传动需求时，单排行星齿轮机构往往无法满足。当单排行星齿轮机构不能满足汽车行驶中变速变矩的需要时，常将两排或多排行星齿轮机构组合在一起使用以满足汽车需要的多种传动比，而且要求控制简单、方便，成本低。常见的两种组合的行星齿轮机构有辛普森式行星齿轮机构和拉威娜式行星齿轮变速机构。

1）辛普森式行星齿轮机构。辛普森式行星齿轮机构是多排行星齿轮机构的杰出代表之一。辛普森式行星齿轮机构将两个单行星的行星齿轮机构组合在一起，通过不同的组合方式，可以得到多种传动比。

辛普森式行星齿轮机构具有传动效率高、构件的转速较低、内部无功率循环、由齿圈输入动力对强度有利等优点。

辛普森式行星齿轮机构的结构特点：

① 两排单行星的行星齿轮机构共用一个太阳轮。

② 前排行星齿轮机构的行星架和后排行星齿轮机构的齿圈连接并作为输出。

辛普森式行星齿轮机构由前排齿圈、前排与后排太阳轮组件、后排行星架、前排行星架与后排齿圈组件4个独立的元件组成。这种组合的4个独立的元件被2个行星排的方程式所定义，所以仍然是2个自由度的机构，只需再给定一个约束条件，即可进行动力传递。

辛普森式行星齿轮机构由两个单排单行星的行星排组合而成，能提供多个传动速比。

在辛普森式行星齿轮机构的前面再加一排超速行星排则变成4档辛普森式行星齿轮机构，如图2-28所示。它由3个行星排组成，超速行星排由制动器B_0、离合器C_0和单向离合器F_0控制换档；辛普森式行星齿轮机构的2个行星排由离合器C_1、C_2，制动器B_1、B_2、B_3，单向离合器F_1、F_2控制换档。它们共同作用组成了包含超速档在内的4个前进档和1个倒档的自动变速器。

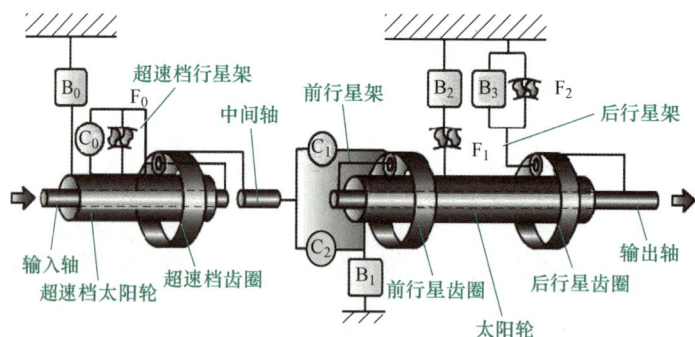

图2-28　4档辛普森式行星齿轮机构

B_0—超速档制动器　F_0—超速档单向离合器　C_0—超速档离合器　B_1—2档滑行制动器
F_1—2档单向离合器　C_1—前进档离合器　B_2—2档制动器　F_2—低档单向离合器
C_2—高档及倒档离合器　B_3—低档及倒档制动器

前、后两个行星排的运动方程式为

$$\begin{cases} n_{1前} + \alpha_1 n_{2前} - (1+\alpha_1)n_{3前} = 0 & (2\text{-}2) \\ n_{1后} + \alpha_2 n_{2后} - (1+\alpha_2)n_{3后} = 0 & (2\text{-}3) \end{cases}$$

2）拉威娜式行星齿轮变速机构。拉威娜式行星齿轮变速机构由一个单行星齿轮式行星排和一个双行星齿轮式行星排组合而成：大太阳轮、长行星轮、行星架、齿圈共同组成一个单行星齿轮式行星排；小太阳轮、短行星轮、长行星轮、行星架和齿圈共同组成一个双行星齿轮式行星排，如图2-29所示。

拉威娜式行星齿轮变速机构的结构特点是在拉威娜式行星齿轮机构中设置5个换档执行元件（2个离合器、2个制动器和1个单向离合器）。其主要特点是2个行星排共用1个齿圈

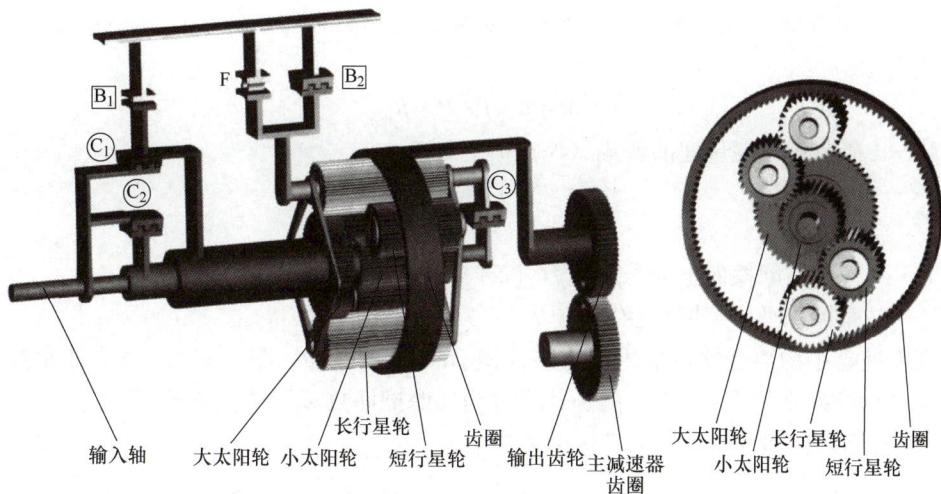

图 2-29 拉威娜式行星齿轮变速机构

B₁—1 号制动器：制动大太阳轮   B₂—2 号制动器：制动行星架   F—单向离合器：限制行星架逆时针转动

C₁—1 号离合器：连接输入轴与大太阳轮   C₂—2 号离合器：连接输入轴与小太阳轮

C₃—3 号离合器：连接输入轴与行星架

和 1 个行星架。因此它只有 4 个独立元件，即大太阳轮、小太阳轮、行星架、齿圈。这种行星齿轮机构具有结构简单、尺寸小、传动比变化范围大、灵活多变等特点，可以组成有 3 个前进档或 4 个前进档的行星齿轮变速器。

前面给出了单排单行星的行星排的三个基本元件（太阳轮、齿圈和行星架）的运动方程。对于单排双行星的行星齿轮机构，当行星架固定时，由于太阳轮和齿圈的旋转方向同向，其运动方程为

$$n_1 - \alpha n_2 - (1-\alpha) n_3 = 0 \tag{2-4}$$

其中 $\alpha = \dfrac{z_2}{z_1} > 1$，由于式（2-4）为三元一次齐次方程，三个未知数清晰地表明了单排双行星机构具有两个自由度。因此，参数不能够唯一确定，将三构件中的任一构件进行约束，则变为一个自由度的机构，即必须再给定一个条件才能够传递动力并计算传动比。

两个行星排的运动方程式为

$$\begin{cases} n_{1小} - \alpha_1 n_2 - (1-\alpha_1) n_3 = 0 & (2\text{-}5) \\ n_{1大} + \alpha_2 n_2 - (1+\alpha_2) n_3 = 0 & (2\text{-}6) \end{cases}$$

（3）换档执行元件   行星齿轮变速器中的所有齿轮都处于常啮合状态，档位变换必须通过以不同方式对行星齿轮机构的基本元件进行约束（即固定或连接某些基本元件）来实现。能对这些基本元件实施约束的机构，就是行星齿轮变速器的换档执行机构。

换档执行机构主要由离合器、制动器和单向离合器三种执行元件组成，离合器和制动器是以液压方式控制行星齿轮机构元件的旋转，而单向离合器则是以机械方式对行星齿轮机构的元件进行锁止。

1）多片离合器（图 2-30—图 2-34）。离合器所传递的转矩大小受离合器的轮廓尺寸的

影响，应根据离合器能传递发动机的最大转矩来选择。离合器所能传递发动机最大转矩 M 可以下式表示：

$$M = Z \cdot f \cdot P \cdot R_m \tag{2-7}$$

式中　M——离合器所能传递的转矩（N·m）；

　　　Z——摩擦面数；

　　　f——摩擦因数；

　　　P——作用在摩擦面上的总压紧力（N）；

　　　R_m——摩擦片平均摩擦半径（m）。

自动变速器中的离合器多采用湿式多片离合器（图2-30、图2-31），虽然其摩擦因数 f 和摩擦片平均摩擦半径 R_m 较小，但是其通过增加摩擦面数 Z 和作用在摩擦面上的总压紧力 P，同样能够满足传递发动机最大转矩的需要。

图2-30　多片离合器的压盘和摩擦片

图2-31　多片离合器的总成

自动变速器中的湿式多片离合器是用来连接输入轴或输出轴和某个基本元件，或将行星齿轮机构中某两个基本元件连接在一起实现转矩的传递。

多片离合器一般为多片摩擦式（图2-32），是液压控制的执行元件。其基本组成为：离合器鼓、离合器活塞、回位弹簧、离合器片（钢片、摩擦片）、花键毂。摩擦片与旋转的花键毂的齿键连接，可轴向移动，为输入端，摩擦片上有钢基粉末冶金层或合成纤维层。从动钢片与转动鼓的内花键连接也可轴向移动，为输出端，可输出转矩。活塞为环状，另外活塞上有密封圈、回位弹簧。

离合器接合：当压力油经油道进入活塞左侧的液压缸时，液压力克服弹簧力使活塞右移，将所有离合器片压紧（图2-33）。

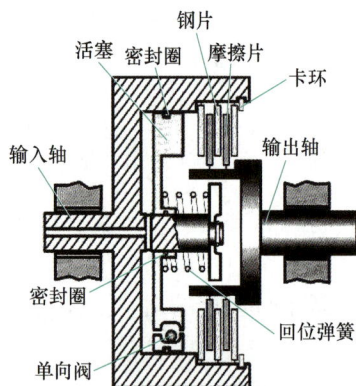

图2-32　多片离合器结构示意图

离合器分离：当控制阀将作用在离合器液压缸的油压力撤除后，离合器活塞在回位弹簧的作用下回复原位，并将缸内的变速器油从进油孔排出。

离合器自由间隙：离合器处于分离状态时，离合器片之间有一定的轴向间隙，以保证钢片和摩擦片之间无轴向压力。

安全阀的功用：为保证离合器分离彻底，在离合器的活塞上常常设置安全阀，压力油进入液压缸时，钢球在油压作用下压紧在阀座上，安全阀处于关闭状态，保证液压缸的密封，如图2-34所示。

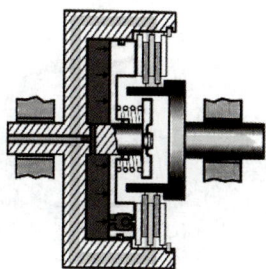

图 2-33　工作情况示意图

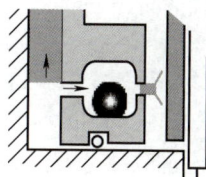

图 2-34　安全阀功用

压力油排出时，缸体内的压力下降，安全阀在离心力作用下离开阀座处于开启状态，残留在缸内的液压油因离心力作用排出，使离合器分离彻底。

2）制动器。制动器的功用是固定行星齿轮机构中的基本元件，阻止其旋转。在自动变速器中常用的制动器有多片式制动器和带式制动器两种。

多片式制动器：多片式制动器的结构与片式离合器相同（图 2-35），不同之处是制动器从动片的外花键齿与固定的变速器外壳连接，可轴向移动，以便接合时将主动件制动，使行星齿轮机构改组换档。该种制动器接合的平顺性好，间隙无须调整，其缺点是轴向尺寸大。

由于能通过增减摩擦片数来满足不同排量发动机的要求，故这种制动器轿车使用很多。

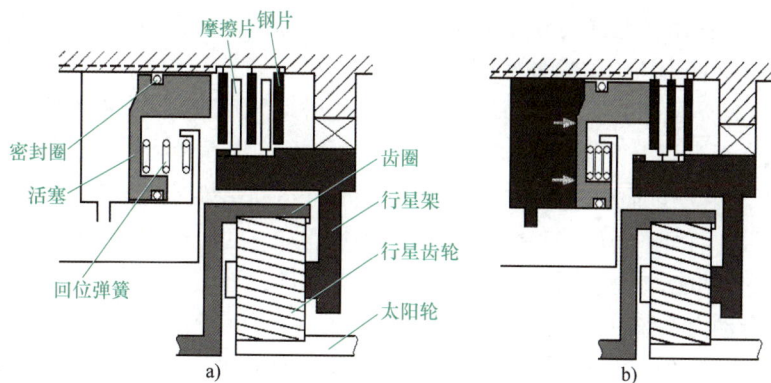

图 2-35　多片式制动器的作用示意图
a）多片制动器的结构　b）多片制动器的工作过程

带式制动器：带式制动器由制动带、油缸、活塞和调整件组成，如图 2-36、图 2-37 所示。外弹簧为活塞的回位弹簧，内弹簧为旋转鼓反作用力的缓冲弹簧，可防止活塞振动。调整带式制动器时，可在体外调整或拆下油底壳调整，通过拧动调整螺栓来调整（旋紧再松 2~3 圈），调好后再用锁紧螺母锁紧。

带式制动器的优点是结构简单易于安装，轴向尺寸小，可缩短变速器的长度。

带式制动器的缺点是其使变速器壳体上产生局部的高应力区；制动带磨损后需要调整间隙；工作的平顺性差，控制油路中多配有缓冲阀。

3）单向离合器。单向离合器的作用是单方向固定行星齿轮机构中某个基本元件的转动。其常见形式有滚柱斜槽式（如图 2-38 所示，液力变矩器常用）和楔块式（如图 2-39 所示，行星齿轮变速器常用）。

图 2-36　带式制动器

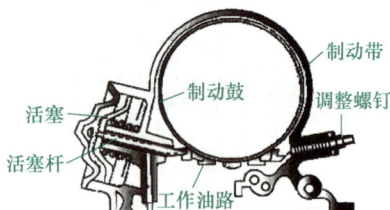

图 2-37　带式制动器的作用示意图

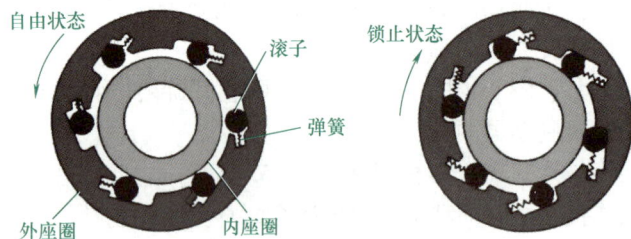

图 2-38　滚柱斜槽式单向离合器

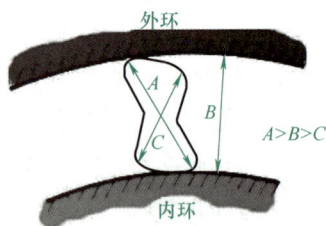

图 2-39　楔块式单向离合器

单向离合器的作用是允许内外座圈可以沿着一个方向（如顺时针）相对灵活转动，向相反方向时（如逆时针）则将内外座圈锁住成为一体。

楔块式单向离合器的基本工作原理见图 2-39。内外环的间距为 B，而楔块有两个长度 A 和 C，当内环相对于外环顺时针转动时，由于摩擦力的作用，带动楔块作逆时针转动，由于 $C<B$，因此两者可以顺利转动。而当内环有相对于外环逆时针运动趋势时，由于摩擦力的作用，带动楔块作顺时针转动，由于 $A>B$，楔块将两者紧紧地锁止在一起，不能够有相对运动。利用单向离合器的这种锁止功能，可锁止行星齿轮机构的基本元件，进而实现换档功能。

2. 丰田混合动力系统（THS）

丰田混合动力系统已经发展了四代，即 THS-Ⅰ、THS-Ⅱ、THS-Ⅲ、THS-Ⅳ，分别用在不同时期的车型当中。作为最早投入使用的普锐斯车系，一共四代都分别使用了四代混合动力系统。如图 2-40 所示。

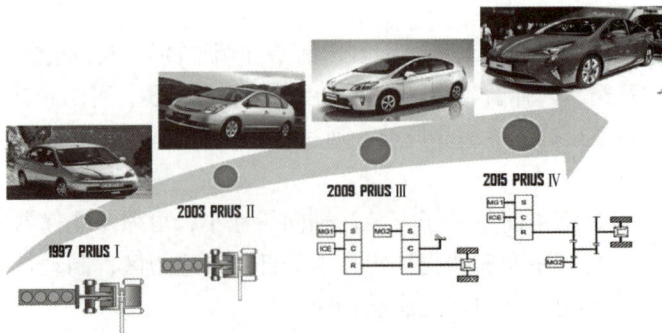

图 2-40　THS 的发展历程

（1）第一代丰田混合动力系统（THS-Ⅰ）　第一代丰田混合动力系统（THS-Ⅰ）如图 2-41 所示，图左侧为 1NZ-FXE 型 1.5L 的汽油发动机，右侧为整套 E-CVT 的结构，MG1 电机和 MG2 电机之间有一套行星齿轮组；输出动力是通过链条传动到最终输出端。以后的三代混合动力系统也是运用这个基本设计原理。

图 2-41　THS-Ⅰ和 THS-Ⅱ（外观和 THS-Ⅰ相同）的组成

（2）第二代丰田混合动力系统（THS-Ⅱ）　第二代丰田混合动力系统（THS-Ⅱ）仍然采用 1NZFXE 型 1.5L 的汽油发动机；E-CVT 部分除了提高效率以外都是小调节为主，并没有太大的改动，依然是使用链条传动，但整个运算系统和逻辑进行了重新计算，发动机效率获得提高。

1）THS-Ⅱ的组成。第二代丰田混合动力系统（THS-Ⅱ）主要部件有汽油发动机、MG1 电机、MG2 电机、行星齿轮、减速机构等。MG1 电机主要作为发电机使用，用于发电，必要时可驱动汽车；MG2 电机主要用于驱动汽车。而 MG1 电机、MG2 电机以及发动机输出轴被连接到一套行星齿轮机构的太阳轮、齿圈和行星架上。动力分配就是通过功率控制单元控制 MG1 电机和 MG2 电机，再通过行星齿轮机械机构进行分配。发动机输出经过固定减速机构减速后直接驱动车轮。

2）THS-Ⅱ的工作原理。发动机起动时，电流流进 MG2 电机，通过电磁力固定行星齿轮的齿圈，MG1 电机作为起动机使用，驱动太阳轮，太阳轮带动行星架转动（减速传动，传动比为 $1+\alpha$，见表 2-2），与行星架连接的发动机曲轴转动，发动机起动，如图 2-42 所示。

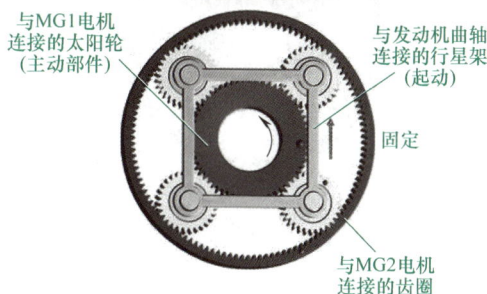

与 MG1 电机连接的太阳轮（主动部件）

与发动机曲轴连接的行星架（起动）

固定

与 MG2 电机连接的齿圈

图 2-42　发动机起动工况

发动机怠速时，电流流进 MG2 电机，固定行星齿轮的齿圈，发动机带动行星架转动，行星架带动太阳轮转动，与太阳轮连接的 MG1 电机发电给动力蓄电池充电，如图 2-43 所示。

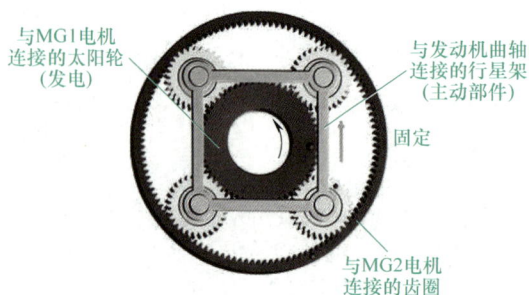

图 2-43　发动机怠速工况（怠速发电）

车辆起步时，发动机停转，行星架被固定；MG2 电机通电驱动行星齿轮齿圈，直接驱动车辆前进；此时，MG1 电机处于空转状态，如图 2-44 所示。

图 2-44　车辆起步工况

车辆起步需要更大动力时，如驾驶人深踩加速踏板或检测到负载过大，MG1 电机通电转动起动发动机，发动机与 MG2 电机共同驱动车辆，如图 2-45 所示。

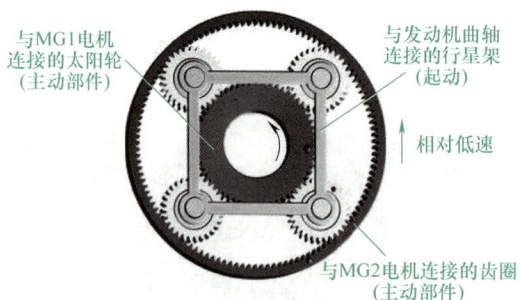

图 2-45　车辆起步需要更大动力工况

车辆起步 MG1 电机发电给 MG2 电机时，发动机驱动 MG1 电机发电并供给推动 MG2 电机运转的电能，如图 2-46 所示。

在部分负荷下加速时，发动机驱动 MG1 电机发电并供给驱动 MG2 电机运转的电能，MG2 电机提供附加的驱动力用以补充发动机动力；在重负载下加速时，发动机驱

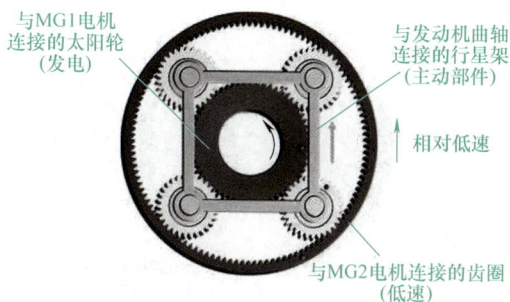

图 2-46　车辆起步 MG1 电机发电给 MG2 电机工况

动 MG1 电机发电并供给推动 MG2 电机运转的电能；MG2 电机提供附加的驱动力用以补充发动机动力；动力蓄电池会根据加速程度给 MG2 电机提供电流。车辆加速工况如图 2-47 所示。

图 2-47　车辆加速工况

车辆降档（D 位）时，发动机停转，MG1 电机空转，MG2 电机被车轮驱动发电给动力蓄电池充电，如图 2-48 所示。

图 2-48　车辆降档（D 位）工况

车辆减速（B 位）时，MG2 电机产生的电能供给 MG1 电机，MG1 电机驱动发动机；此时发动机断油空转；MG1 电机输出的动力成为发动机制动力，如图 2-49 所示。

车辆倒车时，只使用 MG2 电机作为倒车动力，如图 2-50 所示。

（3）第三代丰田混合动力系统（THS-Ⅲ）　第三代丰田混合动力系统（THS-Ⅲ）与第二代丰田混合动力系统（THS-Ⅱ）相比，发动机从 1NZ-FXE 型 1.5L 改成了 2ZR-FXE 型

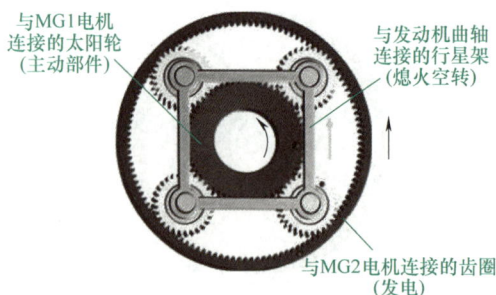

图 2-49 车辆减速（B 位）工况

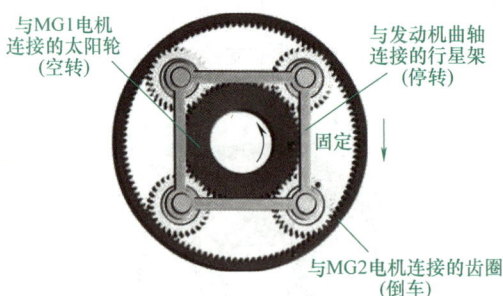

图 2-50 车辆倒车工况

1.8L，发动机功率和转矩的增加，提高了车辆的动力性能。另外，THS-Ⅲ在原有行星齿轮组 PGT1 的基础上增加了一个行星齿轮组 PGT2；MG1 电机和 MG2 电机体积也缩小了，从而缩小了整个 E-CVT 的体积；将链传动改为齿轮传动，传动损耗更小，因此节能效果更明显。THS-Ⅲ的组成和结构示意图分别如图 2-51 和图 2-52 所示。

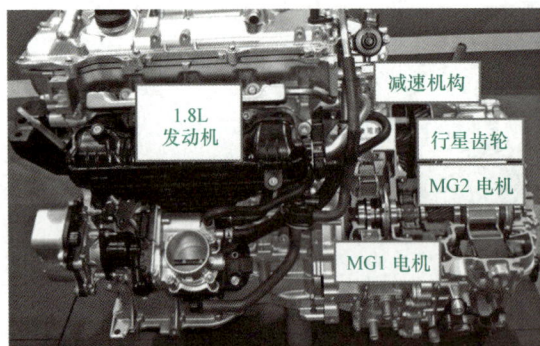

图 2-51 THS-Ⅲ的组成

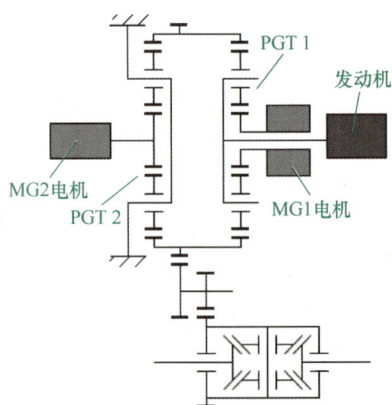

图 2-52 THS-Ⅲ的结构示意图

（4）第四代丰田混合动力系统（THS-Ⅳ） 第四代丰田混合动力系统（THS-Ⅳ）的剖视图和结构示意图分别如图 2-53 和图 2-54 所示，与前三代相比，其最大的区别就是原来的电机属于串联结构，现在则变成了平行轴结构，其主要目的除了让整个 E-CVT

更短以外，还能让普通减速齿轮代替 THS-Ⅲ 中 MG2 电机的行星齿轮减速结构。这样 E-CVT 整体尺寸更短，部件更少，摩擦更低，整体能效上升，且依然能保证对 MG1 电机的减速效果。第四代普锐斯的纯电驱动模式行驶最高车速由 70km/h 提升到 110km/h。

图 2-53　THS-Ⅳ的剖视图

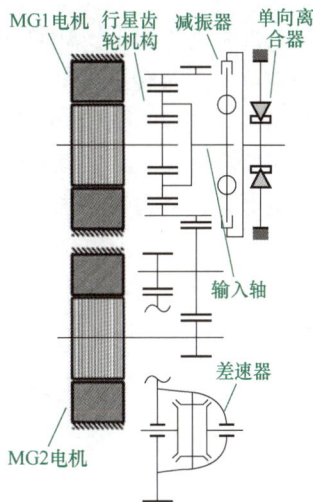

图 2-54　THS-Ⅳ的结构示意图

1）THS-Ⅳ的组成。丰田第四代混合动力系统（THS-Ⅳ）主要由 MG1 电机、MG2 电机、行星齿轮机构、单向离合器、减振器、差速器等组成，见图 2-54。其中，行星齿轮机构作为功率分流装置，确定发动机动力是供应给 MG1 电机还是用作车辆驱动力。MG2 电机及其减速装置采用平行轴布局。发动机的输出轴通过一个单向离合器和一个扭转减振器与行星齿轮机构的行星齿轮架相结合；MG1 电机与行星齿轮机构的太阳轮相连；MG2 电机通过减速齿轮及从动齿轮与外齿圈相连。

2）THS-Ⅳ的特点：

① 与前几代构型不同，该构型中 MG1 电机和 MG2 电机不再处于同一轴上，而是采用了平行轴的布置，这种平行轴布置减小了轴向尺寸和质量，与双行星排的结构相比，MG2 电机的减速装置为一组直齿轮，减少了齿轮啮合点，进而降低了接合损失，提升了综合效率。

② 平行轴布置中，MG2 电机的减速装置具有更大的减速比，可以使用转速更高、最大转矩较小的电机。MG2 电机的体积可以更小，使得平行轴结构的驱动桥相比 THS-Ⅲ 宽度并没有增加。

③ 发动机和行星齿轮架之间通过单向离合器进行连接，单向离合器反向旋转时可以锁止行星架，实现整车的双电机驱动，提高了整车在纯电动模式的动力性。

④ 采用了电动油泵，改进了冷却、润滑结构，提升了冷却和润滑效果。

3）THS-Ⅳ的工作模式。配置 THS-Ⅳ 的车辆拥有四种实际工作模式，分别为纯电驱动模式、混合动力驱动模式、驻车充电模式和制动能量回收模式。

① 纯电驱动模式。纯电驱动模式分为单电机驱动和双电机驱动。单电机驱动时，MG2 电机作为整车动力源，转矩为正，带动车辆前进，转速为正；发动机不工作，由于本身阻力

较大，转速几乎为 0；MG1 电机不输出转矩，转速满足行星排传动关系，以负（相反）方向随转，如图 2-55 所示。图 2-55 中 S 代表太阳轮，C 代表行星齿轮架，R 代表外齿圈，K 代表外齿圈齿数与太阳轮齿数之比，大于 1（K 即 $\alpha = \dfrac{Z_2}{Z_1} > 1$）。

双电机驱动工况下，MG2 电机输出正向转矩，驱动车辆前进，转速为正；MG1 电机转速方向为负，同时转矩方向也为负，根据行星齿轮传动关系，传递至齿圈端的转矩方向为正，与 MG2 电机共同驱动车辆；发动机不工作，受 MG1 电机负转矩影响有负向转动趋势，触发单向离合器锁止，发动机转速保持为 0，如图 2-56 所示。相比单电机驱动，双电机驱动的总转矩更大，动力性更强，多出现在急加速和爬坡工况。

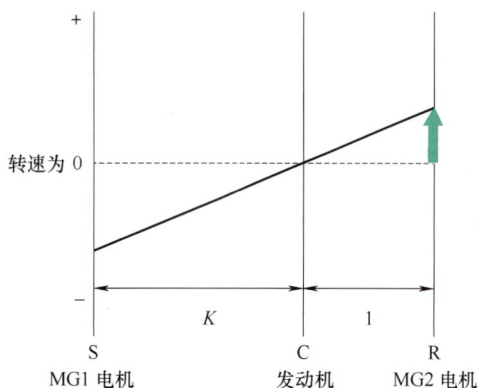

图 2-55 单电机驱动工况

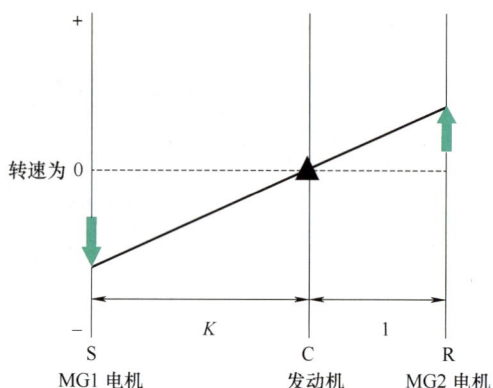

图 2-56 双电机驱动工况

② 混合动力驱动模式。混合动力驱动模式分为低速混合驱动工况和高速混合驱动工况。低速混合驱动行驶时，即在设定模式为 EVAuto 或 HV 时，车速较低，车辆实际工作模式为混合驱动模式，发动机、MG1 电机和 MG2 电机均参与驱动。发动机起动并输出正向转矩，并传递至太阳轮和齿圈；MG1 电机输出负转矩平衡发动机传递到太阳轮处的转矩，同时由于车速较低，转速为正，为发电状态；MG2 电机输出正转矩，与发动机传递至齿圈端的转矩耦合，共同驱动车辆，为电动状态，如图 2-57 所示。

高速混合驱动行驶时，即在设定模式为 EV、EVAuto 或 HV 时，车速较高，车辆实际工作模式为混合动力驱动模式，发动机、MG1 电机和 MG2 电机均参与驱动。发动机起动并输出正向转矩，并传递至太阳轮和齿圈；MG1 电机输出负转矩平衡发动机传递到太阳轮处的转矩，同时由于车速较高，MG1 电机转速变为负（相反）向，功率为正，处于电动机状态；为维持动力蓄电池电量，MG2 电机输出负转矩，为发电状态，与发动机传递至齿圈端的转矩耦合，如图 2-58 所示。

③ 驻车充电模式。在设定工作模式为 CHG 时，保持档位为 P 位，车辆进入驻车充电模式，此时车辆静止，MG2 转速为 0，发动机带动 MG1 高速运转发电，为动力蓄电池充电，如图 2-59 所示。

④ 制动能量回收模式。发动机停止工作，转速、转矩均为 0；MG2 电机输出负转矩，对车辆产生制动作用，同时 MG1 转速为正，处于发电状态，对动力蓄电池充电；MG1 电机转速为负转速，不输出转矩，如图 2-60 所示。

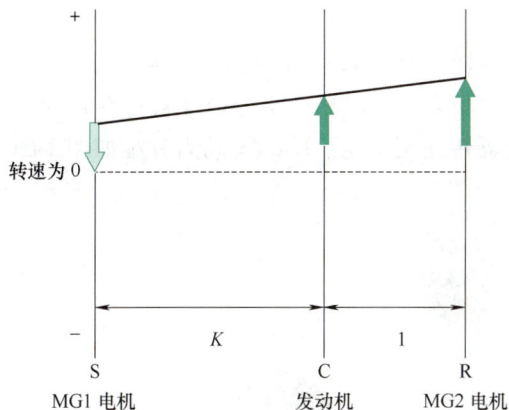

图 2-57　低速混合驱动工况

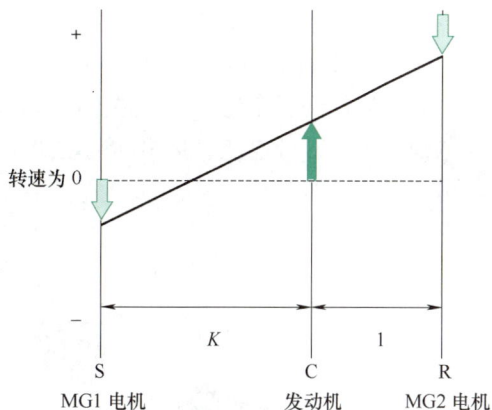

图 2-58　高速混合驱动工况

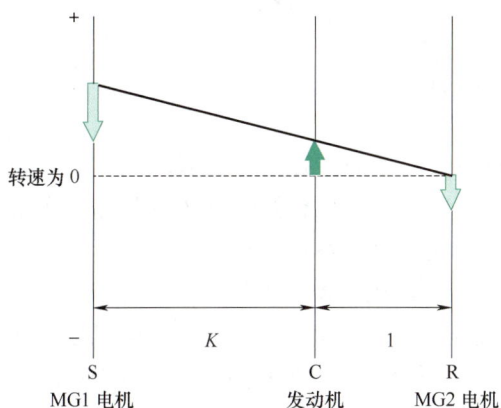

图 2-59　驻车充电模式

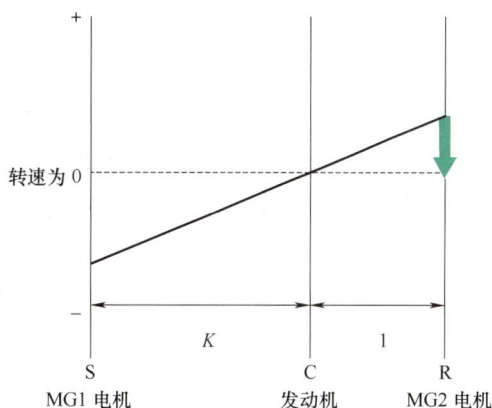

图 2-60　制动能量回收模式

THS 除了前置前驱汽车使用外，丰田还研制出针对后轮驱动车型的混合动力变速器。它是用于前置发动机后轮驱动的混合动力变速器，被称为"多级混合动力（Multi Stage Hybrid）"。它除了一样拥有 MG1 电机和 MG2 电机外，还有中间的行星齿轮机构这种典型的丰田 E-CVT 结构，输出也增加了一个 4 档变速器，能模拟 10 个档位，能获得更低的传动比来获得更灵活的加速性能和最高车速。后置后驱模式的 E-CVT 如图 2-61 所示。

图 2-61　后置后驱模式的 E-CVT

THS 系统（Ⅰ～Ⅳ代）的三个基本特点：

① 动力分配特点：发动机的动力传递至行星齿轮架之后被分成两路，一路流向齿圈，通过差速器传递至车轮，另一路流向太阳轮带动发电机发电，其中一部分电能被储存在动力蓄电池，另一部分电能直接驱动电动机，再经差速器传递至车轮。E-CVT 动力分配如图 2-62 所示。

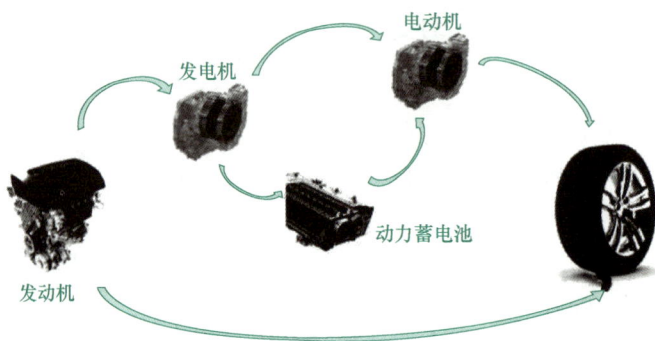

图 2-62 E-CVT 动力分配

② 固定转矩比：在丰田的 E-CVT 中，通过对行星齿轮系的特殊设计，将齿圈和太阳轮的转矩比设定为 0.78∶0.22，即发动机转矩的 78% 传递给齿圈（接输出），22% 传递给太阳轮（接发电机），该比值是固定不变的。但需要注意的是，这个数值是转矩比，而不是动力比，动力还与转速有关，功率=转矩×转速。这就造成了车辆高速时也不得不分配 22% 的动力给发电机发电。所以丰田车系在高速行驶时，即使是发动机的动力充沛，驱动电动机也常常会参与传动，以消耗电量后供发电机充电，以免浪费。所以，丰田车系高速时比较费油。

③ 转速关系特点：在行星齿轮系中，齿圈与太阳轮的转速矢量和与行星轮支架的转速成正比，即发电机与齿圈输出的转速矢量和与发动机转速成正比。当发动机转速固定时，发电机转速与齿圈输出转速"此消彼长"。如果齿圈处于静止状态，发动机转速全部传递给发电机，即发动机所有的动力都用于发电机发电。

由于丰田等日本车系的设计思路和特点，其双动力车型在纯电行驶状况下，其最高车速、爬坡度、加速时间、续驶里程和插电充电等主要技术指标达不到我国《纯电动乘用车 技术条件》（GB/T 28382—2012）的要求，所以在车辆上牌时，只能按照传统燃油车上蓝色牌照，丰田称之为"碳减排车"，而非新能源汽车。而比亚迪、理想、广汽埃安等国产混动汽车符合上述国标要求，可以上新能源汽车的绿色牌照，享受国家政策补贴。

2.2　纯电动汽车（EV）动力传动系统

2.2.1　纯电动汽车传动系统概述

纯电动汽车与传统燃油汽车相比，二者的能量来源和驱动来源不同，因此，二者的动力传动系统结构及布局也不同。纯电动汽车动力系统结构布局主要有中央电机驱动和电动轮驱动两种形式，其类型细分如图 2-63 所示。

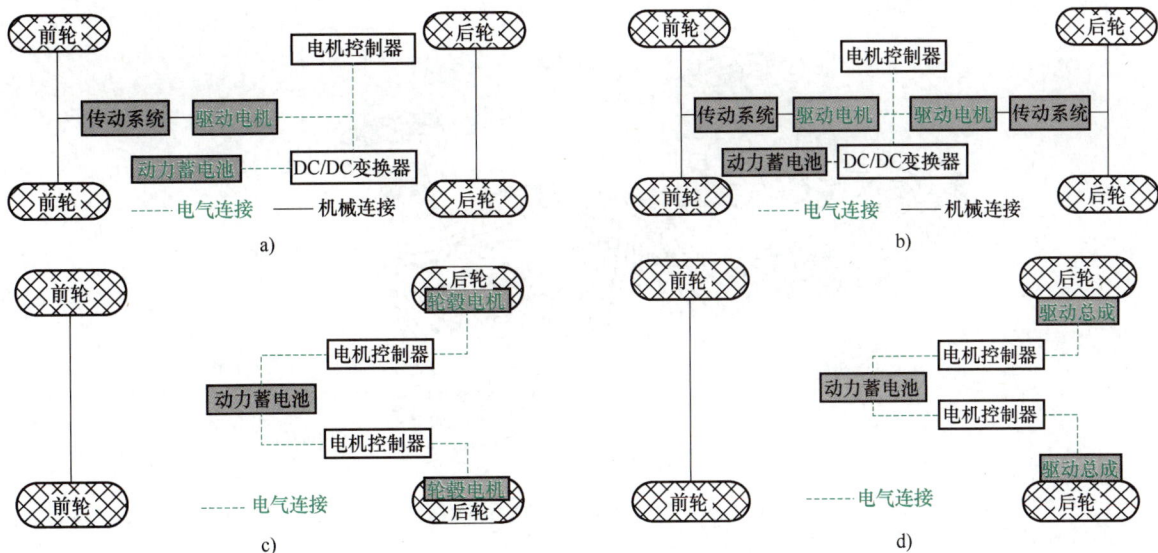

图 2-63 纯电动汽车驱动形式

a) 中央单电机驱动 b) 中央双电机驱动 c) 轮毂驱动 d) 轮边驱动

2.2.2 纯电动汽车传动系统结构组成

相较于传统燃油汽车和混合动力汽车，纯电动汽车动力传动系统结构一般较为简单，驱动电机经过固定齿比的减速器进行降速增矩，然后直接将动力通过差速器传递到半轴，半轴带动车轮行驶。目前市场上常见的纯电动汽车大部分都未配备多档位变速器。

比亚迪 E5 纯电动汽车动力总成外形结构如图 2-64 所示，该总成包括电机驱动器、驱动电机、减速器、差速器等。

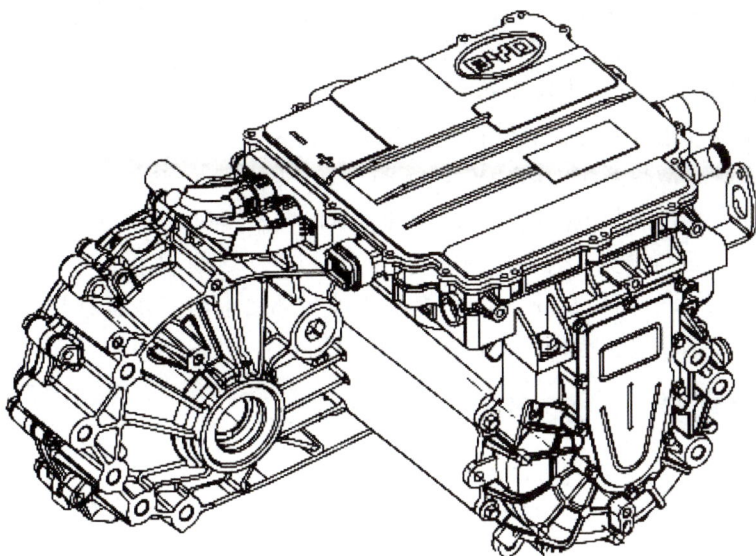

图 2-64 比亚迪 E5 纯电动汽车动力总成外形结构

比亚迪 E5 减速器内部结构如图 2-65 所示，主轴齿轮连接驱动电机转子轴，并通过副轴齿轮驱动差速器上的主减速从动齿轮。

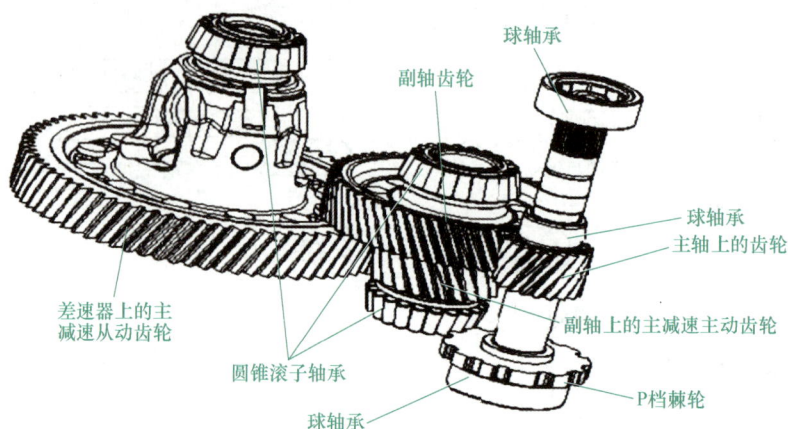

图 2-65　比亚迪 E5 减速器内部结构

2.3　燃料电池电动汽车动力传动系统

2.3.1　燃料电池电动汽车概述

燃料电池电动汽车（Fuel Cell Electric Vehicle，FCEV），兴起于 20 世纪 70 年代末，它以燃料电池作为动力源，通过氢氧反应产生电能驱动电动机进而带动车辆行驶。由于该车型的排放物为水，氢氧利用率较高，因此被普遍认为是一种新型、高效、清洁的环保车型。

氢燃料电池电动汽车与纯电动汽车的区别在于其包含了两套能量系统，一套为功率型小容量储能系统（镍氢蓄电池），另一套则是氢燃料电池系统。氢燃料电池电堆输出直流电，经过 DC/DC 变换器升压后可直接为储能系统以及电驱系统供电，驱动车辆行驶。除了氢燃料电池电堆等主要动力部件外，氢燃料电池电动汽车还需要完整的辅助系统才能实现能量输出，包括储氢系统、散热系统、DC/DC 变换器、氢气供应系统和空气供应系统等，这些系统及部件的功能，均由燃料电池系统控制器（FCU）控制实现。

按"多电源"配置分类，燃料电池电动汽车可以分为纯燃料电池驱动（PFC）、燃料电池与辅助动力蓄电池联合驱动（FC+B）、燃料电池与超级电容器联合驱动（F+C）、燃料电池与辅助蓄电池和超级电容器联合驱动（FC+B+C）。

2.3.2　不同类型燃料电池电动汽车动力传动系统

1. PFC 型燃料电池电动汽车动力传动系统

PFC 型燃料电池电动汽车只有燃料电池一个动力源，汽车需要的所有功率都由燃料电池提供。PFC 型燃料电池电动汽车动力传动系统结构如图 2-66 所示。这种系统结构简单，系统控制和整体布置容易；系统部件少，有利于整车的轻量化；整体的能量传递效率高，从而能提高整车的经济性。但燃料电池功率大、成本高；对燃料电池系统的动态性能和可靠性提出了很高的要求；不能进行制动能量回收。

PFC 型燃料电池电动汽车在工作的过程中，将燃料电池中的氢气和氧气反应产生的电能，通过 DC/DC 变换器转化传给驱动电机，驱动电机将电能转化成机械能后传递给减速机构，驱动汽车行驶。

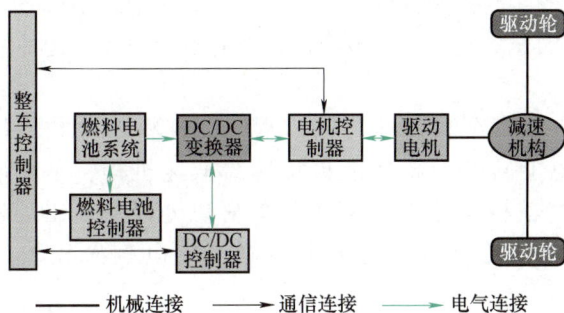

图 2-66　PFC 型燃料电池电动汽车动力传动系统结构

2. FC+B 型燃料电池电动汽车动力传动系统

FC+B 型燃料电池电动汽车在 PFC 型燃料电池电动汽车的结构上增加了辅助动力蓄电池，两者联合驱动燃料电池电动汽车动力传动系统。FC+B 型燃料电池电动汽车的动力传动系统结构如图 2-67 所示。目前这种结构形式应用较为广泛，它解决了诸如辅助设备供电、水热管理系统供电、燃料电池堆加热、能量回收等问题。其主要优点是系统对燃料电池的功率要求降低，燃料电池结构形式有很大的简化，从而大大降低了整车成本；燃料电池可以在比较好的、设定的条件下工作，工作时燃料电池的效率较高；系统对燃料电池的动态响应性能要求较低；汽车的冷起动性能较好；可以回收汽车制动时的部分动能。但这种结构形式由于动力蓄电池的使用使得整车质量增加，动力性和经济性受到影响，这一点在能量复合型混合动力电动汽车上表现更为明显；动力蓄电池充放电过程会有能量损耗，系统变得更复杂，系统控制和整体布置难度增加。

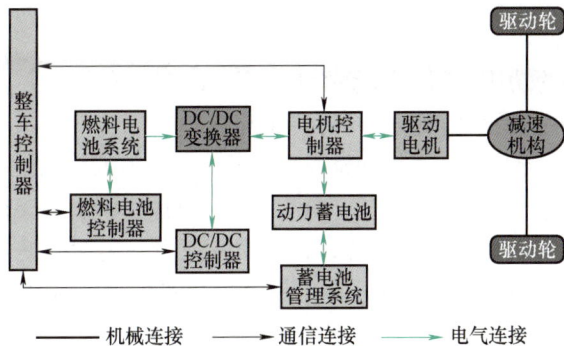

图 2-67　FC+B 型燃料电池电动汽车动力传动系统结构

3. F+C 型燃料电池电动汽车动力传动系统

F+C 型燃料电池电动汽车在加速行驶的过程中，燃料电池和超级电容器一起为电动机提供能量，驱动电机将电能转换成机械能再传递给减速机构，进而驱动汽车行驶；在正常行驶过程中，由燃料电池为整车提供能量；在制动过程中，驱动电机变成发电机，超级电容器将储存制动回馈的能量。超级电容器充放电响应较快，当能量需求变化较大时由超级电容器迅速释放或吸收能量，对动力系统进行能量补偿和调节，从而保障汽车的动力性能。超级电容器的比能量低，能量存储有限，峰值功率持续时间短，同时这种混合动力传动系统结构复杂，对系统各部件之间的匹配控制要求高，这些因素成为制约燃料电池和超级电容器混合动力传动系统发展的关键因素。随着超级电容器技术的不断进步，这种结构将成为未来重要的发展方向。

F+C 型燃料电池电动汽车在加速行驶过程中，燃料电池和超级电容器联合为电动机供能，驱动电机将电能转换成机械能再传递给减速机构，从而驱动汽车行驶；在正常行驶过程中，主要由燃料电池提供电能；在制动过程中，驱动电机变成发电机，超级电容器将存储制动回馈的能量；超级电容器充放电响应较快，能保障汽车的动力性能。

4. FC+B+C 型燃料电池电动汽车动力传动系统

FC+B+C 型燃料电池电动汽车中，燃料电池与动力蓄电池和超级电容器联合驱动车辆行驶。这种结构与燃料电池+动力蓄电池的结构相比优点更加明显，尤其是在部件效率、动态特性、制动能量回馈等方面。缺点也一样更加明显，增加了超级电容器，整个系统的质量和成本增加；系统更加复杂化，系统控制和整体布置的难度也随之增大。

FC+B+C 型燃料电池电动汽车在行驶过程中，燃料电池和超级电容器一起为驱动电机提供能量，驱动电机将电能转换成机械能再传递给减速机构，从而驱动汽车行驶；在汽车制动时，驱动电机变成发电机，动力蓄电池和超级电容器存储回馈的能量。在燃料电池、动力蓄电池和超级电容器联合供电时，燃料电池能量输出较为平缓，随时间波动小，而能量需求变化的低频部分由动力蓄电池分担，能量需求变化的高频部分由超级电容器承担。在这种结构中，各动力源的分工更加明确，各自优势得到更好的发挥。

2.4 驱动桥

新能源汽车驱动桥的功用是将动力经降速增矩、改变动力传递方向后，分配到左右驱动轮，使汽车行驶时允许左右驱动轮以不同的转速旋转。

驱动桥由主减速器、差速器、半轴和桥壳等组成。按照悬架结构的不同，驱动桥可以分为整体式驱动桥（图 2-68）和断开式驱动桥（图 2-69）。整体式驱动桥又称为非断开式驱动桥。

整体式驱动桥一般与非独立悬架配用，其驱动桥壳为一刚性的整体，驱动桥两端通过悬架与车架或车身连接，左右半轴始终在一条直线上，即左右驱动轮不能相互独立地跳动。当某一侧车轮通过地面的凸出物或凹坑升高或下降时，整个驱动桥及车身都要随之发生倾斜，车身波动大。

断开式驱动桥一般与独立悬架配用。其主减速器固定在车架或车身上，驱动桥壳制成分段并用铰链连接，半轴也分段并用万向节连接。驱动桥两端分别用悬架与车架或车身连接。这样，两侧驱动车轮及桥壳可以彼此独立地相对于车架或车身上下跳动。

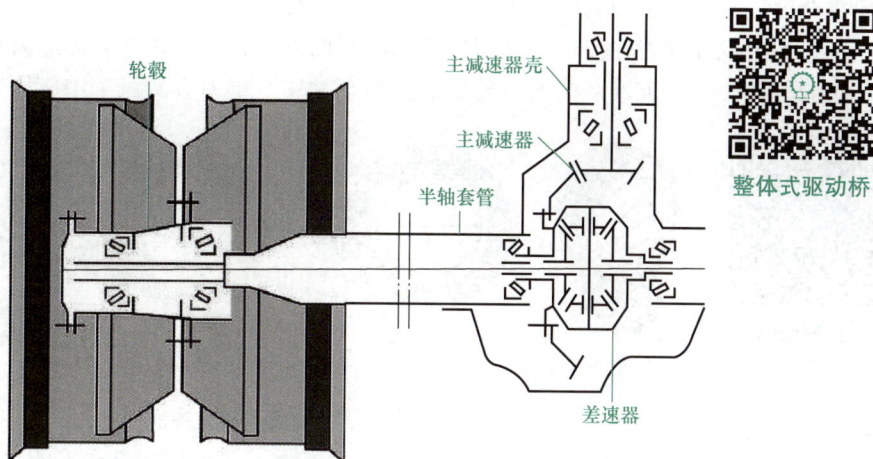

图 2-68　整体式驱动桥

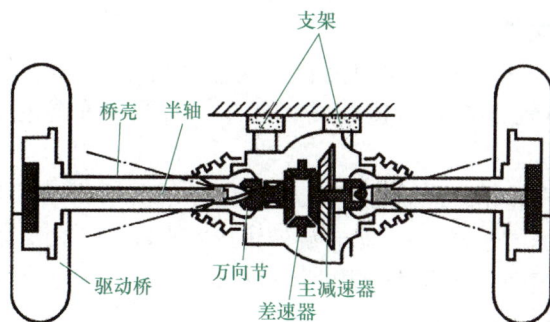

图 2-69　断开式驱动桥

2.4.1　主减速器

1. 主减速器的功用

将输入的转矩增大、降低转速并将动力改变方向（改变 90°，有的布置不用）后传给差速器。

2. 主减速器的类型

1）按参加减速传动的齿轮副数目分，有单级式主减速器和双级式主减速器。有些重型汽车又将双级式主减速器的第二级齿轮传动设置在两侧驱动轮处，称为轮边主减速器。

2）按主减速器传动速比个数分，有单速式主减速器和双速式主减速器。前者的传动比是固定的，而后者有两个传动比供驾驶人选择。

3）按齿轮副结构形式分，有圆柱齿轮式（又可分为定轴轮系式和行星轮系式）主减速器、锥齿轮式（又可分为弧锥齿轮式和准双曲面齿轮式）主减速器和蜗轮蜗杆式等，如图 2-70 所示。

准双曲面齿轮传动的特点是主从动齿轮的轴线相互垂直而不相交，且主动锥齿轮轴线相对于从动锥齿轮轴线向上或向下偏移一段距离（图 2-70c）。准双曲面齿轮传动的主从动锥齿轮重合度大、工作平稳向好、轮齿抗弯强度和接触强度高，下偏移时可降低重心提高行驶稳定性。但准双曲面齿轮传动必须使用专用的双曲面齿轮油，否则会造成齿轮早期磨损、点蚀、折断等故障。目前准双曲面齿轮传动在轿车和中、重型载货汽车中应用广泛。

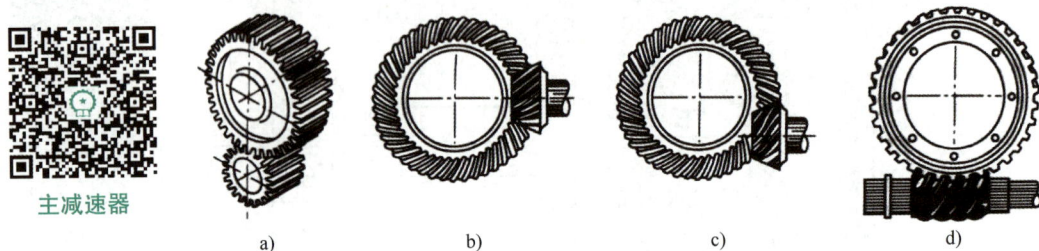

图 2-70 主减速器齿轮传动类型
a）圆柱齿轮传动 b）弧齿锥齿轮传动 c）准双曲面齿轮传动 d）蜗轮蜗杆传动

2.4.2 差速器

1. 差速器的功用和类型

（1）差速器的功用 差速器的功用是将主减速器传来的动力传给左、右两半轴，并在必要时允许左、右半轴以不同转速旋转，使左、右驱动车轮相对地面纯滚动而不是滑动。

汽车行驶过程中，车轮相对地面有两种运动状态：滚动和滑动。滑动又有滑转和滑移两种。设车轮中心相对路面的速度为 v，车轮旋转角速度为 ω，车轮滚动半径为 r。如果 $v=\omega r$，则车轮对地面的运动为滚动，这是最理想的运动状态；如果 $\omega>0$，但 $v=0$，则车轮的运动为滑转；如果 $v>0$，但 $\omega=0$，则车轮的运动为滑移。

当汽车转弯行驶时，内外两侧车轮中心在同一时间内移过的曲线距离不同，即外侧车轮移过的距离大于内侧车轮，如图 2-71 所示。若两侧车轮都固定在同一刚性转轴上，两轮角速度相等，则此时外轮必然是边滚动边滑移，内轮必然是边滚动边滑转。

图 2-71 转向时驱动车轮运动示意图

同样，汽车在不平路面上直线行驶时，两侧车轮实际移过的曲线距离也不相等。因此在角速度相同的条件下，在波形较显著的路面上运动的一侧车轮是边滚动边滑移，另一侧车轮则是边滚动边滑转。即使路面非常平直，但由于轮胎制造尺寸误差，磨损程度不同，承受的载荷不同或充气压力不等，各个轮胎的滚动半径实际上不可能相等，因此，只要各轮角速度相等，车轮对路面的滑动就必然存在。

车轮对路面的滑动不仅会加速轮胎磨损，增加汽车的动力消耗，而且可能导致转向和制动性能的恶化。差速器的作用就是在正常行驶条件下，使车轮尽可能不发生滑动。

（2）差速器的类型　差速器按其工作特性可分为普通齿轮差速器和限滑差速器两大类。

2. 普通齿轮差速器

应用最广泛的普通齿轮差速器为锥齿轮差速器。图 2-72 所示为桑塔纳 2000 轿车差速器。

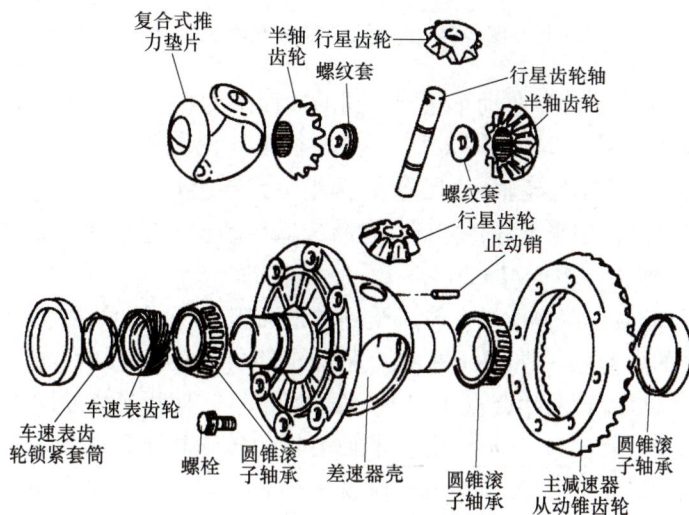

图 2-72　桑塔纳 2000 轿车差速器

（1）结构　差速器总成由差速器壳、行星齿轮轴、2 个行星齿轮、2 个半轴齿轮、复合式推力垫片等组成。行星齿轮轴装入差速器壳体后用止动销定位。行星齿轮和半轴齿轮的背面制成球面，与复合式推力垫片相配合，以减摩、耐磨。螺纹套用于紧固半轴齿轮。差速器通过一对圆锥滚子轴承支承在变速器壳体中。

（2）工作原理　差速器的工作原理如图 2-73、图 2-74 所示。主减速器传来的动力带动差速器壳（转速为 n_0）转动，经过行星齿轮轴、行星齿轮、半轴齿轮、半轴（转速分别为 n_1 和 n_2），最后传给两侧驱动车轮。

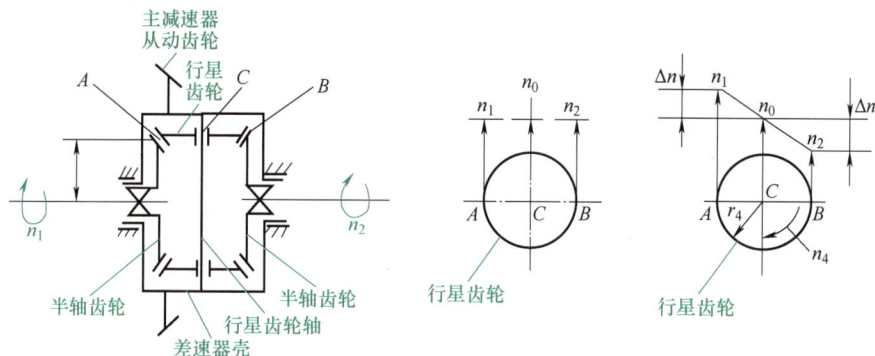

图 2-73　差速器工作原理

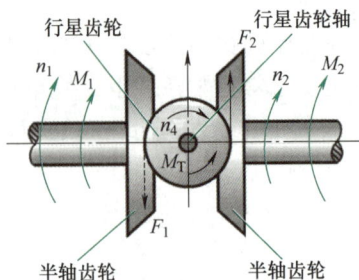

图 2-74 差速器转矩分配原理

1）汽车直线行驶时，两侧驱动车轮所受到的地面阻力相同，并经半轴、半轴齿轮反作用于行星齿轮两啮合点 A 和 B（见图 2-73）。这时行星齿轮相当于等臂杠杆，即行星齿轮不自转，只随差速器壳和行星齿轮轴一起公转，两半轴无转速差，即 $n_1=n_2=n_0$，$n_1+n_2=2n_0$。

同样，由于行星齿轮相当于等臂杠杆，主减速器传动差速器壳体上的转矩 M_0 等分给两半轴齿轮（半轴），即 $M_1=M_2=M_0/2$。

2）汽车转向行驶时，两侧驱动车轮所受到的地面阻力不同。如果车辆右转，右侧（内侧）驱动车轮所受的阻力大，左侧（外侧）驱动车轮所受的阻力小。这两个阻力经半轴、半轴齿轮反作用于行星齿轮两啮合点 A 和 B（见图 2-73），使行星齿轮除了随差速器壳公转外还顺时针自转，设自转转速为 n_4，则左半轴齿轮的转速增加，右半轴齿轮的转速降低，且左半轴齿轮增加的转速等于右半轴齿轮降低的转速。设半轴齿轮的转速变化为 Δn，则 $n_1=n_0+\Delta n$，$n_2=n_0-\Delta n$，即汽车右转时，左侧（外侧）车轮转得快，右侧（内侧）车轮转得慢，实现纯滚动。此时依然有 $n_1+n_2=2n_0$。

由于行星齿轮的自转，行星齿轮孔与行星齿轮轴轴径间以及齿轮背部与差速器壳体之间都产生摩擦。行星齿轮所受的摩擦力矩 M_T 方向与其自转方向相反，并传到左、右半轴齿轮，使转得快的左半轴的转矩减小，转得慢的右半轴的转矩增加。所以当左、右驱动车轮存在转速差时，$M_1=(M_0-M_T)/2$，$M_2=(M_0+M_T)/2$。但由于有推力垫片的存在，实际中的 M_T 很小，可以忽略不计，则 $M_1=M_2=M_0/2$。

由上述分析可得出以下结论（差速不差矩）：

① 普通锥齿轮差速器的运动特性为 $n_1+n_2=2n_0$。

② 普通锥齿轮差速器的转矩分配特性为 $M_1=M_2=M_0/2$，即转矩等量分配特性。

普通锥齿轮式差速器转矩等量分配的特性对于汽车在好路面上行驶是有利的，但汽车在坏路面上行驶时却会严重影响其通过能力。例如当汽车的一个驱动轮处于泥泞路面因附着力小而原地打滑时，即使另一驱动轮处于附着力大的路面上未滑转，汽车仍不能行驶。这是因为附着力小的路面只能对驱动车轮作用一个很小的反作用力矩，而驱动转矩也只能等于这一很小的反作用力矩。由于差速器等量分配转矩的特性，附着力好的驱动轮也只能分配到同样小的转矩，以至于总的牵引力不足以克服行驶阻力，汽车便不能前进。

为了提高汽车通过坏路面的能力，可采用限滑差速器。当汽车某一侧驱动轮发生滑转时，差速器的差速作用即被锁止，并将大部分或全部转矩分配给未滑转的驱动轮，充分利用未滑转车轮与地面之间的附着力，以产生足够的牵引力使汽车继续行驶，也即限滑差速器。

3. 限滑差速器

限滑差速器（Limited Slip Differential，LSD）是在对称式锥齿轮差速器上设置差速锁或者增加差速器内摩擦力矩等机构。限滑差速器能够克服普通锥齿轮式差速器因转矩平均分配给左、右轮而带来的在坏路面（泥泞、冰雪路面等）上行驶时，因一侧驱动轮接触泥泞、冰雪路面而在原地打滑（滑转），另一侧在好路面上的驱动轮却处在不动状态，使汽车通过能力降低的缺点。

限滑差速器实际上是将差速器的差速不差矩的功能锁止，让其不差速而差矩。有时其也称为差速锁，或称为锁止型差速器。汽车上常用的差速器有多种形式，根据应用的位置不同，可以分为轴间差速器和轮间差速器，根据其作用方式的不同，可以分为普通差速器和限滑差速器，差速器分类如图 2-75 所示。

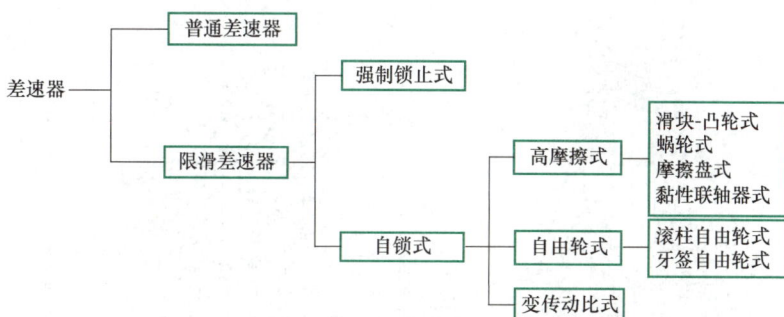

图 2-75 差速器分类

（1）强制锁止式限滑差速器　这种差速器是在普通差速器上增加强制锁止机构，如图 2-76 所示。当发生一侧车轮打滑时，驾驶人可通过电动、气动或机械的方式来操纵锁止机构，拨动啮合套将差速器壳与半轴锁成一体，从而使差速器暂时失去差速的作用。这种方式结构比较简单，但必须由驾驶人进行操作，在良好路面上必须停止锁止，恢复差速器的作用。

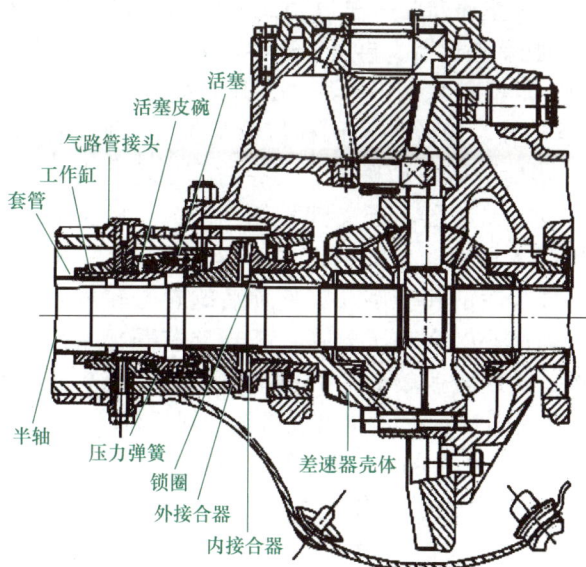

图 2-76 强制锁止式限滑差速器

（2）摩擦盘式限滑差速器 这种差速器是在自锁式差速器中安装黏性硅油联轴器或摩擦离合器，当发生一侧车轮打滑时，两侧半轴出现转速差，联轴器或离合器就自动产生摩擦阻力，使另一侧车轮得到一定的转矩而驱动汽车继续行驶。当两侧车轮没有转速差时，摩擦阻力消失，自动恢复差速器的作用。这种方式结构不需要驾驶人进行操作，目前已越来越多地在汽车上得到应用。

摩擦盘式限滑差速器如图 2-77 所示，在左右两半轴和差速器壳之间装有主、从动摩擦片，而十字轴由两根相互垂直的行星齿轮轴组成，其特点是在轴的两端部制成 V 形，并与差速器壳体的 V 形凹槽相契合。当汽车直线行驶时，它和普通差速器一样不起作用，当汽车转弯行驶或是一侧车轮滑转时，两车轮上的摩擦力矩的差异推动十字轴挤压主、从动摩擦片，使慢转的半轴传动力矩明显增加，从而起到一定的限滑作用。

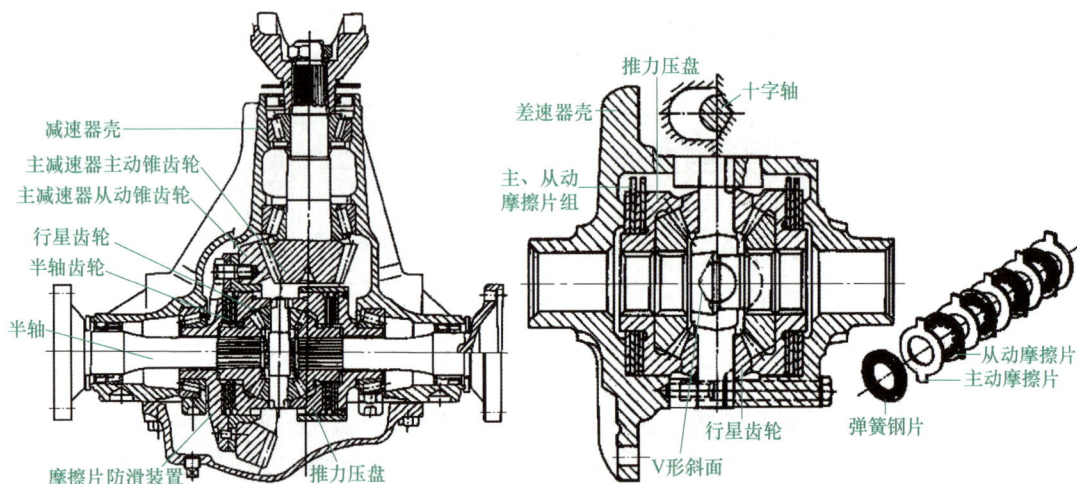

图 2-77 摩擦盘式限滑差速器

（3）托森差速器 托森差速器是一种摩擦式蜗轮轴间自锁差速器，装在变速器后端。转矩由变速器输出轴传给托森差速器，再由差速器直接分配给前驱动桥和后驱动桥。

托森差速器有 A 型、B 型和 C 型三种形式，托森差速器 A 型如图 2-78 所示，由差速器壳、6 个蜗轮、6 根蜗轮轴、12 个直齿圆柱齿轮及前、后轴蜗杆组成。托森差速器的工作原理如图 2-79 所示，当前、后驱动桥无转速差时，蜗轮绕自身轴自转。各蜗轮、蜗杆与差速器壳一起等速转动，差速器不起差速作用。当前、后驱动桥需要有转速差，例如汽车转弯时，因前轮转弯半径大，差速器起差速作用。此时，蜗轮除公转传递动力外，还要自转。由于直齿圆柱齿轮的相互啮合，使前后蜗轮自转方向相反，从而使前轴蜗杆转速增加，后轴蜗杆转速减小，实现了差速。托森差速器起差速作用时，由于蜗杆蜗轮啮合副之间的摩擦作用，所以转速较低的后驱动桥比转速较高的前驱动桥分配到的转矩大。若后桥分配到的转矩大到一定程度而出现滑转，则后桥转速升高一点，转矩又立刻重新分配给前桥一些，所以驱动力的分配可根据转弯的要求自动调节，使汽车转弯时具有良好的驾驶性。当前、后驱动桥中某一桥因附着力小而出现滑转时，差速器起作用，将转矩的大部分分配给附着力好的另一驱动桥（最大可达 3.5 倍），从而提高了汽车通过坏路面的能力。

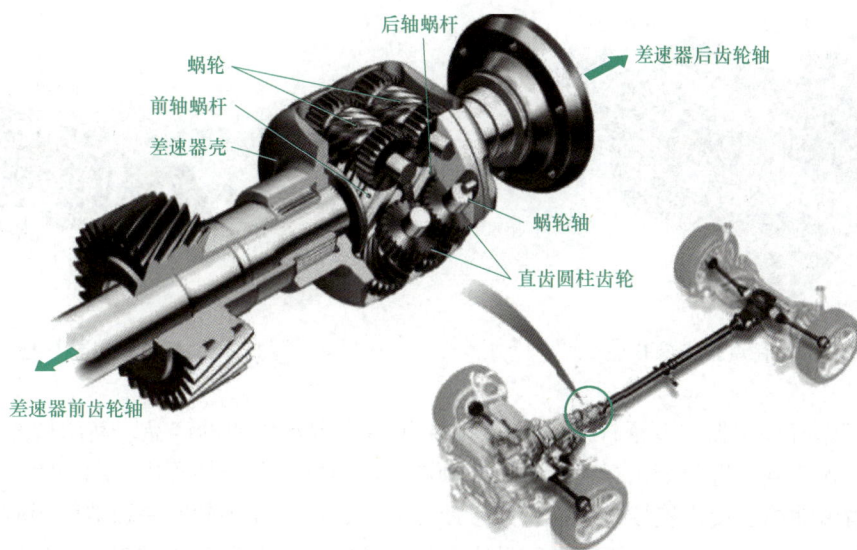

图 2-78 托森差速器 A 型

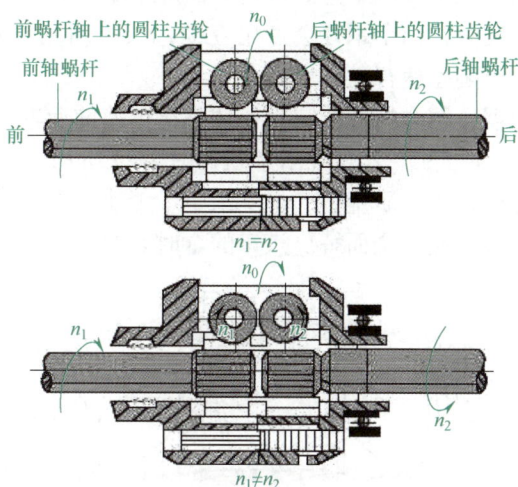

图 2-79 托森差速器的工作原理

托森差速器 B 型为平行齿轮结构，或称蜗轮蜗杆平行排列，如图 2-80 所示。托森差速器 B 型是 A 型的简化版，原理相同。它采用平行齿轮结构来替代传统的蜗轮蜗杆机构，结构简化，传动效率高。在正常行驶情况下的其转矩分配仍是 50：50。

托森差速器 C 型为行星轮齿轮结构，结构上类似于 AT 变速器中的行星齿轮组，如图 2-81 所示。其中心太阳轮连接前轴、外部的齿圈连接后轴，行星蜗轮通过行星架从变速器获得驱动力。其工作原理与托森差速器 A 型基本相同，只是简化了结构并实现正常行驶时的转矩前后 40：60 不对等分配，还可与 ESP 等电子辅助程序共同匹配。

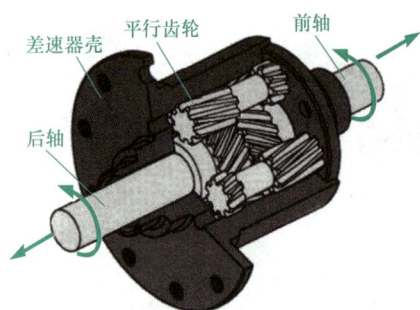

图 2-80　托森差速器 B 型

图 2-81　托森差速器 C 型

（4）双蜗杆差速器　双蜗杆差速器是 2014 年由中国新发明的产品，其结构充分体现了中国智慧。其特点是将两个相互啮合的蜗杆倾斜一定角度安装于转子中，两个蜗杆轴端分别与两侧的输出轴相连接，连接可用齿轮连接或万向节连接。作为轮间差速器使用时，齿圈安装于转子上，整体由轴承固定于壳体，动力源由齿圈输入，两侧输出轴输出动力用以驱动车轮旋转，其平面示意图如图 2-82 所示。

两个蜗杆采用较小的导程角，导程角的大小决定自锁的程度。在常规的蜗杆与涡轮传动中，都是蜗杆主动，涡轮从动来实现动力的传递。而两个蜗杆相啮合，相当于都是彼此的涡轮，当导程角小到一定程度时，两个蜗杆会产生互锁，只有两侧同时施加扭力时才能转动，所以这就是能自锁而又不影响差速行驶的原因。

若将其用作中央差速器，两个蜗杆节圆直径调整，可使前后输出不同的转矩，就像托森差速器那样前后动力 40∶60 分配，其三维示意图如图 2-83 所示。

这种差速器的优点是体积小、质量小、加工简单、工作可靠、成本低，是一种优于托森差速器的机械式自锁差速器，能够全面解决汽车的全时四驱问题。

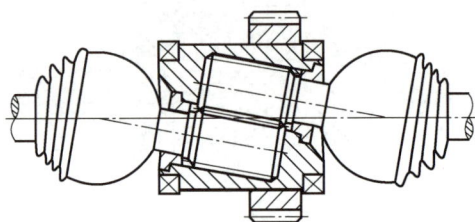

图 2-82　双蜗杆差速器平面示意图

图 2-83　双蜗杆差速器三维示意图

（5）电控多片式差速器　电控多片式轴间差速器和轮间差速器分别如图 2-84 和图 2-85 所示。现在的全时四驱常常在中央差速器上安装电控多片式差速器，而前后轮之间是开放差速器，也能够通过电子辅助制动做到只有一个车轮着地也能脱困。假设只有一个车轮着地，另外 3 个车轮悬空，中央差速器有限滑能力，把动力传到了有一个车轮着地的驱动桥。但这个驱动桥间装的是开放差速器，那么动力还是会流到这个桥上悬空的车轮上。此时若电控辅助制动空转的车轮，则动力就会又传到有良好附着力的车轮上。这是目前最常应用的方法。当然还可以直接采用差速锁形式。

图 2-84　电控多片式轴间差速器

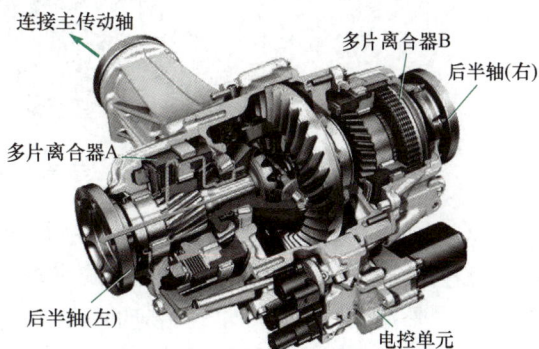

图 2-85　电控多片式轮间差速器

2.4.3　半轴与桥壳

1. 半轴

半轴的功用是将差速器传来的动力传给驱动轮。因其传递的转矩较大，常制成实心轴。半轴的结构因驱动桥结构形式的不同而不同。整体式驱动桥中的半轴为一刚性整轴。而转向驱动桥和断开式驱动桥中的半轴则分段并用万向节连接。半轴内端一般制有外花键与半轴齿轮连接。半轴外端结构形式，有的直接在轴端锻造出凸缘盘；也有的制成花键与单独制成的凸缘盘滑动配合；还有的制成锥形并通过键和螺母与轮毂固定连接。

半轴的受力情况，由半轴与驱动轮的轮毂在桥壳上的支承形式而定。现代汽车常采用全浮式半轴支承和半浮式半轴支承两种形式。

（1）全浮式半轴支承　图 2-86 所示为全浮式半轴支承示意图。半轴外端锻有半轴凸缘，用螺栓紧固在轮毂上，轮毂用两个圆锥滚子轴承支承在半轴套管上。半轴套管与空心梁压配成一体，组成驱动桥壳。这种半轴支承形式，半轴与桥壳没有直接联系。半轴的内端用花键与差速器的半轴齿轮连接，半轴齿轮的毂部支承在差速器壳两侧轴颈的孔内，而差速器壳又以两侧轴颈直接支承在桥壳上。

在半轴外端，路面对驱动轮的作用力（垂直反力 F_z、切向反力 F_x、侧向反力 F_y）以及由它们形成的弯矩，直接由轮毂通过两个圆锥滚子轴承传给桥壳，完全由桥壳承受，半轴只承受转矩。同样，在内端作用在主减速器从动锥齿轮上的力及其形成的弯矩，全部由差速器壳直接承受，半轴内端也只承受转矩。这种使半轴只承受转矩，而两端均不承受其他任何反力和反力矩的半轴支承形式，称为全浮式半轴支承（"浮"是指半轴不承受弯曲载荷）。全浮式半轴支承便于拆装，只需拧下半轴凸缘上的螺钉，即可将半轴抽出，而车轮和桥壳照样能支承住汽车。全浮式半轴支承形式广泛应用于各型货车上。全浮式半轴支承示意图如图 2-86 所示。

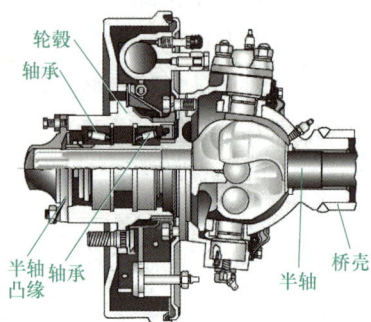

图 2-86　全浮式半轴支承示意图

（2）半浮式半轴支承　图 2-87 所示为半浮式半轴支承形式的驱动桥。半轴内端通过花键与半轴齿轮连接，其支承方式与全浮式半轴支承方式相同。半轴外端制成锥形，锥面上铣有键槽，最外端制有螺纹。轮毂相应的锥孔与半轴上的锥面配合，并用键连接，用锁紧螺母紧固。半轴用一个圆锥滚子轴承直接支承在桥壳凸缘的座孔内。车轮与桥壳之间无直接联系，而支承于悬伸出的半轴外端。因此，路面作用于车轮的各种反作用力及其反力矩都须经半轴外端的悬伸部分再传给桥壳，使半轴外端不仅要承受转矩，而且还要承受各种反力及其反力矩。这种只能使半轴内端免受弯矩，而外端却承受全部弯矩的半轴支承形式，称为半浮式半轴支承。

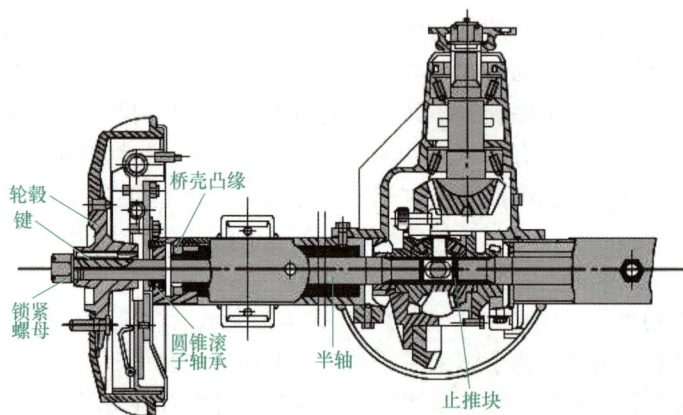

图 2-87　半浮式半轴支承形式的驱动桥

为了对半轴进行轴向限位，差速器内装有止推块，以限制其向内轴向窜动；而半轴向外的轴向窜动则通过制动底板对轴承限位来限制。半浮式半轴支承结构简单，但半轴受力情况复杂且拆装不便，多用于反力、弯矩较小的各类轿车上。

2. 桥壳

桥壳既是传动系统的组成部分，同时也是行驶系统的组成部分，其功用是用来安装并保护主减速器、差速器和半轴以及用来安装悬架或轮毂，与从动桥一起支承汽车悬架以上各部分质量，承受驱动轮传来的反力和力矩，并在驱动轮与悬架之间传力。因此，要求桥壳应具有足够的强度和刚度，质量小，便于制造，便于主减速器的拆装和调整。桥壳可分为整体式桥壳和分段式桥壳两种类型。

（1）整体式桥壳　图 2-88 所示为载货汽车整体式桥壳。它由空心梁、半轴套管、主减速器壳及后盖等组成。空心梁用球墨铸铁铸成，中部有一环形大通孔，前端用以安装主减速器及差速器总成，后端用来检视主减速器及差速器的工作情况。后盖用螺钉装于后端面，后盖上装有检查油面用的螺塞。空心梁上凸缘盘用来固定制动底板，两端压入钢制半轴套管，并用止动螺钉限定位置。半轴套管外端轴颈用来安装轮毂轴承。为了对轴承进行限位及调整轴承预紧度，最外端还制有螺纹。

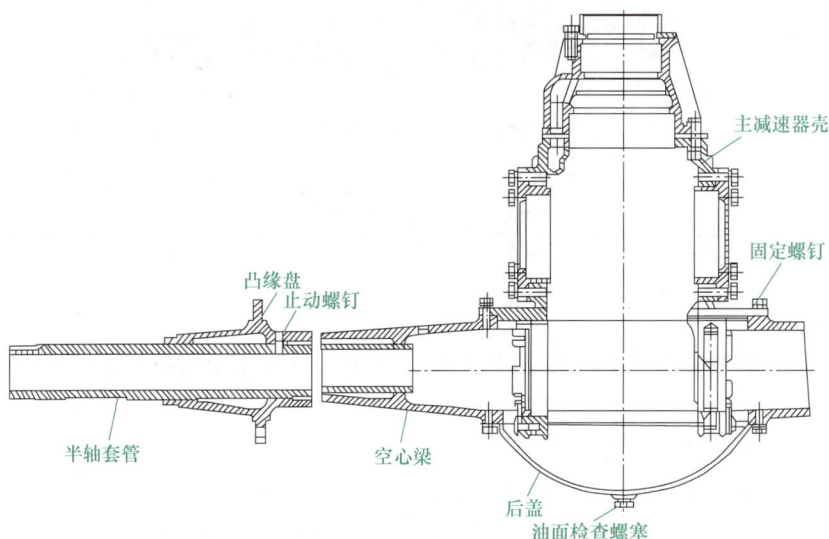

图 2-88　载货汽车整体式桥壳

这种铸造的整体式桥壳具有较大的强度和刚度，且便于主减速器的拆装和调整；缺点是质量大，铸造质量不易保证。因此，整体式桥壳适用于中型以上货车。

图 2-89 所示为北京 BJ1040 型汽车整体式桥壳。它主要由冲压成形的上下两个桥壳主件，四块三角形镶块、前后加强环，后盖及两端半轴套管组焊而成。

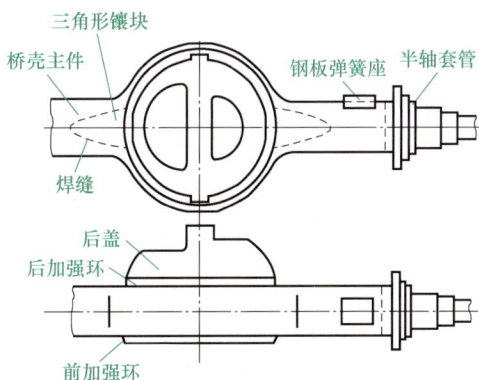

图 2-89　北京 BJ1040 型汽车整体式桥壳

这种冲压焊接的整体式桥壳具有质量小、工艺简单、材料利用率高、成本低等优点，广泛应用于中型及中型以下的汽车上。

（2）分段式桥壳　分段式桥壳一般分为两段，如图 2-90 所示，用螺栓将左桥壳和右桥壳两段连成一体。它主要由左桥壳和右桥壳组成的主减速器壳以及两根半轴壳组成。

分段式桥壳最大的缺点是拆装、维修主减速器和差速器十分不便，必须把整个驱动桥从车上拆下来，现已很少应用。

图 2-90　分段式桥壳

复习思考题

1. 判断题

1）由于丰田普锐斯的 THS 油耗远低于燃油汽车，所以是新能源汽车，可以上绿色牌照。
（　　）

2）比亚迪 DM-i 具有五种工作模式。（　　）

3）氢燃料电池电动汽车是直接燃烧氢气获得能量行驶的。（　　）

4）纯电动汽车不需要变速器变速，只需要改变驱动电机转速即可达到变速行驶的目的。
（　　）

5）防滑差动器可通过限制发动机转速的方法来限制传递到两个车轮的动力。（　　）

2. 选择题

1）THS 发展共经历了（　　）代。
A. 2　　　　　　　　　B. 3　　　　　　　　　C. 4　　　　　　　　　D. 5

2）对于断开式驱动桥，以下说法正确的是（　　）。
A. 与独立悬架相配用　　　　　　　B. 桥壳总是分段的
C. 左右车轮运动状态互不影响　　　D. 半轴必须分段

3）装用普通行星齿轮差速器的车辆，当左侧驱动轮陷入泥泞时，汽车难以驶出的原因是（　　）。
A. 两侧车轮力矩相反而抵消　　　　B. 处于好路面上的右侧车轮得到的转矩小
C. 两轮转向相反　　　　　　　　　D. 差速器不工作

4）托森差速器具有的形式有（　　）。
A. A 型、B 型　　　　　　　　　　B. A 型、B 型、C 型
C. A 型、B 型、C 型、D 型　　　　D. 以上都不对

5）混动模式的新能源汽车在纯电模式行驶时，应满足的要求是（　　）。

A. 最高车速≥80km/h　　　　　　B. 0~50km/h 加速时间≤10s

C. 必须具备外部充电功能　　　　D. 以上都对

3. 填空题

1）混合动力车辆传动形式可分为_____、_____、_____三种形式。

2）半轴的支承形式有_____和_____两种。

3）托森差速器的自锁作用是利用_____和_____的动力传递不可逆性实现的，它是一种_____式的自锁差速器。

4. 简答题

1）不同类型的混合动力系统各有什么优缺点？

2）试比较比亚迪 DM-i 混动系统和 THS 的优缺点。

3）差速器有几种类型？各有何特点？

4）试阐述双蜗杆差速器与托森差速器的区别与特点。

学习任务 ③ 汽车行驶系统构造与原理

📰 知识目标

1. 掌握车架、车桥和车身的结构、种类及其作用。
2. 掌握车轮与轮胎的功用、基本组成和工作原理。
3. 了解车身轻量化的途径和方法。
4. 了解 NVH 研究的内容和途径。
5. 掌握悬架的种类、结构、作用及其工作原理。
6. 掌握电控悬架系统的种类及其工作原理。

📝 能力目标

1. 能描述车架、车桥和车身的结构、种类及其作用。
2. 能描车轮与轮胎的功用、基本组成，能正确识别轮胎的型号并能够描述其含义。
3. 能描述车身轻量化和 NVH 研究的内容。
4. 能描述悬架的种类、结构、作用及其工作原理。
5. 会识别悬架的种类，能够描述性能并判断其优劣。
6. 能描述电控悬架系统的工作原理，了解电控悬架的最新发展状况。

3.1 汽车行驶系统概述

汽车作为一种陆路交通工具，其行驶系统的基本组成和结构形式受道路路面状况影响较大。为适应各种道路条件，汽车行驶系统必须具备如下功能：

1）接收由动力源经传动系统传来的转矩，并通过驱动轮与地面之间的附着作用，产生驱动力，以保证整车正常行驶。

2）传递并支承路面作用于车轮上的各种反力及其所形成的力矩。

3）尽可能地缓和不平路面对车身造成的冲击和振动，保证汽车平顺行驶。

4）支承汽车的总质量。

轮式汽车行驶系统一般由车架、车桥、车轮和悬架等部分组成，如图 3-1 所示。后轮和前轮分别支承驱动桥和从动桥，两车桥分别通过弹性后悬架和前悬架与车架相连接。车架是整个汽车的基体，它将汽车的各相关总成连接成一个整体，构成汽车的装配基础。

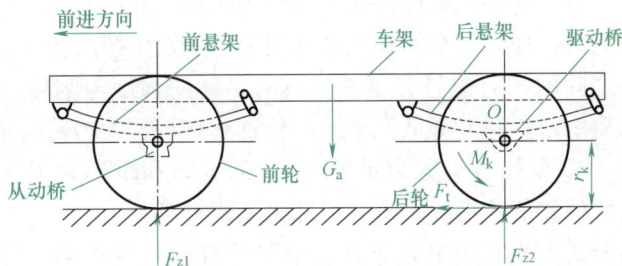

图 3-1　行驶系统组成及受力状况示意图

汽车行驶系统的结构形式除轮式以外，还有半履带式、全履带式、车轮-履带式等几种，如图 3-2 所示。

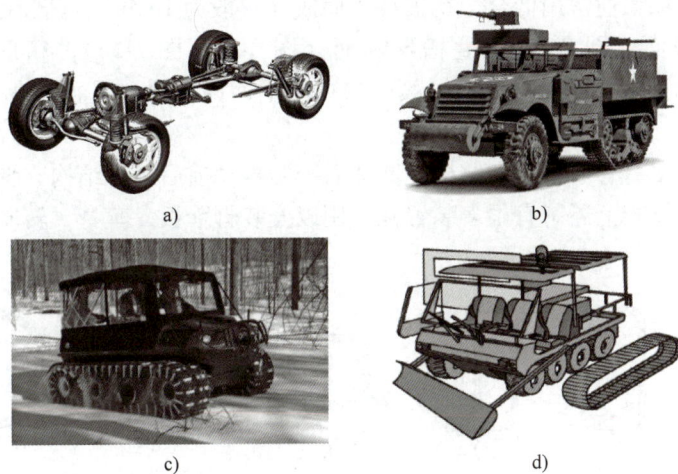

图 3-2　汽车行驶系统的类型

a）轮式行驶系统　b）半履带式行驶系统　c）全履带式行驶系统　d）车轮-履带式行驶系统

半履带式汽车具有很高的通过能力，主要用于雪地或沼泽地带行驶，其结构特点是前桥装有滑橇或车轮，用来实现转向，后桥装有履带，以减少对地面的单位压力，防止汽车下陷，同时履带上的履刺加强了附着力，提高了车辆的通过能力。如果前、后桥上都装有履带，则称为全履带式汽车。车轮-履带式汽车有可以互换使用的车轮和履带，不装履带即为多轴轮式车轮，可用于推土、推雪等特殊作业；也可在车轮外加履带构成履带式车辆，从而提高汽车通过能力。

3.2　车架、车桥和车身

3.2.1　车架

车架是整个汽车的基础，俗称"大梁"。新能源汽车车架上装有动力蓄电池、驱动电机、传动轴、前后桥、车身等总成和部件，因此，车架承受有相当大的载荷。车架的作用是支承、连接汽车的各总成，使各总成保持相对正确的位置，并承受汽车内外的各种载荷。

当汽车在各种路况下行驶时，车架在载荷作用下可能发生扭曲变形、弯曲变形，为保持车架上各总成和部件之间的相对位置，车架应具有足够的强度与刚度，同时质量应尽可能小。此外，车架结构简单，有利于降低汽车重心位置和获得较大的转向角，以提高汽车行驶的稳定性和机动性（对轿车和客车尤为重要）。有的客车和轿车为了减小质量，取消了车架，制成了能够承受各种载荷的承载式车身，即无梁式车身。

汽车车架的结构形式主要有边梁式车架、中梁（脊骨）式车架、综合式车架和无梁式车架。

（1）边梁式车架　边梁式车架为刚性构架，由两根位于两边的纵梁和若干根横梁通过铆接或焊接而成。边梁式车架便于安装车身和布置总成，可满足改装、变形和发展多品种车型的需要。

边梁式车架的纵梁通常用低合金钢板冲压而成（一般为16Mn），其断面形状如图3-3所示，主要有槽形断面（图3-3a）、叠槽形断面（图3-3b、图3-3c）、箱形断面（图3-3d、图3-3e）和管形断面（图3-3f）等。纵梁可以在水平面内或纵向平面内做成弯曲、等截面或非等截面。

纵梁的形式繁多，有前窄后宽结构、前宽后窄结构、前后等宽结构、平行式结构和弯曲式结构。此外，在纵梁上还制有很多装置孔，用以安装脚踏板、车身、转向器和悬架总成及其支架。

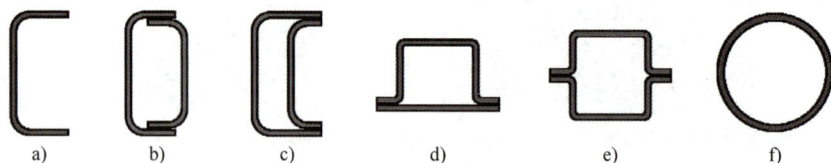

图3-3　车架断面形状
a）槽形　b）叠槽Ⅰ　c）叠槽Ⅱ　d）礼帽箱形　e）对接箱形　f）管形

边梁式车架的横梁可用来保证车架的扭转刚度和承受纵向载荷，支承汽车上的主要部件。载货汽车通常有5~8根横梁。

EQ1090E型汽车车架如图3-4所示，它由两根纵梁和八根横梁铆接而成，又称梯形车架。由于纵梁中部所受弯矩最大，为了使应力分布均匀，同时减小质量，纵梁制成中部断面最高的不等高槽形截面梁。每根纵梁上都开有上百个安装其他机件的孔。

（2）中梁（脊骨）式车架　中梁式车架只有一根位于中央贯穿前后的纵梁，因此也称为脊骨式车架，中梁的断面可做成管形或箱形。这种车架有较大的扭转刚度并使车轮有较大的运动空间，因此被采用在某些轿车和货车上。图3-5所示是具有中梁式车架的轿车底盘。中梁断面为管式，传动轴装在管内。主减速器壳通常固定在中梁的尾端，形成断开式驱动桥。

中梁式车架的优点是：有较好的抗扭转刚度和较大的前轮转向角，在结构上允许车轮有较大的跳动空间，便于装用独立悬架，从而提高了汽车的越野性；与同吨位的载货汽车相比，其车架轻，整车质量小，同时质心也较低，故行驶稳定性好；车架的强度和刚度较大；脊梁还能起传动轴的防尘罩作用。

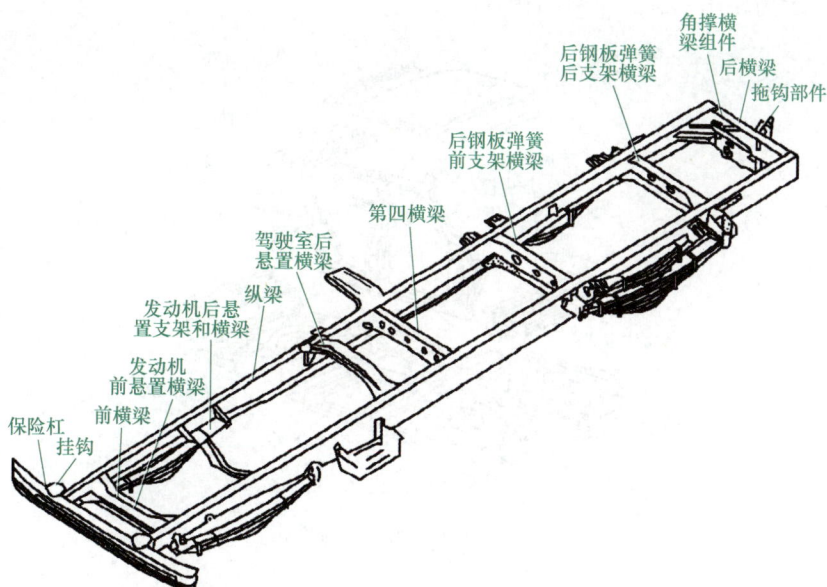

图 3-4　EQ1090E 型汽车车架

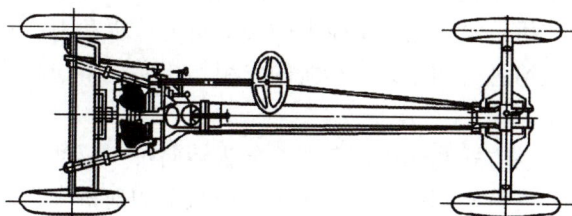

图 3-5　具有中梁式车架的轿车底盘

中梁式车架的缺点是：制造工艺复杂，精度要求高，总成安装困难，维护修理也不方便，故目前应用较少。

（3）综合式车架　综合式车架是由边梁式和中梁式车架组合而成的组合结构，如图 3-6 所示。车架的前段或后段是边梁式结构，用以安装后驱动桥；而车架的另一段是中梁式结构，其悬伸出来的支架可以固定车身。传动轴从中梁的中间穿过，使之密封防尘。

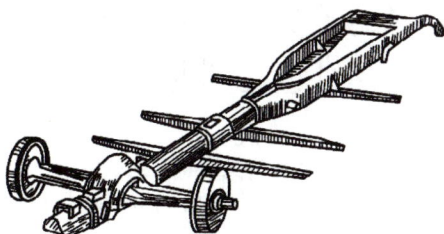

图 3-6　综合式车架

（4）无梁式车架 无梁式车架利用车身作为车架，没有专门的车架，所有的载荷均由车身来承受，这种车身也称为承载式车身。目前，大多数轿车和大型客车都采用承载式车身。图 3-7 所示为轿车承载式车身结构。

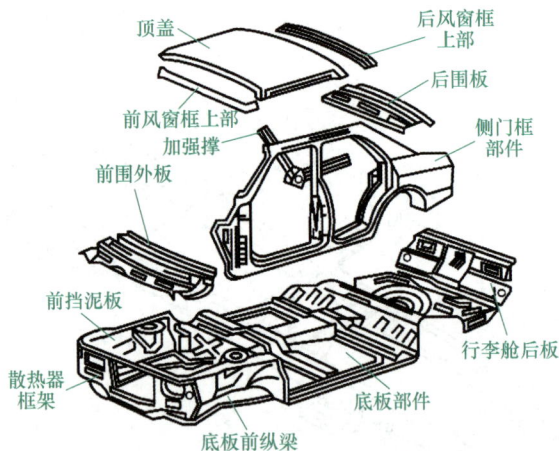

图 3-7 轿车承载式车身结构

3.2.2 车桥

车桥是用来安装和支承车轮的部件，它通过悬架与车架（或承载式车身）连接：车架所受的载荷通过悬架和车桥传给车轮，车轮上的滚动阻力、驱动力、制动力和侧向力及其弯矩、转矩又通过车桥传递给悬架和车架。车桥的作用是传递车架与车轮之间各方向的作用力及其所产生的弯矩和转矩。

按照车桥上车轮的运动方式和作用，车桥可分为转向桥、驱动桥、转向驱动桥和支持桥四种类型，其中转向桥和支持桥都属于从动桥。一般汽车的前桥多为转向桥，后桥或中、后两桥多为驱动桥。越野汽车和一些轿车的前桥既是转向桥又是驱动桥，故称为转向驱动桥。某些单桥驱动的三轴汽车（6×2）的中桥或后桥为支持桥，挂车上的车桥都是支持桥。

根据悬架结构的不同，车桥分为整体式和断开式两种，如图 3-8 所示。整体式车桥是刚性的实心或空心梁，它与非独立悬架配用。大部分现代轿车左右车轮之间实际上没有车桥，而是通过各自的悬架与车架相连接，称为断开式车桥。

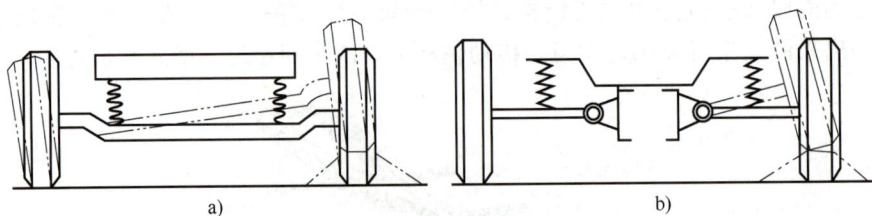

图 3-8 整体式和断开式车桥
a）整体式车桥（非独立悬架） b）断开式车桥（独立悬架）

（1）转向桥 汽车的转向桥能使安装在两端的车轮偏转一定的角度，实现汽车转向的同时也承受车架与车轮之间的作用力及其力矩。转向桥主要由前轴、转向节、主销和轮毂等4部分组成，如图3-9所示。

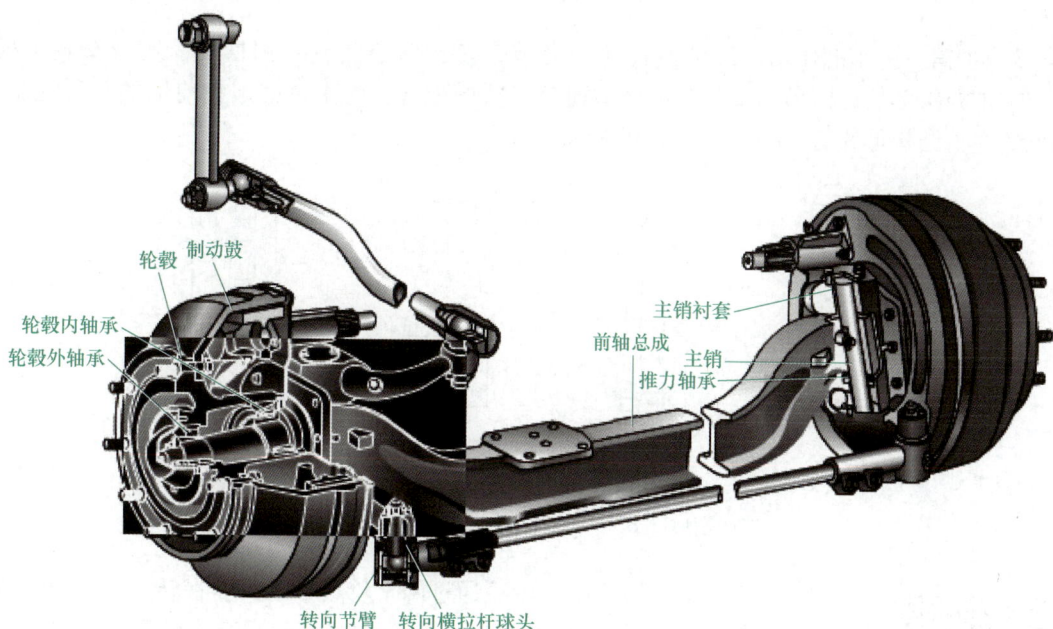

图 3-9　转向桥分解图

1）前轴。在图3-9中，前轴总成是转向桥的主体，其断面形状一般采用工字形或管状，用以提高抗弯强度、减小质量；为提高抗扭强度，前轴两端加粗并呈拳形，主销插入前轴拳形上的通孔内，将前轴与转向节连接起来。在主销孔内侧装有楔形锁销，用以固定主销。为降低发动机的安装高度，前轴的中部下凹，从而降低汽车质心，扩展驾驶人视野，同时减小了传动轴与变速器输出轴之间的夹角。

在前轴凹形上平面的两端各有一块安装钢板弹簧用的底座，其上钻有安装U形螺栓用的4个通孔和1个位于中心的钢板弹簧定位孔。在轴两端还制有转向轮最大转向角的限位凸块，前轴材料一般为中碳钢。

2）转向节。在图3-9中，转向节是一个叉形零件，其外侧是内粗外细的悬臂轴，用来安装车轮轮毂内、外轴承。靠近两叉根部有呈方形的凸缘，凸缘四周有螺栓孔，用来固定制动底板。

转向节内侧上下两叉有两个同轴孔，通过主销与前轴两端的拳形部分相连。前轮可以绕主销偏转一定角度从而使汽车转向。为减小磨损，转向节销孔内压入青铜主销衬套，衬套是由装在转向节上的油嘴压入润滑脂进行润滑的。为使转向灵活，在转向节下叉与前轴拳形部分之间装有推力轴承，在转向节上叉与拳形部分之间还装有调整垫片，以调整间隙。

在左、右转向节下叉的下端各装有转向节臂。左、右转向节臂通过转向横拉杆球头与转向横拉杆相连接。在左转向节上叉的上端装有与左转向节臂制成一体的端盖，这样就可以通过转向直拉杆前后推拉左转向节臂，使左、右转向节同时绕主销摆动，实现转向。

为防止转向时轮胎与转向直拉杆或翼子板相碰擦，转向轮的最大转角不能超过规定值，为此在转向节上装有限位螺栓，它与前轴两端的限位凸块相配合，可调整转向轮的最大转角。

3）主销。主销的作用是铰接前轴与转向节，使转向节绕着主销摆动，实现车轮的转向。主销的中部切有凹槽，安装时用楔形锁销与凹槽配合，将主销固定在前轴的拳形孔中。常见的主销结构形式有4种，如图3-10所示。

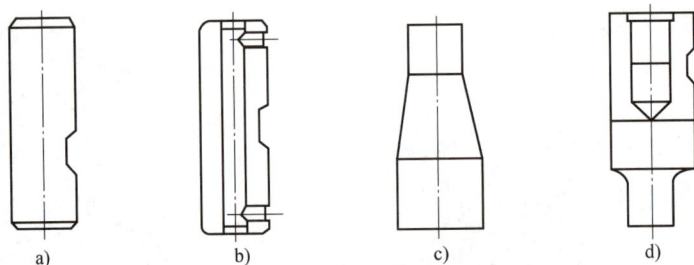

图3-10 常见的主销结构形式
a）实心圆柱形 b）空心圆柱形 c）圆锥形 d）阶梯形

4）轮毂。在图3-9中，轮毂通过两个轮毂轴承安装在转向节外端的轴颈上，轴承的顶紧度可以用调整螺母进行调整，然后套上锁紧垫圈和止动垫圈，拧紧锁紧螺母，并将止动垫圈弯曲片包住锁紧螺母，防止松动。轮毂内侧装有油封，防止润滑脂进入车轮制动器内影响制动效果。在轮毂外端装有轮毂端盖，防止泥水和尘土侵入。

转向驱动桥
工作原理

（2）转向驱动桥 能实现车轮转向和驱动的车桥称为转向驱动桥，如图3-11所示。在结构上，转向驱动桥既具有一般驱动桥所具有的主减速器、差速器及半轴；也具有一般转向桥所具有的转向节壳体、主销和轮毂等。它与单独的驱动桥、转向桥相比不同之处是：由于转向的需要半轴被分为两段，分别称为内半轴（与差速器相连接）和外半轴（与轮毂连接），二者用等角速万向节连接起来。同时，主销也分成上下两段，分别固定在万向节的球形支座上。转向节轴颈做成空心的，以便外半轴从中穿过。转向节的连接叉是球状转向节壳体，既满足了转向的需要，又适应了转向节的传力。转向驱动桥广泛地应用在全轮驱动的越野汽车上。

（3）转向轮定位 转向轮定位也称前轮定位，包括主销后倾、主销内倾、前轮外倾及前轮前束。

为保持汽车直线行驶的稳定性、转向的轻便性和减小轮胎与机件间的磨损，转向轮、转向节和前轴三者之间与车架必须保持一定的相对位置，这种具有一定相对位置的安装称为转向轮定位（前轮定位）。

前轮定位的目的是：使汽车直线行驶稳定而不摆动、转向时转向盘上的作用力不大、转向后转向盘具有自动回正作用、轮胎与地面间不打滑以减少油耗、延长轮胎使用寿命。

1）主销后倾。主销在纵向平面内，其上端略向后倾斜，这种现象称为主销后倾。在纵向垂直平面内，主销中心线与中心垂线之间的夹角 γ 称为主销后倾角，如图3-12所示。

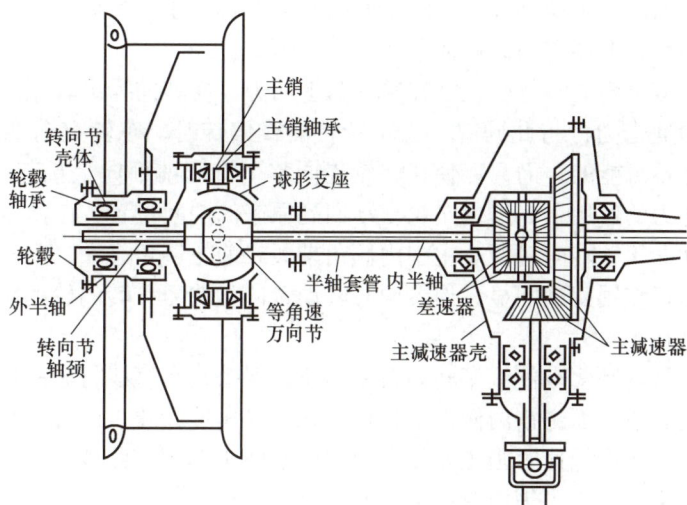

图 3-11　转向驱动桥示意图

　　主销后倾角的获得一般是由前轴、钢板弹簧和车架三者装配在一起时，使前轴断面向后倾斜而形成的。

　　主销后倾后，它的轴线与路面的交点 a 位于车轮与路面接触点 b 之前，这样 b 点到 a 点之间就有一段垂直距离 l。汽车转弯时（图 3-12 中向右转弯），则汽车产生的离心力将引起路面对车轮的侧向反作用力 F，F 通过 b 点作用于轮胎上，形成了绕主销的稳定力矩 $M = Fl$，其作用方向正好与车轮偏转方向相反，使车轮有恢复到原来中间位置的趋势。即使在汽车直线行驶偶尔遇到阻力使车轮偏转时，也有此种作用。由此可见，主销后倾的作用是保持汽车直线行驶的稳定性，并力图使转弯后的前轮自动回正。后倾角越大，车速越高，前轮的稳定性越强，但后倾角过大会造成转向盘沉重，一般采用 $\gamma < 3°$。有些轿车和客车的轮胎气压较低，弹性较大，行驶时由于轮胎与地面的接触面中心向后移动，引起稳定力矩增加，故后倾角可减小到接近于零，甚至为负值（即主销前倾）。

　　2）主销内倾。主销安装到前轴上后，在横向平面内，其上端略向内倾斜，这种现象称为主销内倾，如图 3-13 所示。

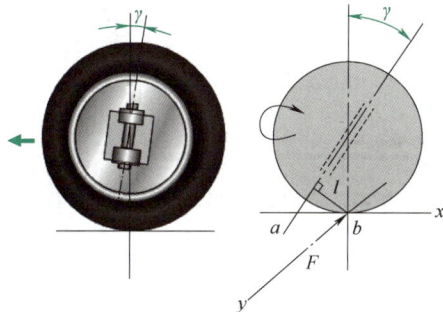

图 3-12　主销后倾示意图

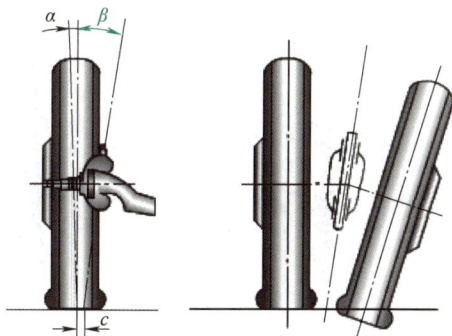

图 3-13　主销内倾示意图

在横向垂直平面内，主销轴线与垂线之间的夹角 β 称为主销内倾角。主销内倾角是前轴制造时使主销孔轴线的上端向内倾斜而获得的。

主销内倾后可减小转向时驾驶人加在转向盘上的力，使转向操纵轻便，也可减少从转向轮传到转向盘上的冲击力；与此同时，当车轮转向或偏转时，车轮有向下陷入地平面的倾向，但事实上这是不可能的，而只能使转向轮连同整个汽车前部向上抬起一个相应的高度，这样在汽车本身重力的作用下，迫使车轮自动回到原来的中间位置。由此可见，主销内倾的作用是使前轮自动回正，转向轻便。主销内倾角越大或前轮转角越大，则汽车前部抬起就越高，前轮的自动回正作用就越明显，但转向时转动转向盘费力，转向轮的轮胎磨损增加，一般主销内倾角控制在 $5°\sim8°$。

主销后倾和主销内倾都有使汽车转向自动回正，保持汽车直线行驶的作用。但主销后倾的回正作用与车速有关，而主销内倾的回正作用几乎与车速无关。因此，高速时主销后倾的回正作用起主导地位，而低速时则主要靠主销内倾起回正作用。此外，直行时前轮偶尔遇到冲击而偏转时，也主要依靠主销内倾起回正作用。

3）前轮外倾。前轮安装在车轮上，其旋转平面上方略向外倾斜，这种现象称为前轮外倾。前轮旋转平面与纵向垂直平面之间的夹角 α 称为前轮外倾角，如图 3-14 所示。前轮外倾的作用在于提高了前轮工作的安全性和操纵轻便性。由于主销与衬套之间，轮毂与轴承等处都存在有间隙，若空车时车轮垂直地面，则满载后，车桥将因承载变形，可能会出现车轮内倾，这样将会加速汽车轮胎的磨损。另外，路面对车轮的垂直反作用力沿轮毂的轴向分力将使轮毂压向轮毂外端的小轴承，加重了外端小轴承及轮毂紧固螺母的负荷，严重时使会车轮脱出。因此，为了使轮胎磨损均匀并减轻轮毂外轴承的负荷，安装车轮时应预先使车轮有一定的外倾角，以防止车轮出现内倾。前轮外倾角大虽然对安全和操纵有利，但是过大的外倾角将使轮胎横向偏磨增加，油耗增多，一般前轮外倾角为 $1°$ 左右。前轮外倾角是由转向节的结构确定的。当转向节安装到前轴上后，其转向节轴颈相对于水平面向下倾斜，从而使前轮安装后出现前轮外倾。

4）前轮前束。汽车两个前轮安装后，在通过车轮轴线而与地面平行的平面内，两车轮前端略向内束，这种现象称为前轮前束。

左右两车轮间后方距离 A 与前方距离 B 之差（$A-B$）称为前轮前束值，如图 3-15 所示。前轮前束的作用是消除汽车行驶过程中因前轮外倾而使两前轮前端向外张开的不利影响。

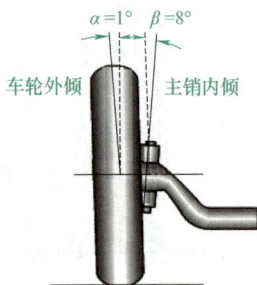

图 3-14　前轮外倾示意图

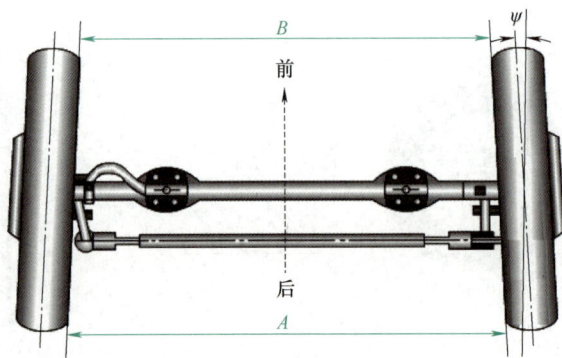

图 3-15　前轮前束示意图

由于前轮外倾，当车轮在地面纯滚动时，车轮将向外侧方向运动，实际上装在汽车上的两个前轮只能向正前方滚动，当两车轮具有前束时，两车轮在向前滚动时会产生向内侧的滑动。这样，由外倾和前束使两前轮产生的滑动方向相反，可以互相抵消，从而使两前轮基本上是纯滚动而无滑动地向前运动。

前轮前束还可以抵消滚动阻力造成的使两前轮前部向外张开的作用，使两前轮基本上是平行地向前滚动。前轮前束可通过改变横拉杆的长度来调整。调整时，应根据各厂家规定的测量位置，使两轮前后距离差（A-B）符合规定的前束值。

测量位置除图 3-15 图示的位置外，还可取两车轮钢圈内侧面处的前后差值，也可以取两轮胎中心平面处的前后差值。一般前束值为 0~12mm。

（4）四轮定位

1）四轮定位的定义。为了保证汽车直线行驶的稳定性和操纵的轻便性，减少汽车轮胎和其他机件的磨损，必须考虑许多因素来确定车轮与地面的角度，转向车轮、转向节和前轴三者与车架的安装应保持一定的相对位置，这种具有一定相对位置的安装称为转向轮定位，也称前轮定位。以前通常的车轮定位是指前轮定位，现在的车辆除前轮定位外还需要后轮定位，即四轮定位。

四轮定位就是检测汽车车架、悬架构件、车轮三者之间及四个车轮之间，在 X、Y、Z轴方向的角度位置关系。通过专用的仪器对车辆进行精确的测量后，再根据测量结果及原厂设计标准，对车辆进行综合诊断、调整、维修等作业，使汽车恢复原厂标准，达到最佳的操纵和行驶状态的过程，统称为汽车四轮定位。

2）四轮定位的作用。汽车底盘由传动系统、行驶系统、制动系统和转向系统等组成，在制造汽车底盘时，为了保证车辆行驶的安全性和使用寿命，应在底盘上设置一些特定的技术参数，即定位角度。新车出厂行驶一定时间后，由于底盘上各零部件间配合发生变化、各个部件发生变形，以及维修人员在更换零部件时没有完全恢复出厂参数，会导致定位角度发生变化。另外，由于交通事故和车辆长期行驶在坑洼不平的道路上，使车辆出厂参数遭到破坏，也会使定位角度发生变化。

当定位角度发生变化后，车辆在行驶过程中就会出现跑偏、吃胎、转向故障、油耗增加、安全系数下降、底盘部件快速磨损等不良现象。当发生上述现象时，车辆底盘就需要用四轮定位仪进行检测，并通过调整使已变化的定位角度恢复到标准出厂参数，从而保证汽车正常安全行驶等功能。

3）四轮定位的原理和几何轴线。四轮定位是以以下参照线为基准来进行定位的（图 3-16）：

车轮中心线：轮胎与地面接触形成的一条直线，垂直于这条线的直线即为车轮中心线。

车轮接触点：车轮中心线与车轮旋转轴的交点。

几何轴线（角）：后轴总前束的中心线，前轮的测量与此轴有关，它同时也是汽车直线行驶延伸的轴线。后轴的前束是以前面中心对称面为基准测出的。几何轴线由后轴前束决定，它是车辆行驶时的推力线，也是前轮前束的测量基准。

车辆中心对称面：它是汽车几何中心平面，垂直于行驶平面并通过前后轴的轮距中点；它是后轮前束的测量基准，如图 3-17 所示。

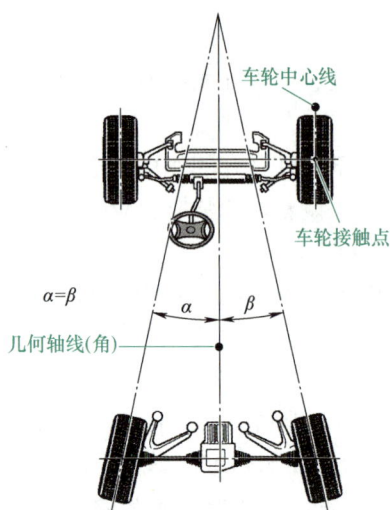

图 3-16 四轮定位基准

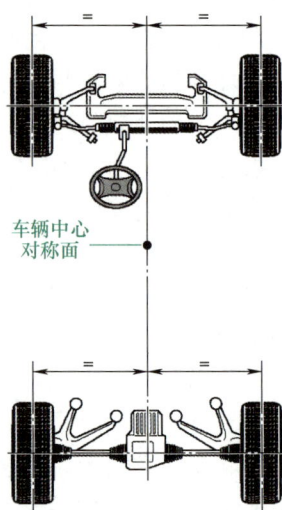

图 3-17 车辆中心对称面

4）四轮定位的注意事项：车辆的几何轴线是车辆的实际推力线，它是车辆后轴前束的角平分线。车辆后轴变形，或后轴前束发生变化，都会使推力线方向发生变化。如果车身变形过大，车轮定位并不能解决所有问题，应该先做大梁矫正再做四轮定位；推力线是由后轴的前束、横向偏移和轴偏位产生，调整时应先调整后轴，再调整前轴。前轴前束是根据后轴前束形成的几何轴线进行调整的。

3.2.3　车身及轻量化技术

汽车车身的作用主要是保护驾驶人和乘员以及构成良好、舒适的乘坐环境并保持美观、较优的空气动力学外形。汽车车身结构从形式上主要分为承载式车身和非承载式车身两种。

1. 承载式车身

承载式车身没有前述的车架，在纯电动汽车上，车身就作为动力蓄电池、驱动电机和底盘各总成的安装基体，车身本身兼有车架的作用并承受全部载荷，是将底盘部件直接安装在车身上的结构，车身以薄板构成为主。为了缓和底盘件安装部位的应力和确保车身刚度等，部分车辆将安装副车架，将底盘件一端安装在副车架上（也有的将其安装在车身上）。一般在承载式车身中，包括 A 柱、B 柱、C 柱在内的乘客舱采用最高强度的钢材冲压焊接而成，前机舱和行李舱等材质强度相对低一些，前后保险杠采用铝合金（或中等强度的钢材）和非金属材料等制成，如图 3-18 所示。

承载式车身的优点是质量小，整体弯曲和扭转刚度好；车室地板低，车辆高度尺寸小；以薄板加工为主，且可用点焊焊接，所以易于批量生产。缺点是路面和驱动电机等的噪声及振动容易传入车身；因为用整个车身来确保刚度，所以很难再改造，碰撞易变形。

2. 非承载式车身

非承载式车身的汽车有独立的刚性车架，又称底盘大梁架，如图 3-19 所示。其底盘强度较高，抗振性能好，车身和车架是刚性连接，车轮的振动通过弹性元件传到车架上，大部分振动被减弱或消除，发生碰撞时车架能吸收大部分冲击力，在坏路行驶时对车身起到保护作用，因此车厢变形小，平稳性和安全性好，而且厢内噪声低。但这种非承载式车身比较笨重，质量大，汽车质心高，平顺性差，高速行驶稳定性较差，遇到危险（如翻车）的时候，厚重的底盘，也会对相对薄弱的车身产生致命威胁。所以非承载式车身在 SUV 和越野车用得比较多。

图 3-18　承载式车身结构

图 3-19　非承载式车身结构

在汽车制造业中，冲压、焊装、涂装、总装合称为四大核心技术（即四大工艺），主机厂通过四大工艺实现从原材料、零部件到整车的制造过程，如图 3-20 所示。

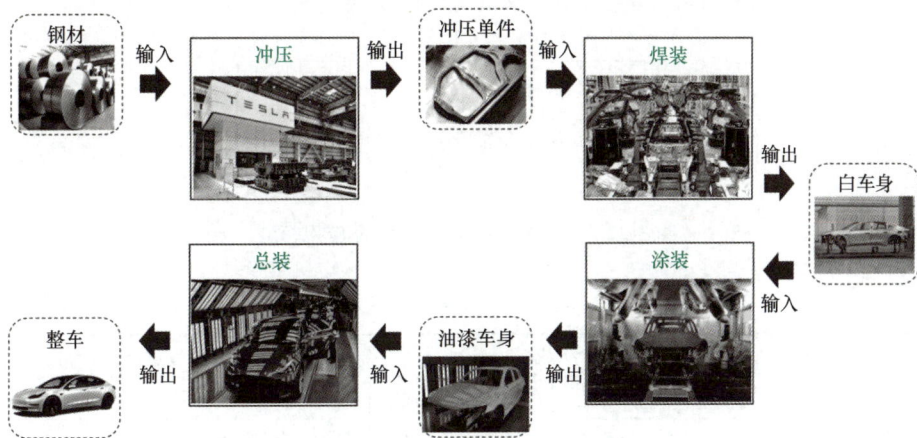

图 3-20　汽车制造四大核心技术：冲压、焊装、涂装、总装

传统汽车白车身制造流程采用钣金冲压和焊接工艺。在冲压工艺中，先将钢材通过开卷线开卷，再通过冲压线冲压成车身单体零件（侧围、翼子板等），然后进入焊接工艺，完成零件焊装，如图 3-21 所示。

3. 轻量化技术

轻量化底盘能有效降低油耗、提升续驶里程、提高响应能力。汽车轻量化可显著改善新能源汽车各项性能，主要体现在环保性、效用性、动力性、安全性、制动性方面。车身轻量化的主要途径有结构优化设计、轻量化材料应用、轻量化加工制造技术，如图 3-22 所示。各类轻量化材料中，铝合金性价比最高。对比多种金属合金和复合材料，铝合金在性能、密度以及价格等多方面综合优势明显，是最具性价比的轻量化材料。材料轻量化方案对比见表 3-1。

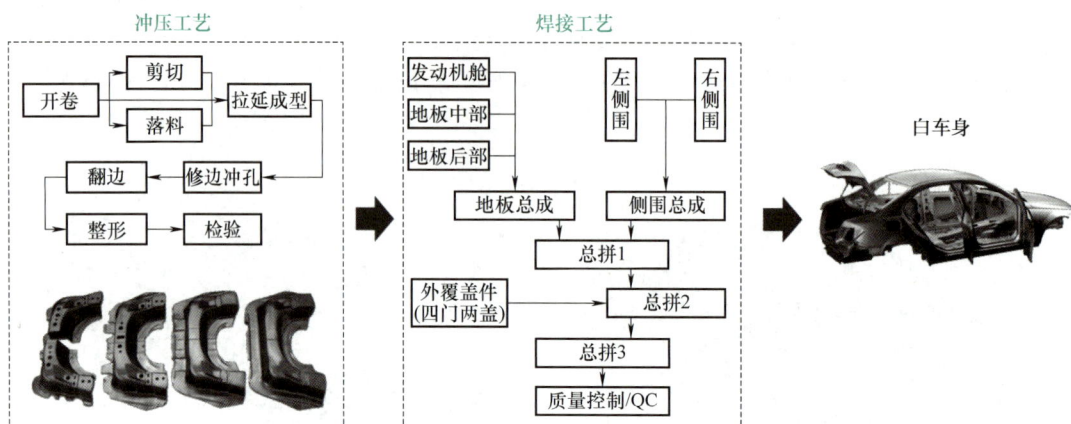

图 3-21　白车身制造传统工艺：冲压和焊接

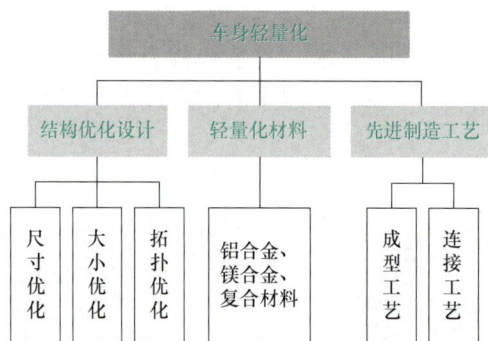

图 3-22　车身轻量化技术途径及应用领域

表 3-1　材料轻量化方案对比

轻量化 材料	成本/ （元/kg）	成型			连接		
		工艺	效率	成本	工艺	效率	成本
高强度钢	10~15	冲压	较高	中	焊接/机械连接	中	中
铝合金	20~35	冲压/挤压/铸造	高	中	焊接/铆接/搅拌/摩擦/胶接等	高	高
镁合金	60~80	冲压/铸造	高	高	胶接+机械连接	高	高
碳纤维复合材料	120~150	热压罐/RTM/模压	低	高	胶接+机械连接	低	高

新能源车自重大，续驶里程倒逼车身必须朝向轻量化发展，铝合金是当前性价比最高的车身轻量化材料，但是其发展受限于复杂工艺技术，高压压铸是适用于铝合金材料的高效加工工艺，一体化压铸技术革新传统冲压和焊接工序，汽车上应用前景广阔。

较传统的冲压和焊接工序而言，一体化压铸部件一次成型，内部不需要额外连接，因此焊接、铆接、涂胶工艺的使用大幅减少，从而降低生产线上的人工成本，及焊接、涂胶机器人的成本。压铸工艺材料利用率高达90%。压铸工艺主要包含前期的模具设计、中期的压射加压、后期的产品修剪和废品回收。据中国有色网等相关数据显示，传统钢质车身中冲压和焊接工序有 60%~70% 的材料利用率，而压铸工艺的材料利用率高达 90%，这也从一定程度上降低了制造成本。压铸工艺生产流程如图 3-23 所示。

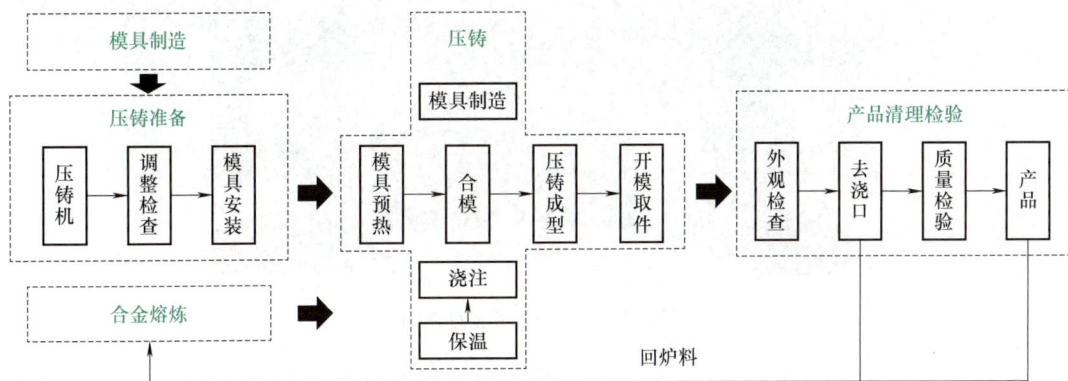

图 3-23　压铸工艺生产流程

一体化压铸可大幅减少冲压、焊接使用量，一体化地板总成经由少量焊接即可完成下车体制造，将工序数量由 9 道降低至 2 道，下车体总成（前中后地板总成）零部件数量减少至 2~3 个，工时约需 180s，再经少量焊接后，即可完成下车体总成的制造，而使用传统冲压和焊接工艺需要超 370 个零件，总工时超 2h，效率得到显著提升。同时一体化压铸还可以节约投资和成本。下车体制造在生产工艺上的演进如图 3-24 所示。

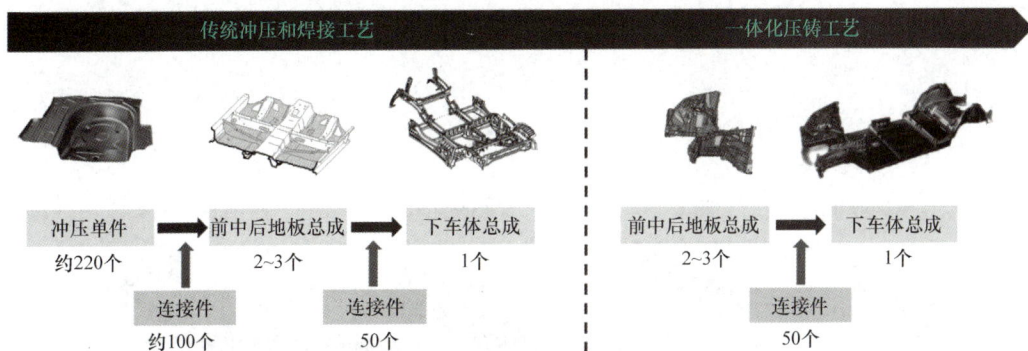

图 3-24　下车体制造在生产工艺上的演进

滑板底盘成为推动 CTC（Cell to Chassis）和一体化压铸中长期发展的重要推动力。滑板底盘是当前汽车行业最重要的革命性技术之一，涉及底盘的技术包括：非承载式车身、线控底盘、集成式电驱系统、高度集成智能化模块。此外，在有限空间内提升动力蓄电池的质量/体积能量密度，与 CTC 电池系统集成方案高度契合；高度集成后，底盘的结构更加复杂，一体化压铸能够更好匹配底盘工艺提升的需求。滑板式底盘的结构如图 3-25 所示。

第一阶段，CTM（Cell to Module）：最开始的新能源产业，希望将电芯标准化，进而利用规模化降低成本，但是各种车型需求不同，电池厂家的电芯尺寸也难以统一，后来退而求其次，将电池系统标准化转向了模组。过去几年电池系统集成化的重点就是不断提升标准化蓄电池模组的尺寸，例如比较典型的 590 模组等。

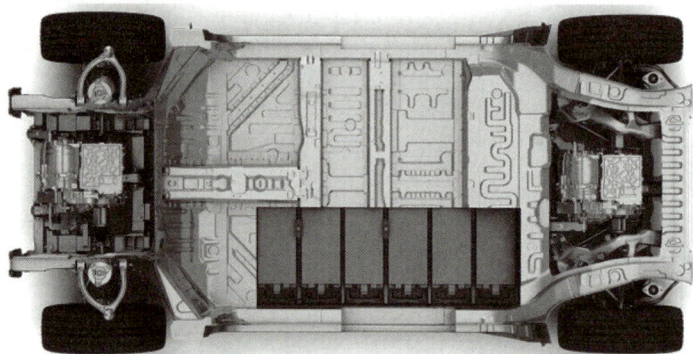

图 3-25　滑板式底盘的结构

第二阶段，CTP（Cell to Pack）：CTP 就是直接将电芯集成在蓄电池包上，这样做就有效提升了蓄电池包的空间利用率和能量密度。宁德时代、比亚迪以及蜂巢能源等都拥有各自的 CTP 方案，例如比亚迪刀片电池，就采用的 CTP 技术。

第三阶段，CTC（Cell to Chassis）：到 CTC 阶段，不仅要电池重新排布，还要纳入电驱电控系统，使得电池、电机、电控、车载充电机、底盘高度集成，通过智能化动力域控制器，优化动力分配、降低能耗。这对于整个制造链要求极高，要求主机厂、电池供应商等必须具备多项跨域的能力：车企大多要有具备电芯设计、三电系统高度集成的能力，电池企业需要在电机、底盘设计等板块布局。目前国内的零跑以及海外的特斯拉都已率先公布 CTC 方案，比亚迪、宁德时代等都在加速布局。CTM、CTP、CTC 的进化过程如图 3-26 所示。

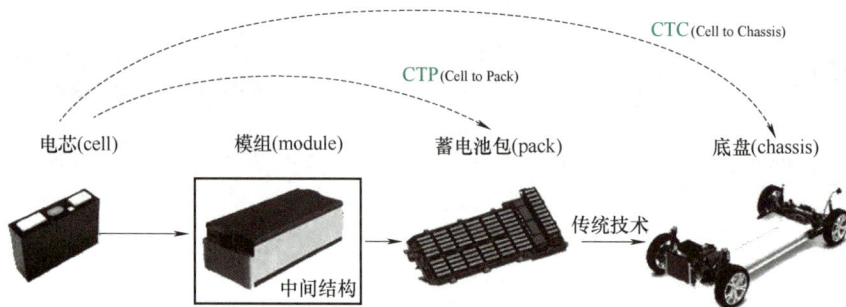

图 3-26　CTM、CTP、CTC 的进化过程

3.2.4　振动和噪声的诊断与排除（NVH）

1. NVH 概念

NVH 是 Noise（噪声，主要分析频率范围为 20Hz～5000Hz，通过频率、幅值和品质评价）、Vibration（振动，主要分析频率范围为 0.5Hz～50Hz，通过频率、幅值和方向评价）、Harshness（声振粗糙度，主要是指由于振动噪声的综合影响导致粗糙、刺耳和不和谐的感觉，主要是与路面激励有关的低频范围）的缩写。由于三者在汽车等机械振动中是同时出现且密不可分的，因此常把它们放在一起进行研究。简单地讲，乘员在汽车中的一切触觉和

听觉感受都属于 NVH 研究的范畴，此外还包括汽车零部件由于振动引起的强度和寿命等问题。

2. NVH 的产生及类型

NVH 包括车外噪声、车内噪声和车内振动。燃油汽车的噪声源主要包括：发动机、排气系统、高速行驶时的风噪声、轮胎噪声以及其他任何运动的部件；纯电动汽车的噪声源除了高速行驶时的风噪声、轮胎噪声外，主要是电驱动系统的高频噪声；混合动力汽车两者兼而有之。车辆的振动源，燃油汽车主要包括：发动机、传动系统、不平的路面等，电动汽车主要是电传动系统、不平的路面等。由于声音是由物体振动产生的，所以噪声和振动往往不是单独出现的。

车外噪声：燃油汽车包括发动机本体噪声（机械噪声、燃烧噪声、附件噪声）、进气系统噪声、排气系统噪声（排气口噪声、消声器辐射噪声）和轮胎噪声；纯电动汽车包括电机啸叫、减速器啸叫、电控系统啸叫、能量回收系统噪声和轮胎噪声等。

车内噪声：目前无强制性标准要求，以用户满意作为基本要求，评价方法为主观评价和客观测试。

3. NVH 的评价

主观评价：怠速时，声音大小与音质、各关键点的振动能否接受；加速时，声音大小与音质、声音增大是否平稳，有没有突出的峰值（轰鸣声）；匀速时，低速、中速、高速噪声能否接受；是否有异响。

客观测试：车内声压随发动机转速的变化测试，即加速、减速和能覆盖整个转速范围的二档测试；车内声品质指标随发动机转速的变化测试，即语言清晰度、尖锐度和粗糙度测试；车内噪声频谱随发动机（或电动机）转速的变化测试（彩色图，坎贝尔图）；匀速噪声和滑行噪声测试（120km/h 以上开始，空档滑行到 20km/h，测试车内噪声随车速的变化）。

车内振动：转向盘、变速杆、仪表板、地板、后视镜等车内关键部位的振动主要与发动机隔振性、部件结构振动特性有关。

平顺性：指的是乘坐振动特性（按照国家标准进行计算），与悬架系统、车身模态、座椅等有关。

在汽车噪声评价中，主要用以下术语来描述声音品质：响度、尖锐度、粗糙度、波动度和语言清晰度。

NVH 研究室测试分析能力包括模态测试、固有频率测试、加速度测试、声压测试、工作变形测试（ODS）。

汽车 NVH 特性的研究应该是以整车作为研究对象的，但由于汽车系统极为复杂，因此常将它分解成几个子系统进行研究，如底盘子系统（主要包括前/后悬架系统）、车身子系统等，也可以研究某一个激励源产生的或某一工况下的 NVH 特性。

4. 动力系统结构变化与 NVH 特征

传统的内燃机汽车的主要噪声源来源于发动机（包括进排气系统）及其传动系统的噪声，主要表现为中、低频的轰鸣声，而纯电动汽车的噪声主要来源于电驱动系统、控制系统、热管理系统、能量回收系统等，主要表现为高频的啸叫声，混合动力汽车则是两者兼而有之，以低频和中频为主，伴随高频成分噪声、低频与中频轰鸣声、高频啸叫声。

新能源汽车由于动力系统结构变化带来的新 NVH 特征见表 3-2。

表 3-2　新能源汽车由于动力系统结构变化带来的新 NVH 特征

结构变化	NVH 特征
驱动电机取代传统内燃机	驱动电机：①路噪与风噪成为主要成分；②电机及驱动系统啸叫；③声品质特征改变
变速器：单级减速器	变速器：比传统车简单
电动压缩机	电动压缩机：成为主要动力振动源
电控系统	电控系统：高频啸叫
蓄电池系统复杂	蓄电池系统：高频噪声更加凸显
电机和蓄电池热管理系统	热管理系统：带来新的 NVH 问题

（1）电机系统噪声　其主要包括电磁噪声（包括电机本身和逆变/整流/控制噪声）、机械噪声（包括轴承噪声、动不平衡噪声、结构共振噪声）和冷却噪声（主要是液冷系统噪声）等。

（2）电控系统噪声　自动变速器控制单元（TCU）对传统内燃机汽车的 NVH 影响非常大。

在纯电动汽车控制系统中，电机控制器负责驱动电机的控制，它通过接收整车控制器的车辆行驶控制指令，控制电动机输出指定的转矩和转速，驱动车辆行驶，实现把动力蓄电池的直流电能转换为所需的高压交流电，并驱动电机本体输出机械能。电机控制器对纯电动车的 NVH 影响非常大。

（3）热管理系统噪声　插电式混合动力汽车的发动机、发电机、变速器、增压涡轮，纯电动汽车的热泵空调、动力电池、驱动电机、电机控制器、充电机等都是新能源汽车的噪声源，插电式混合动力/纯电动汽车在加速、怠速充电、上坡、起步等低速大转矩及动力分汇流工况下的 NVH 表现天然较差；制动能量回收也会引起电机啸叫，还有热管理及冷却系统带来的噪声问题等都会带来 NVH 与动力性和可靠性的矛盾。

5. 振动和噪声的诊断与排除

在对底盘的振动和噪声进行诊断或排除时，应按图 3-27 所示的步骤，首先应明确出现异常的工况，即车辆运行在何种工况下时会出现异常；其次应确定出现异常的现象，如制动抖动、行驶异响、转弯异常抖动等；接着确定大致的排查方向（如确定故障是否在传动系统、制动系统、转向系统或者行驶系统）和排查方法（如观察法、标记法、排除法、互换法、数据采集法等）；最后锁定故障件，明确故障原因并修复故障。

若前驱汽车在转弯时，特别是大转角的转向操作时前部有"咔咔"的金属摩擦声，此时应注意排查驱动半轴的外球笼是否有损伤，驱动半轴球笼在工作时随半轴转动，橡胶防尘套容易被砂石损坏导致进入异物或橡胶防尘套破损导致润滑脂外漏，进一步导致球笼失效。

若装有盘式制动器的汽车在行车制动时感到车辆抖动，可以排查制动盘是否存在变形或磨损不均匀等情况；若制动时听到有尖锐的摩擦声，应注意排查摩擦片是否已经磨损至限位；若制动时有金属撞击异响，应排查制动卡钳、制动片是否有松动。

步骤一
明确工况
- 转弯时
- 制动减速时
- 路过颠簸路面时
- 换档时
- 正常行车时
- ……

步骤二
描述现象
- 转向盘抖动
- 整车抖动
- 冲击异响
- 尖锐摩擦声
- ……

步骤三
大致确定排查方向
- 前部/后部
- 转向系统
- 制动系统
- 行驶系统
- 传动系统
- ……

步骤五
锁定故障件
- 明确故障原因
- 修复故障

步骤四
选择排查方法
- 观察法
- 标记法
- 排除法
- 互换法
- 数据采集法
- ……

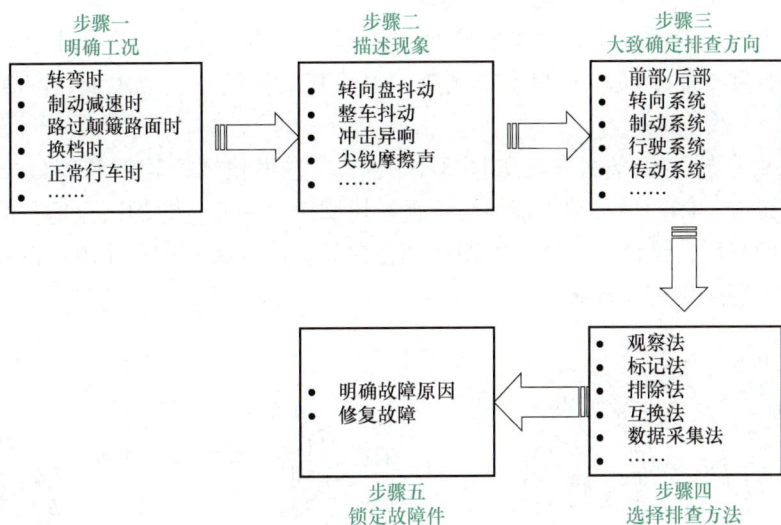

图 3-27   底盘异响排查步骤

若经过颠簸路面时底盘有撞击异响或零件摩擦声，应注意排查减振器是否存在泄漏、悬架摆臂橡胶衬套是否损伤、固定螺栓是否松动、球头橡胶块是否损伤等。当车辆工作一定年限后，橡胶部件可能存在老化、开裂导致性能降低或失效，进而引起橡胶件所连接的两零件之间的减振或缓冲功能失效；减振器在工作一段时间后，可能发生漏油等故障导致失效。以上两种原因可能会导致车辆在通过颠簸路面时底盘有撞击异响。底盘固定螺栓在工作一定时间之后可能存在松动、转矩衰退等现象，当车辆经过颠簸或扭曲路面时，由于固定螺栓的转矩衰退导致零部件之间摩擦发出金属摩擦的声音。该类故障现象明显但有时异响源不易排除，有时需要借助传感器辅助判断。

若车辆在通过增加或降低节气门开度调整车速时出现整车抖动、冲击异响等现象，可以排查传动系统是否有过大的零件自由间隙，排查方法可以将车辆静止举升后在发动机熄火状态下手动轻轻转动驱动轮，感受传动系统是否有明显间隙。

若在行车过程中一定车速下出现整车明显共振或有类似摩托车发动工作的"嗡嗡"异响，可以重点检查车轮的动平衡状态、轮毂轴承的磨损状态等。当车轮出现动不平衡时，在一定车速下会与车身形成共振，超过特定车速后振动又减弱；当轮毂轴承出现磨损时也有类似现象，在一定车速下出现"嗡嗡"异响，超过特定车速后异响又减弱。

3.3   车轮与轮胎

3.3.1   车轮

车轮的作用是安装轮胎、连接半轴或转向节，并承受汽车质量、半轴或转向节传来的力矩。车轮由轮辋、轮毂及轮辐组成。按照连接部分（轮辐）构造的不同，车轮可分为辐板式车轮和辐条式车轮。

（1）辐板式车轮　辐板式车轮如图 3-28 所示，它主要由挡圈、轮辋、轮毂、气门嘴伸出口、轮辐等组成。轮辋和轮毂由钢质圆盘（轮辐）相连。轮辐上开有几个大孔，以便于拆装充气，且有利于质量减小和制动鼓散热。由于其结构简单、成本低、刚度好，被广泛使用。

（2）辐条式车轮　辐条式车轮如图 3-29 所示。它用轮辐把轮辋和轮毂连接起来，轮辐一端与轮毂铸成一体，另一端用螺栓与轮辋衬块固定在一起。它的缺点是在使用中轮辐容易松动，需定期紧固，维修、安装不方便。现在它只有在高级轿车上使用，在有些高档轿车和赛车上，轮辐还采用钢丝辐条。

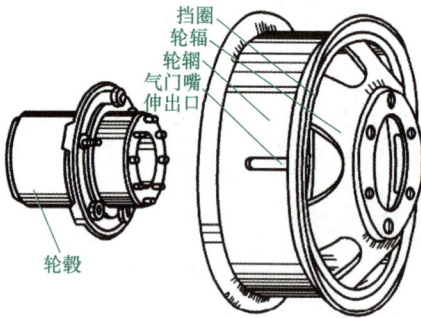

图 3-28　辐板式车轮

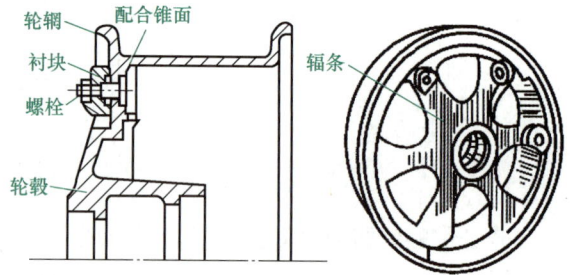

图 3-29　辐条式车轮

（3）车轮主要零件

1）轮毂。轮毂与制动鼓、轮辐和半轴凸缘连接，内圆锥滚子轴承支承在转向节轴颈或半轴套管上。按轮辐的结构形式可分为辐板式车轮轮毂和辐条式车轮轮毂两种。辐板式车轮轮毂拆装方便，一般用于轻型和中型汽车车轮；辐条式车轮轮毂常常将辐条与轮毂铸造成一体，多用于重型车轮。轮毂内装有轮毂轴承，为使其润滑，可在轮毂内加少量润滑脂。

2）轮辐。辐板式车轮上的轮辐与轮辋通过焊接或铆接固定成一体，并通过轮辐上的中心孔和周围的螺栓孔安装到轮毂上。辐条式车轮的轮辐是钢丝辐条或者是和轮毂铸成一体的铸造辐条。

3）轮辋。轮辋也称钢圈，用于安装车轮，按其结构特点不同可分深式轮辋、平式轮辋和可拆式轮辋 3 种，如图 3-30 所示。轮辋是轮胎的装配基础，原则上每种轮胎只配用一种标准轮辋，必要时也可用与标准轮辋相接近的容许轮辋。如果轮辋与轮胎配合不当，会造成轮胎早期损坏，特别是使用在过窄的轮辋上的轮胎。

深式轮辋（图 3-30a）是一种整体轮辋，其结构特点是断面中部有一深凹槽，可使轮胎拆装方便，两侧有带肩的凸缘用来固定轮胎，并与胎圈接触。肩部一般以 5°±1° 的倾斜度向中央倾斜。这种轮辋结构简单、刚度大、质量小，对于尺寸小而弹性大的轮胎最适宜，故适用于轿车或轻型、微型汽车的车轮上。

平式轮辋（图 3-30b）的结构特点是轮辋断面中部为平直的，一侧有凸缘，另一侧以可拆的挡圈做凸缘。开口的锁圈用来将挡圈固定在轮辋上。安装轮胎时，先将轮胎套在轮辋上，再套上挡圈，并将它向内推，直至越过轮辋上的环形槽，再将开口的弹性锁圈嵌入环形槽中。由于载货汽车多采用较大较硬的外胎，为使其拆装方便，一般多采用平底轮辋。

可拆式轮辋（图 3-30c）的结构特点是轮辋由内、外两部分组成，用螺栓将两部分连成一体。内、外两部分中，有一部分（往往是内轮辋）与轮辐固连。这种轮辋在拆装轮胎时，只需拆下螺栓即可。

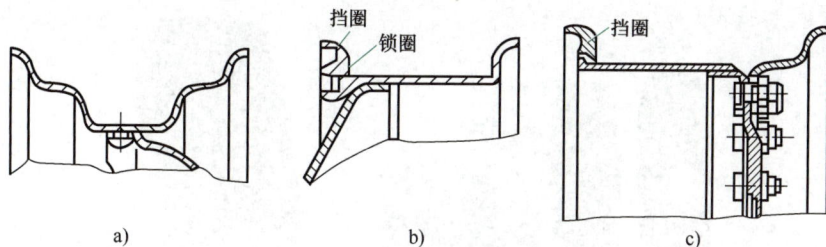

挡圈
锁圈
挡圈

a)　　　　　　　　b)　　　　　　　　c)

图 3-30　轮辋断面形式

a）深式轮辋　b）平式轮辋　c）可拆式轮辋

3.3.2　轮胎

（1）轮胎的作用　轮胎安装在轮辋上，直接与路面接触。其作用是支承汽车的总质量；与汽车悬架共同吸收和缓和汽车行驶时所受到的冲击和振动，以保证汽车具有良好的乘坐舒适性和行驶平顺性；保证车轮与路面的良好附着而不致打滑，使汽车行驶平稳。

（2）轮胎的类型　汽车轮胎按其用途可分为轿车轮胎和载货汽车轮胎两种。轿车轮胎主要用于轿车的充气轮胎；载货汽车轮胎主要用于载货汽车、客车及挂车上的充气轮胎。汽车轮胎按胎体结构可分为充气轮胎和实心轮胎。现代汽车绝大多数采用充气轮胎；而实心轮胎目前仅应用在沥青、混凝土路面的干线道路上行驶的低速汽车或重型挂车上。

就充气轮胎而言，按组成结构不同，可分为有内胎轮胎和无内胎轮胎两种；按胎内的工作压力大小，可分为高压胎、低压胎和超低压胎三种；按胎体中帘线排列的方向不同，又可以分为普通斜交胎、带束斜交胎和子午线胎；按胎面花纹的不同，还可以分为普通花纹胎（如单导向花纹胎）、越野花纹胎（如块状花纹胎）和混合花纹胎（如不对称花纹胎），如图 3-31 所示。

普通花纹　　越野花纹　　混合花纹

单导向花纹　　块状花纹　　不对称花纹

图 3-31　轮胎的花纹

1）有内胎的充气轮胎。这种轮胎由外胎、内胎和垫带组成，如图 3-32 所示。外胎是用耐磨橡胶制成强度较高而又有弹性的外壳，直接与地面接触，保护着内胎使其不受损伤。它由胎冠、胎肩、帘布层、气密层、胎圈钢丝和带束层等组成，如图 3-33 所示。

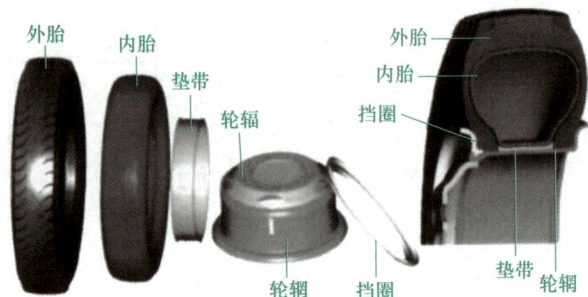

图 3-32　有内胎的充气轮胎组成

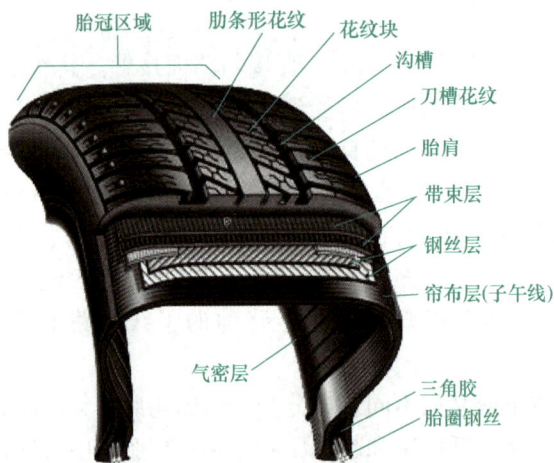

图 3-33　外胎的组成

　　胎面是外胎的外表面，包括胎冠、胎肩和胎侧三部分。胎冠也称行驶面，它与路面直接接触，承受冲击和磨损，并保护胎体不受机械损伤。为了增加轮胎与路面之间的附着力，防止纵横向滑移，在胎冠上有各种形式的花纹。胎肩是较厚的胎冠和较薄的胎侧间的过渡部分，一般也有各种花纹以防滑和散热。胎侧是贴在帘布层侧壁的薄橡胶层，其作用是保护胎侧部分的帘布层免受机械损伤及水分侵蚀。胎侧不与地面接触，一般不磨损，但此处承受较大的挠曲变形。

　　帘布层是外胎的骨架，也称胎体，其主要作用是承受负荷（汽车重力、路面冲击力和内部气压），保持轮胎外缘尺寸和形状。帘布层通常由多层胶化的棉线或其他纤维编织物所叠成，并按一定的角度交叉排列。为使其负荷均匀分布，帘布层数多采用偶数。帘布层数的多少要根据轮胎承受的负荷、内压以及轮胎的类别和用途来确定，一般在外胎表面上注有帘布层数。

　　内胎是一个环形的橡胶管，上面装有气门嘴，以便充入或排出空气。内胎里充满了一定压力的压缩空气。一般气压在0.5~0.7MPa的轮胎称为高压胎；气压在0.15~0.45MPa的轮胎称为低压胎；气压在0.15MPa以下的轮胎称为超低压胎。目前，轿车、货车几乎全都采用低压胎，因为低压胎弹性好、断面宽，与道路接触面大，壁薄而散热性好，所以提高了汽车的行驶平顺性、转向操纵的稳定性，同时，道路和轮胎本身的寿命也得以延长。但由于橡胶性能的改善，已使轮胎负荷能力大为提高，虽然轮胎气压已在高压胎范围，但轮胎的缓冲性能仍保持原来同规格的低压胎性能，这类轮胎国内外仍将其归于低压胎之列。

垫带是一个环形的橡胶带，它垫在内胎与轮辋之间，保护内胎不被轮辋和胎圈磨坏，并防止尘土及水蒸气浸入胎内。

2）子午线轮胎。子午线轮胎结构如图3-34所示，帘布层的帘线与轮胎子午断面接近一致（即与胎面中心线呈90°夹角或接近90°夹角）排列，以带束层箍紧胎体。其特点是帘线的这种排列能使其强度被充分利用，故它的帘布层数比普通轮胎可减少将近一半，最少的只有一层，且没有偶数限制，所以胎体柔软；帘线在圆周方向上只靠橡胶来联系。为了承受汽车行驶时产生的较大切向力，子午线轮胎具有若干层帘线与子午断面呈大角度（交角为70°~75°）排列、高强度、不易拉伸的周向环形的类似缓冲层的带束层。同时带束层采用强度高、伸缩率小的帘线材料制成，故带束层像一条刚性环带似地箍在胎体上，极大地提高了胎面的刚度和强度。子午线轮胎与普通斜交轮胎相比，具有耐磨性好、弹性大、行驶里程长（比普通轮胎长50%以上）、滚动阻力小、节约燃料（滚动阻力可减小25%~30%，油耗降低8%左右）、承载能力大、减振性能与附着性能好、胎面耐刺穿和自重轻等优点。但其胎侧易裂口，胎圈易损坏，且侧向稳定性差，成本高。

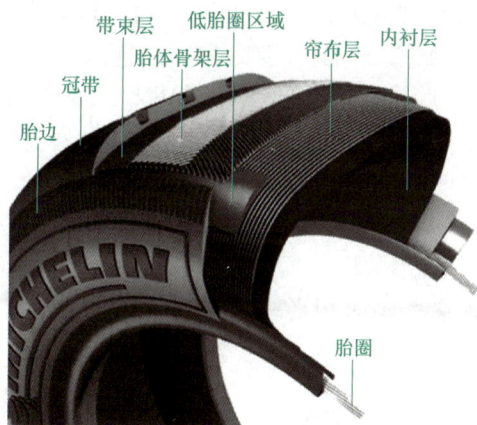

图3-34　子午线轮胎结构

子午线轮胎使用的轮辋与普通轮胎相同，在使用中，子午线轮胎与普通轮胎不能并装也不可同轴混装。充气时，一般载货汽车子午线轮胎的内压应比相应的普通轮胎高0.2MPa左右。国内外轿车及一些中型载货汽车广泛装用子午线轮胎。

3）无内胎轮胎。无内胎轮胎在外观和结构上与有内胎轮胎相似，所不同的是它没有内胎和垫带，空气直接压入外胎中，其密封性是由外胎和轮辋来保证的，其结构如图3-35所示。无内胎轮胎的内壁上附加了一层厚2~3mm的专门用来封气的气密层，有的还在该层下面贴着一层特殊混合物制成的自黏层。当轮胎穿孔时，自黏层能自行将刺穿的孔黏合，故这种轮胎也称为有自黏层的无内胎轮胎。在胎圈外侧也有一层胎圈气密层，用以增加胎圈与轮辋之间的气密性。轮辋底部是倾斜的，并涂有均匀的漆层。气门嘴直接固定在轮辋的一侧，其间垫以密封用的橡胶密封衬垫，并用螺母旋紧密封。铆接轮辋和辐板的铆钉自内侧塞入，并涂上一层橡胶。

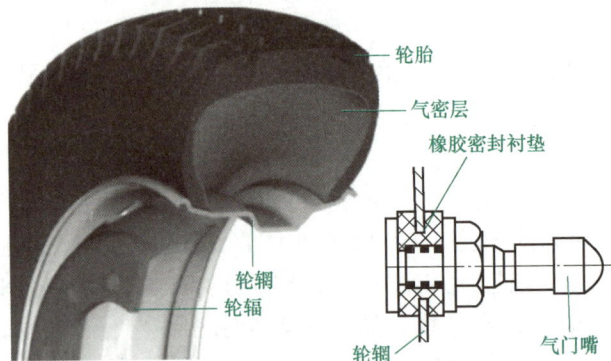

图 3-35　无内胎轮胎结构

　　无内胎轮胎的优点是：只在爆破时才会失效，而穿孔时漏气缓慢，胎压不会急剧下降仍能继续行驶；同时因无内胎，故摩擦生热少，散热快，适用于高速行驶；此外，它结构简单，质量较小。无内胎轮胎的缺点是：密封层和自黏层易漏气，途中修理较为困难。此外，自黏层只有在穿孔尺寸不大时方能黏合。天气炎热时自黏层可能软化而向下流动从而破坏车轮平衡，因此，一般多采用无自黏层的无内胎轮胎。它的外胎内壁只有一层密封层，当轮胎穿孔后，由于其本身处于压缩状态而紧裹着穿刺物，故能长期不漏气，即使将穿刺物拔出，亦能暂时保持胎内气压。无内胎轮胎一般配用深式轮辋，目前在轿车上应用较多。

　　防爆轮胎又称缺气保用轮胎，英文缩写为 RSC，如图 3-36 和图 3-37 所示。其实它并不是真正意义上的"防爆"，而指的是缺气（无气）后仍可继续行驶。防爆轮胎识别方法是通过轮胎胎侧上的文字进行识别。另外需要注意的是并不是所有防爆轮胎标识都是 RSC，例如倍耐力的防爆标志是 R-F，马牌的防爆标志是 SSR，普利司通的防爆标志是 RFT，米其林的防爆标志是 ZP，邓禄普的防爆标志是 ROF。

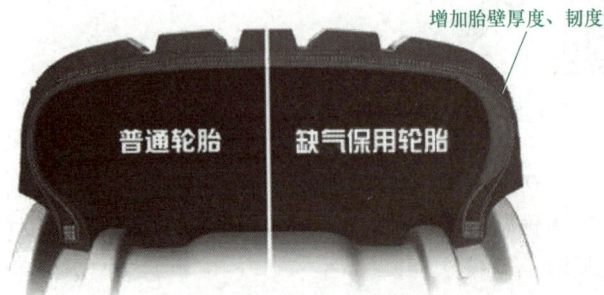

图 3-36　防爆轮胎

图 3-37　防爆轮胎识别

　　（3）轮胎的规格　轮胎规格的表示方法基本上有公制和英制两大系统，目前大多数国家包括我国在内均采用英制表示法。充气轮胎的尺寸标注如图 3-38 所示。

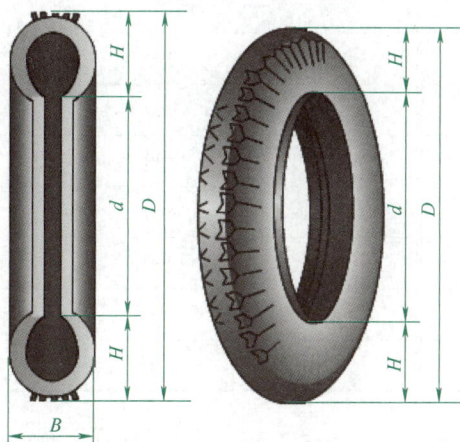

图 3-38　充气轮胎的尺寸标注

D—外直径　*d*—内直径（轮辋直径）　*B*—断面宽度　*H*—断面高度

高压胎用外直径与断面宽度两个数字之间加一乘号来表示，即：$D×B$。

高压胎在汽车上应用较少，汽车上广泛应用的是低压胎。低压胎用断面宽度与内直径（轮辋直径）两个数字和中间一短横线分开，即：$B-d$。

超低压胎的表示方法与低压胎相同。

我国规定，外胎两侧除标有轮胎规格外，还应标出制造厂商标、层级、最大负荷及相应气压、生产编号等。为便于识别胎体帘线，胎侧还标有汉语拼音字母，如 M（或无字）表示棉帘线轮胎，R 表示人造丝帘线轮胎，N 表示尼龙轮胎，Z 表示子午线轮胎，G 表示钢丝轮胎，ZG 表示钢丝子午线轮胎。

由于子午线轮胎与"扁平形轮胎"的问世，便出现了新的轮胎尺寸参数符号。美国、日本等国家现采用最新轮胎尺寸系列就是以高宽比（H/B）作为轮胎分类基础的，称为"扁平率"。子午线轮胎规格的表示方法是把标志子午轮胎字样的"R"置于断面宽与轮辋直径之间。如轿车装用的子午线扁平轮胎的型号为 225/65 R17 102 H，如图 3-39 所示。其含义自左至右：第一个数字 225 表示轮胎宽度 225mm，符号"/"后面的数字 65，即扁平率（或高宽比）为 65%，字母"R"表示该

图 3-39　子午线轮胎的尺寸标注

轮胎为子午线轮胎，数字 17 表示轮辋的直径为 17in（1in = 25.4mm），102 为载重指数，H 为速度等级。字母表示轮胎速度等级含义见表 3-3。轮胎的尺寸参数是最主要的标识之一，更换轮胎时，轮胎的宽度、扁平率和轮毂轮辋尺寸都要一致，载重指数和速度等级不低于原值即可。

表 3-3　轮胎速度等级含义

符号	承载能力/kg	符号	承载能力/kg	符号	承载能力/kg
C	60	K	110	S	180
D	65	L	120	T	190
E	70	M	130	V	240
F	80	N	140	W	270
G	90	P	150	Y	300
H	210	Q	160		
J	100	R	170		

另外，美国交通部（Department of Transportation，DOT）规定的安全标准中。"DOT"后面紧挨着的 11 位数字及字母则表示此轮胎的识别号码或序列号。包括生产日期、磨耗指数（Treadwear）、湿地牵引力指数（Traction）、温度指数（Temperature）等。DOT 分为 A、B、C 三级，其中 C 级标准最低，仅达到了美国交通部（DOT）规定的最低性能条件。其他两级均高于 DOT 要求的标准。3T 指数能够清晰地标明轮胎的性能指向，以便于用户选择。DOT 的 3T 标注和轮胎的出厂日期标注分别如图 3-40 和图 3-41 所示。

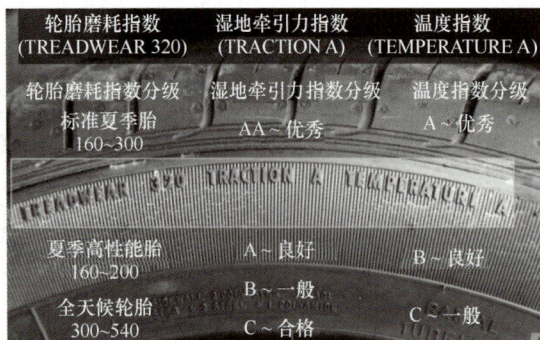

图 3-40　DOT 的 3T 标注

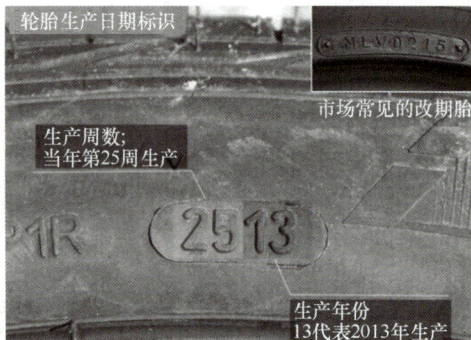

图 3-41　轮胎的出厂日期标注

轮胎磨损极限标记：分布在胎肩侧花纹块边缘以及胎面的纵向排水花纹槽中，提示轮胎磨损到此位置时，就该更换轮胎了，如图 3-42 所示。

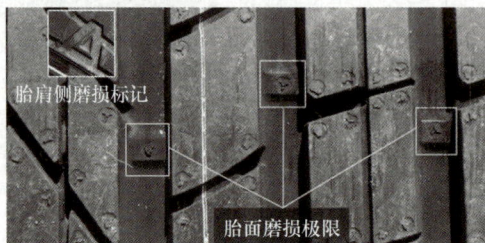

图 3-42　轮胎磨损极限标记

（4）轮胎磨损与换位

1）轮胎磨损形式。汽车轮胎使用过程中，除了正常磨损外，也会由于使用不当而出现不正常磨损，如图 3-43 所示。图 3-43a 表示胎压太高或行驶条件苛刻造成的不正常磨损；图 3-43b 表示胎压太低造成的不正常磨损；图 3-43c 表示车轮运转不平稳造成的不正常磨损；图 3-43d 表示悬架失效或定位参数不对造成的不正常磨损；图 3-43e 表示车轮发卡后的强制动造成的不正常磨损。

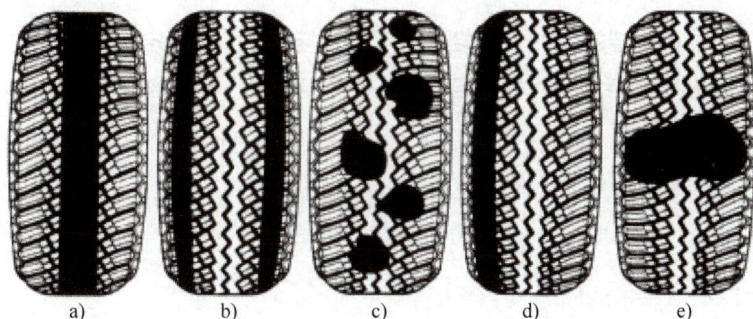

图 3-43 轮胎磨损形式

2）轮胎换位。为使轮胎均匀磨损，汽车每行驶 6000～8000km 应进行轮胎换位，换位要包括备胎。六轮二桥汽车轮胎换位路线如图 3-44 所示。

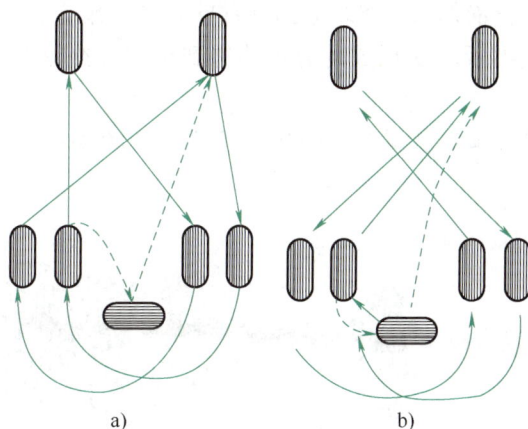

图 3-44 六轮二桥汽车轮胎换位路线

a）交叉换位法 b）循环换位法

子午线轮胎的旋转方向应始终不变。若反向旋转，会因钢丝帘线反向变形产生振动，从而使汽车平稳性变差。故子午线轮胎宜采用单边换位法，如图 3-45b 所示。而装有斜交轮胎的四轮二桥汽车也可采用交叉换位法，如图 3-45a 所示。

不同规格或不同帘线结构的轮胎不得混合使用，不得使用低于规定层级的轮胎，不许混用窄轮辋或窄轮胎。

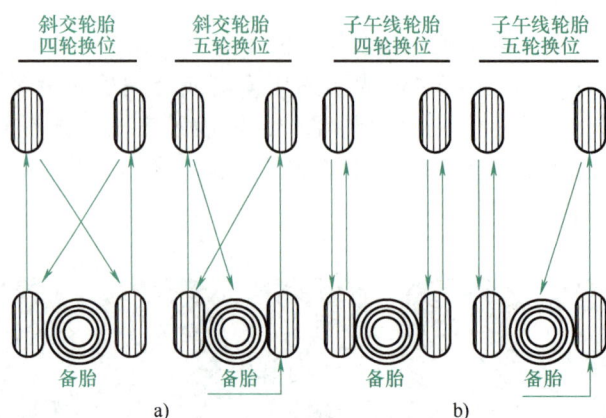

图3-45　轮胎磨损形式

a）交叉换位法　b）单边换位法

3.4　悬架

3.4.1　悬架的功能、组成与类型

悬架的主要作用是把路面作用于车轮上的垂直反力（支承力）、纵向反力（驱动力和制动力）和侧向反力以及这些反力所形成的力矩传递到车架（或承载式车身）上，以保证汽车的正常行驶。

悬架主要由弹性元件、减振装置和导向机构组成，如图3-46所示。此外，悬架还辅设有横向稳定器和缓冲块。

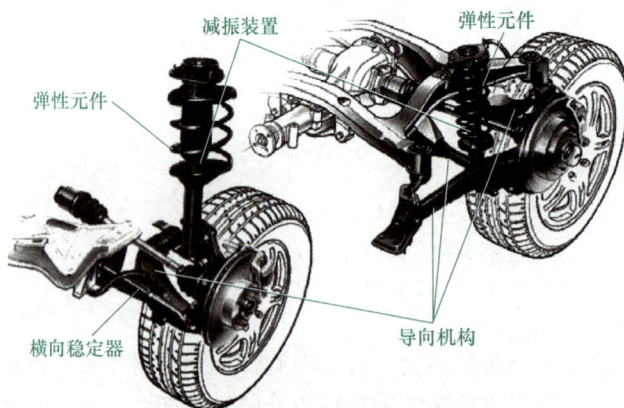

图3-46　悬架的组成

弹性元件使车架与车桥之间弹性联系，承受和传递垂直载荷，缓和及抑制不平路面所引起的冲击；导向装置是用来传递纵向力、侧向力及其力矩，并保证车轮相对于车架或车身

有一定规律地运动。

减振器用以加快振动的衰减，限制车身和车轮的振动。

悬架三个组成部分分别起缓冲、导向和减振作用，三者联合起到共同传力的作用。为防止车身在不平路面行驶或转向时发生过大的横向倾斜，部分汽车还装有辅助弹性元件横向稳定器和平衡杆。

根据汽车两侧车轮运动是否相互关联，汽车悬架可分为非独立悬架和独立悬架两种形式。

3.4.2 弹性元件

汽车悬架所用的弹性元件可分为钢板弹簧、螺旋弹簧、扭杆弹簧、气体弹簧和橡胶弹簧等。载货汽车的非独立悬架广泛采用钢板弹簧；重型载货汽车广泛应用气体弹簧；多数轿车的独立悬架应用螺旋弹簧和扭杆弹簧。

（1）钢板弹簧 钢板弹簧是汽车悬架中应用最广泛的一种弹性元件。它由若干片长度不等、曲率半径不同、厚度相等或不等的弹簧钢片叠合在一起组成一根近似等强度的弹性梁，如图 3-47 所示。

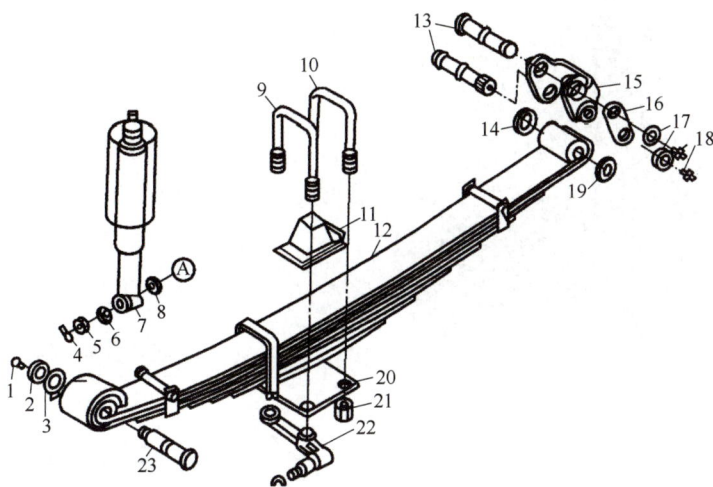

图 3-47 钢板弹簧

1、18—润滑脂嘴 2、17、21—锁紧螺母 3—防松垫圈 4—开口销 5—带槽口螺母
6、8—减振器垫圈 7—减振器总成 9、10—U 形螺栓 11—钢板弹簧减振垫
12—前钢板弹簧总成 13、23—钢板弹簧销 14、19—衬垫 15—钢板弹簧吊耳
16—锁紧片 20—底板 22—减振器支架

钢板弹簧的中部一般由 U 形螺栓 9、10 与车桥刚性固定，其两端用钢板弹簧销 13、23 铰接在车架的支架上。为加强第一片的卷耳，常将第二片末端也弯成卷耳，把第一片卷耳包住。弹簧受压变形时为防止它们之间产生相对滑动，在第一片与第二片卷耳之间留有较大的空隙。在车架加载，弹簧变形时，钢板弹簧各片之间产生相对滑动进而产生摩擦，此时钢板弹簧本身具有一定的减振作用。如果钢板弹簧各片之间干摩擦时，轮胎所受到的冲击要直接

传给车架，并直接使钢板弹簧各片磨损，故安装钢板弹簧时，应在各片之间涂上适量的石墨润滑剂。

（2）螺旋弹簧　螺旋弹簧广泛地应用于前独立悬架，如图 3-48 所示。螺旋弹簧与钢板弹簧相比，具有无须润滑、不忌泥污、所占纵向空间不大、弹簧质量小等优点。螺旋弹簧本身没有减振作用，因此在螺旋弹簧悬架中必须另装减振器。此外，螺旋弹簧只能承受垂直载荷，故必须装设导向机构以传递垂直力以外的各种力和力矩。螺旋弹簧常用弹簧钢棒料卷制而成，可做成等螺距或变螺距的，前者刚度不变，后者刚度是可变的。

（3）扭杆弹簧　扭杆弹簧是一根具有扭转弹性的直线金属杆件，其断面一般为圆形，少数为矩形或管形。它的两端可以做成花键、方形、六角形或带平面的圆柱形等，以便将一端固定在车架上，另一端通过摆臂固定在车轮上，如图 3-49 所示。当车轮跳动时，摆臂便绕着扭杆轴线而摆动，使扭杆产生扭转弹性变形，从而保证车轮与车架的弹性联系。有的扭杆由一些矩形断面的薄扭片组合而成，这样弹簧更为柔软。扭杆本身的扭转刚度虽然是常数，但采用扭杆的悬架刚度却是可变的。若将扭杆的固定端转过一个角度，则摆臂的初始位置将改变，从而可调节车架与车轮间的距离，即调节车身高度。

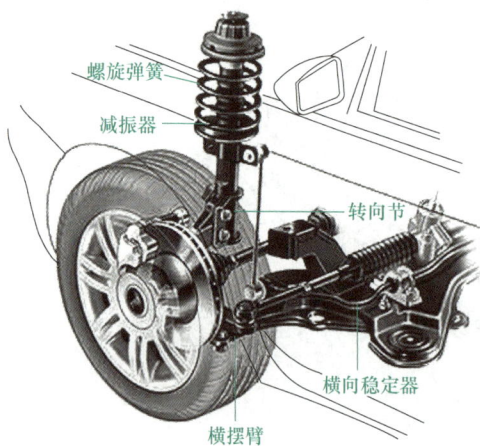

图 3-48　螺旋弹簧

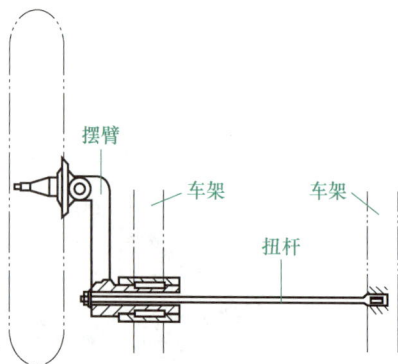

图 3-49　扭杆弹簧

（4）气体弹簧　气体弹簧有空气弹簧和油气弹簧两种。空气弹簧又有囊式和膜式之别。

气体弹簧是以空气作为弹性介质，在一个封闭的容器内装入压缩空气（0.5～1.0MPa），利用气体的可压缩性来实现弹簧的作用。在载荷增加时，容器内的气体压力也会随之增加、载荷减小时气体压力也会减小，因此具有较为理想的变刚度特性。

1）囊式空气弹簧。囊式空气弹簧由夹有帘布层的橡胶所制成的气囊、上下盖板以及密封在其内的压缩空气组成，如图 3-50 所示。橡胶气囊是制成 2 节式（图 3-50a）或 4 节式的（图 3-50b），节数越多弹簧刚度越小，密封性越差。节与节之间围有钢制的腰环，以防止两节之间产生摩擦。

2）膜式空气弹簧。膜式空气弹簧由橡胶片、金属压制件和密封在其内的压缩空气组成，如图 3-51 所示。其固有频率比囊式空气弹簧更低、弹性曲线更为理想，而且尺寸小、便于布置。但是其成本较高、疲劳寿命较短。

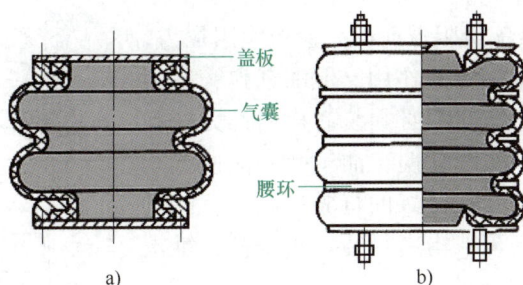

图 3-50　囊式空气弹簧

a）2 节式剖视图　b）4 节式结构外形图

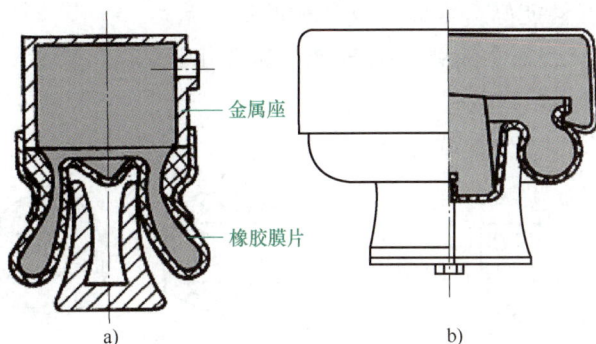

图 3-51　膜式空气弹簧

a）剖视图　b）结构外形图

3）油气弹簧。

① 定义。油气弹簧是以惰性可压缩性气体（一般用氮气）作为弹性介质、以油液的不可压缩性作为传力介质的气体弹簧。它利用气体的可压缩性实现弹簧作用。

② 分类。油气弹簧的分类按照储能气室的个数分单气室油气弹簧（图 3-52）、双气室油气弹簧（图 3-53）和两级压力气室油气弹簧；按照有无隔膜分类又分为油气分隔式油气弹簧和油气不分隔式油气弹簧，前者可防止油液乳化，且便于充气；按照各个油气弹簧是否互相连通分为独立式油气弹簧和互联式油气弹簧。

③ 结构和工作原理。单气室油气弹簧如图 3-52 所示，其结构由球形室、气室、隔膜、油液、阻尼阀、工作缸和活塞等组成。当载荷增加使车架与车桥相互靠近时，活塞上移，使工作缸内容积减小、油压升高，油液顶开阻尼阀进入球形室，推动隔膜向气室方向移动，使气室容积减小、氮气被压缩而压力升高，油气弹簧的刚度增大；而当载荷减小时，在球形室里的高压氮气作用下，隔膜向油室方向移动，使室内油液经阻尼阀流回工作缸，推动活塞下移，从而使气室容积增大、氮气压力下降，弹簧的刚度减小。

油气弹簧
工作原理

83

氮气压力与载荷平衡时，活塞便在工作缸中停止移动；载荷变化时，氮气压力也随之变化，活塞在工作缸中的位置也不同，因而油气弹簧的刚度是可变的。此外，油液流经阻尼阀时，会产生阻尼力，因此油气弹簧还能起到减振器的作用。但油气弹簧在工作中只能承受垂直载荷，悬架中必须装有横向推力杆和纵向推力杆等导向装置。实践证明，油气弹簧能使汽车在空载或满载的状态下，具有良好的行驶平顺性，并且体积小、质量较小，缺点是结构密封性要求很高，维护较麻烦，适用于重型汽车。

（5）橡胶弹簧　橡胶弹簧是利用橡胶本身的弹性来缓和冲击、减小振动的，如图 3-54 所示。它可以承受压缩载荷与扭转载荷。橡胶弹簧的优点是单位质量的储能量较金属弹簧多，隔音性能好，可以制成各种形状，无噪声、不需要润滑。缺点是不能够承受重载、易老化。其多用在悬架的副簧和缓冲块上。

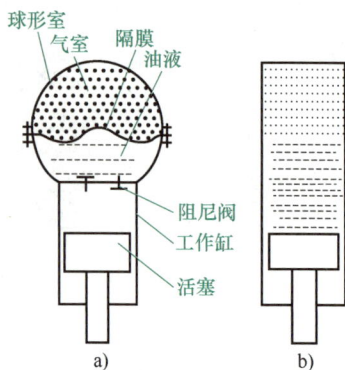

图 3-52　单气室油气弹簧
a）油气分隔式　b）油气不分隔式

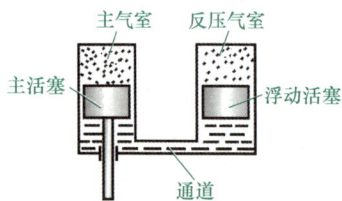

图 3-53　双气室油气弹簧

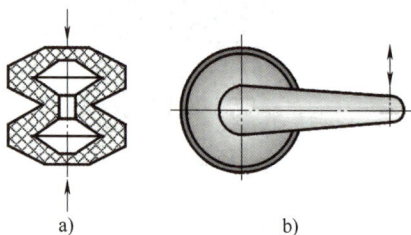

图 3-54　橡胶弹簧
a）受压缩载荷　b）受扭转载荷

3.4.3　减振器

为加速车身振动的衰减，改善汽车行驶的平顺性，汽车悬架系统内部装有减振器。汽车悬架广泛采用液力减振器，其作用原理是利用液体流动的阻力来消耗振动的能量。目前汽车上主要应用双向作用筒式减振器，即能在压缩和伸张两个行程内均起减振作用的减振器。双向作用筒式减振器一般由几个同心钢筒、几个阀门和一些密封件组成，如图 3-55 所示。

双向作用筒式减振器的工作可分为压缩和伸张两个行程。

（1）压缩行程（即车轮靠近车架，减振器被压缩）　压缩行程时活塞下移，使其下方腔室容积减小，油压升高。这时油液经过流通阀进入活塞上方腔室。由于活塞杆占去上方腔室一部分容积，故上腔室增加的容积小于下腔室减少的容积，致使下腔室油液不能全部流入上室，多余的油液则压开压缩阀进入储油缸筒。由于流通阀和压缩阀的特殊结构（弹簧较软，通道较大），能使油液流动的阻尼不致过大，所以在压缩行程时能使弹簧充分发挥它的作用。

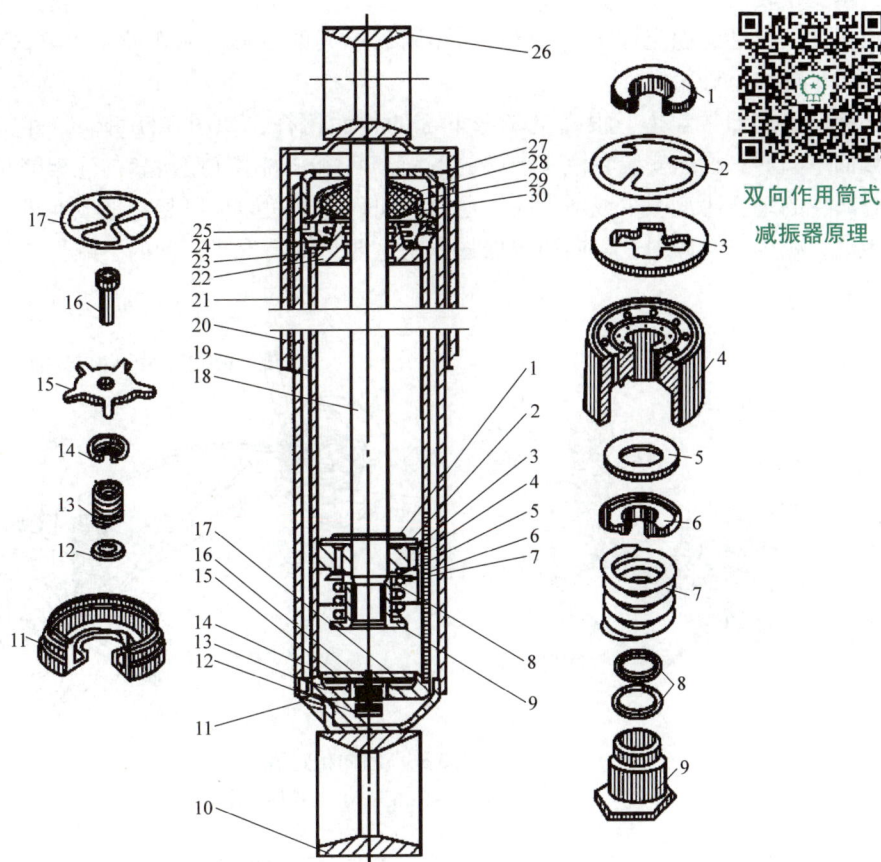

双向作用筒式减振器原理

图 3-55　双向作用筒式减振器

1—流通阀限位座　2—流通阀弹簧片　3—流通阀　4—活塞　5—伸张阀　6—支承座圈
7—伸张阀弹簧　8—调整垫片　9—压紧螺母　10—下吊环　11—支承座　12—压缩阀
弹簧座　13—压缩阀弹簧　14—压缩阀　15—补偿阀　16—压缩阀杆　17—补偿阀弹簧片
18—活塞杆　19—工作缸筒　20—储油缸筒　21—防尘罩　22—导向座　23—衬套
24—油封弹簧　25—密封圈　26—上吊环　27—储油缸筒螺母　28—油封
29—油封盖　30—油封垫圈

（2）伸张行程（车轮离开车架，减振器被拉长）　活塞上移，使其上方腔室容积减小，油压升高，这时，上腔室油液推开伸张阀流入下腔室（流通阀早已关闭）。同样由于活塞杆的存在致使下腔室形成一定的真空度，这时储油缸筒内的油液在真空度作用下推开补偿阀补偿到下腔室，由于伸张阀弹簧的刚度和预紧力比压缩阀的大，且伸张行程时油液通道截面也比压缩行程小，所以减振器在伸张行程内产生的最大阻尼远远超过压缩行程内的最大阻尼。减振器此时充分发挥减振作用，保护弹簧不被破坏。

3.4.4　横向稳定器

1. 横向稳定器概述

横向稳定器也称为"防倾杆"或者"平衡拉杆"。横向稳定器主要用于汽车高速转弯行驶时承受扭转力矩（也称为恢复力矩）。汽车高速转弯时，车身会产生较大的侧向倾斜和侧向角振动，弹性的稳定杆产生扭转内力矩阻碍悬架的变形，从而减小了侧倾和侧向角振动，提高了车辆的行驶稳定性。

横向稳定器常常是一根横贯车身下部的弹性扭杆，如图 3-56 所示。它由弹簧钢制成，横截面呈圆形，横向安装在汽车前端的下面，两侧末端用橡胶衬套与悬架臂相连。当一侧前轮与车身的垂直距离减少或增加时，通过横向稳定器扭转，可相应地改变另一侧车轮与车身的距离，减少车身倾斜。横向稳定器的作用主要是提高汽车行驶的平顺性、舒适性和操纵稳定性。

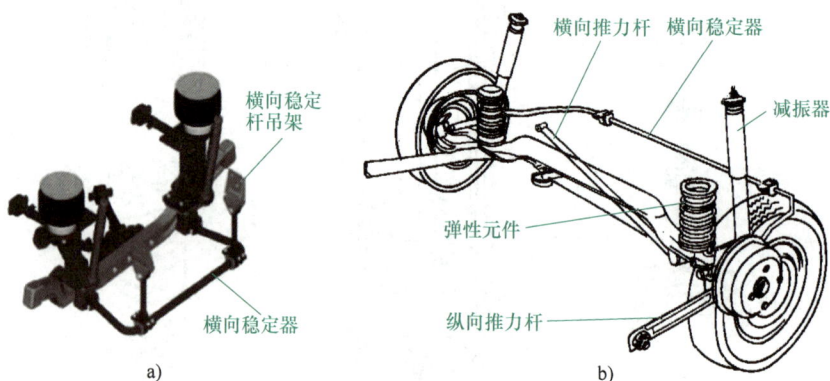

横向稳定杆吊架
横向稳定器
横向推力杆　横向稳定器
减振器
弹性元件
纵向推力杆

a)　　　　　　　　　　　　　b)

图 3-56　横向稳定器
a）与气体弹簧悬架匹配　b）与螺旋弹簧悬架匹配

车辆的横向稳定器的安装可以有四处，分别布置在前方底部、后方底部、前方塔顶、后方塔顶。轿车的独立悬架较软，高速转向时，车身会倾斜，通过横向稳定器可以增强悬架系统的刚度，减小车身的横向倾斜和横向角振动。

2. 前、后车底横向稳定器

横向稳定器都是横向布置的，若车辆只是在前、后"移动"和同时上、下"振动"，横向稳定器不工作，但若车辆左、右"偏转"动作出现，横向稳定器就会有一侧上扬、另一侧下移，被扭转之后的横向稳定器就会给出一个反向的力矩以恢复弹性元件的变形，进而减少车身横向倾斜与横向角振动。

3. 横向稳定器的实际应用

如果横向稳定器调得不好，在进行弯道测试的时候就会有车轮离地，一旦如此就会有侧翻的风险，当然这也跟弹性元件、导向机构的设计与调校有关联，弯道测试如图 3-57a 所示。

因为弹性元件一直在工作，若弹性元件很硬，则会导致操控性能较好但是平顺性和舒适性很差，路面不平的冲击力将会直接传递给车架或车身。若弹性元件比较软再加上阻尼较强的减振器，就可以保证行驶时有不错的舒适性，而过弯时可以通过横向稳定器（防倾杆）来承受横向力矩，让车辆拥有更强的过弯极限。实际安装应用如图 3-57b 所示。

除了使用导向机构、弹性元件、减振器对车轮进行定位和减振之外，还需要用横向稳定器校正车身在运动过程中的侧倾。

图 3-57　横向稳定器的实际应用
a）弯道测试　b）实际安装应用

底盘调校是可以多元化的，前、后、上、下、左、右六个轴向的动作相互辅助也相互制衡，悬架弹性元件和减振器的软或硬与车辆的设计需求导向相辅相成。

前机舱的塔顶横向稳定器（图 3-58）：在前机舱塔顶安装的横向稳定器是结构件，可以一定程度上解决车体本身抗扭刚度不足的问题，很多性能车也会加装类似的装备，如图 3-58a 所示为宾利欧陆 GT Speed 敞篷版的机舱照片，宾利加了很粗壮的塔顶横向稳定器。

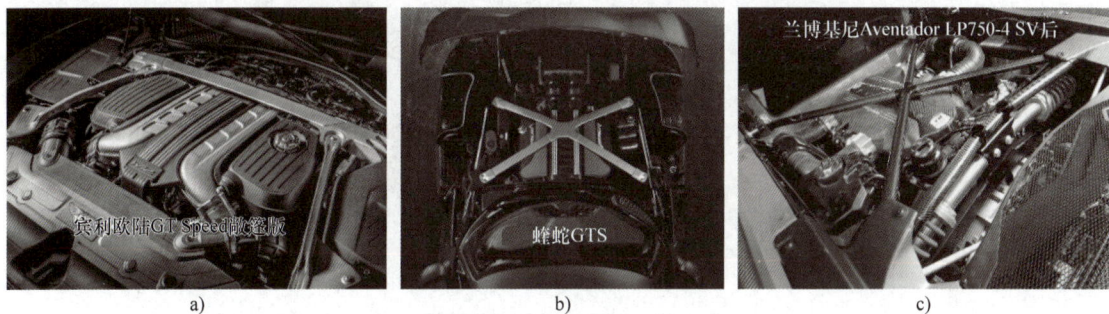

图 3-58　前机舱的塔顶横向稳定器
a）宾利欧陆 GT Speed 机舱 Π 形　b）蝰蛇 GTS 机舱 X 形　c）兰博基尼 Aventador 机舱 X 形

4. 主动横向稳定器

主动横向稳定器也称为电子式横向稳定器，或"主动防倾杆"

主动横向稳定器可以通过驱动电机输出力矩并转化为杆的扭转刚度，进而改变悬架的侧倾刚度。主动横向稳定器可以显著改善车辆的侧倾稳定性、乘坐舒适性、操纵稳定性、行驶通过性等，也可以根据杆的工作方式增加个性化功能，如迎宾、原地侧倾等功能。相比于主动悬架，主动横向稳定器的成本较低，且结构简单，无须过多改变原底盘的空间布置，只要留有足够的空间即可成功匹配安装，如图 3-59 所示。

主动横向稳定器系统主要组成包括驱动电机、减速机构、机壳、控制器、传感电路、稳定杆摆臂、固定衬套等，如图 3-60 所示。

主动横向稳定器的工作原理与上述被动横向稳定器是一致的，它们的不同之处是，在横向稳定器中间偏一点的地方布局了一台步进电机，在弯道行驶过程中实时向横向稳定器两侧施加相反的力矩，可以提供的力矩更大，因而可以更好地抑制车辆弯道侧倾。

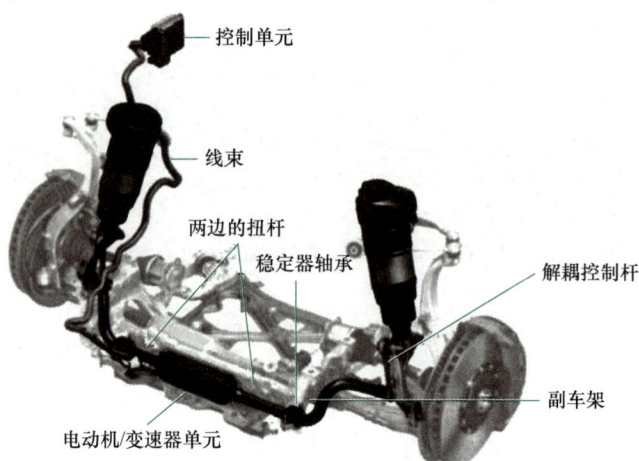

图 3-59　主动横向稳定器的安装

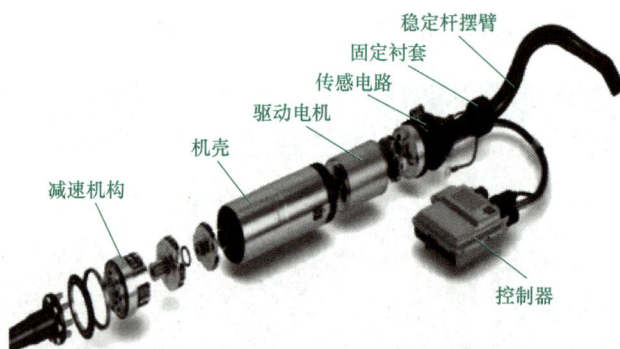

图 3-60　主动横向稳定器的组成

算法控制器根据整车信号获取车辆状态，并根据应用层算法计算出当前车辆需要的主动抗侧倾力矩，电机根据当前的目标抗侧倾力矩执行相应的转动输出到悬架，最终得到理想的车辆动力学状态。

车辆在转向时产生的侧倾可以通过主动横向稳定器施加反向力矩进行抑制，可以有效地减小车辆的侧倾角，提高行驶的稳定性。在车辆通过颠簸路面时，主动横向稳定器施加与侧倾角加速度相反的力矩，抑制部分车辆的晃动，减小乘员头部晃动，提升乘坐舒适性。在车辆通过越野路面时，主动横向稳定器会"断开"，从而增大悬架行程，增大轮胎与路面的有效接触面积，增大车辆在越野工况下的通过性。

车辆转弯时的侧倾角度从被动横向稳定器（虚线）削减到主动横向稳定器（实线）的位置，防倾能力非常明显，如图 3-61 所示。

因为需要提供的力矩较大，因而 12V 低压系统（传统的蓄电池）是无法给主动横向稳定器提供足够功率的，必须使用 48V 或更高的电压系统进行驱动，一般会有超级电容器负责增大瞬间的功率，即搭载主动横向稳定器的车型至少得是一辆拥有 48V 电压系统的轻混车。

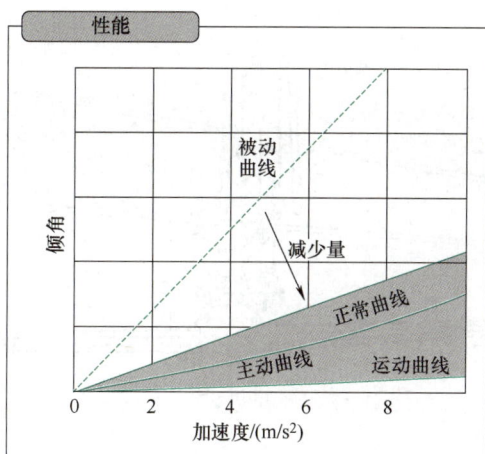

图 3-61 主动横向稳定器性能改善

3.4.5 非独立悬架

非独立悬架由于结构简单、工作可靠，广泛应用于货车和客车，也常见于轿车后悬架的应用。非独立悬架一般和整体式车桥一起使用。钢板弹簧是应用最为广泛的非独立悬架的弹性元件，另外还有螺旋弹簧非独立悬架和空气弹簧非独立悬架等。

非独立悬架

非独立悬架的优点是组成悬架的构件少、结构简单、成本低、易于维修、寿命长、适合重载；转弯时车身倾斜度小，车轮定位几乎不因其上、下运动而改变，轮胎磨损较少。缺点是左、右车轮的运动相互影响，容易产生跳动和摇摆现象，行驶平顺性差。

（1）钢板弹簧非独立悬架 钢板弹簧非独立悬架通常是将钢板弹簧纵向布置，故也称之为纵置板簧式非独立悬架。图 3-62 所示为解放 CA1040 系列轻型货车铰链吊耳钢板弹簧非独立前悬架。少片变截面钢板弹簧前卷耳通过前钢板弹簧销和车架铰接。钢板弹簧后卷耳通过吊耳总成及后支架总成与车架相连，形成摆动吊耳支承端。这种连接方式能使钢板弹簧变形时，两端卷耳中心线间的距离相应改变。

为了延长弹簧的使用寿命，在两端卷耳内压入衬套，使其与钢板弹簧销滑动配合，销上钻有径向和轴向油道，通过油嘴将润滑脂注入衬套进行润滑。

为了提高行驶平顺性，有的汽车采用渐变刚度钢板弹簧，其特点是副簧置于主簧的下面，如图 3-63 所示。主钢板弹簧由一组较薄的弹簧片组成，副钢板弹簧则由一组较厚的弹簧片组成，主、副弹簧用中心螺栓穿连固定在一起。当载荷小时，只有主簧起作用，而当载荷增大到一定程度时，主簧开始逐渐接触副簧，悬架刚度随之相应提高。由于副簧是逐渐参加工作的，所以悬架的刚度平缓变化。当主副簧全部接触后，其刚度不再变化。渐变刚度钢板弹簧能改善汽车的行驶平顺性，但在使用中主簧与副簧之间易存积泥垢，对悬架刚度的逐渐变化有一定影响。在副簧外装上护套，则可消除此缺点。

（2）螺旋弹簧非独立悬架 螺旋弹簧非独立悬架多用于轿车的后悬架，由于螺旋弹簧只能承受垂直载荷，悬架系统需要设置导向装置和减振器。导向装置包括纵向推力杆和

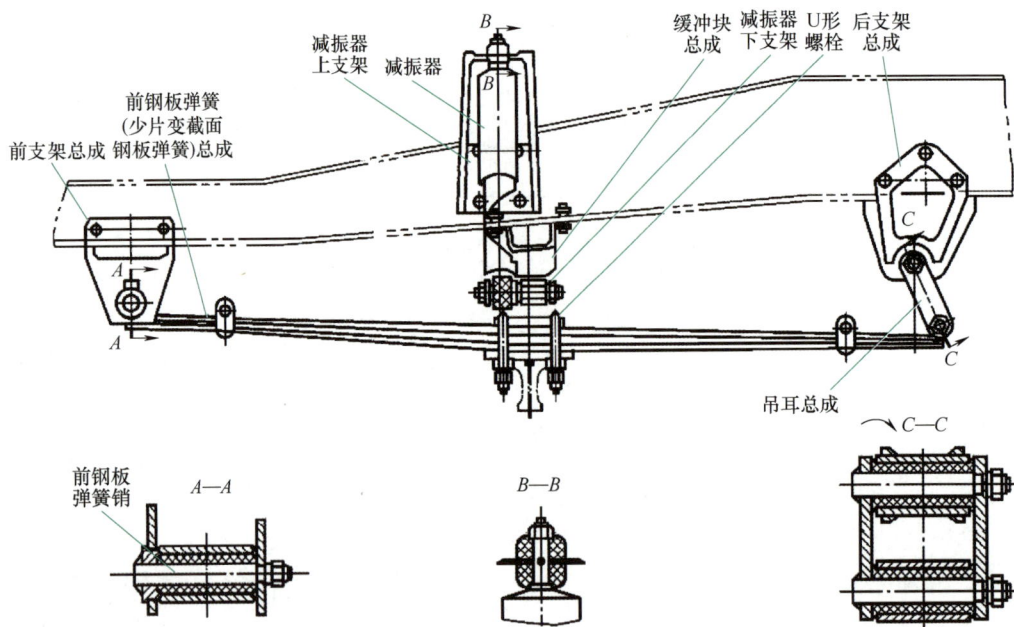

图 3-62　解放 CA1040 系列轻型货车铰链吊耳钢板弹簧非独立前悬架

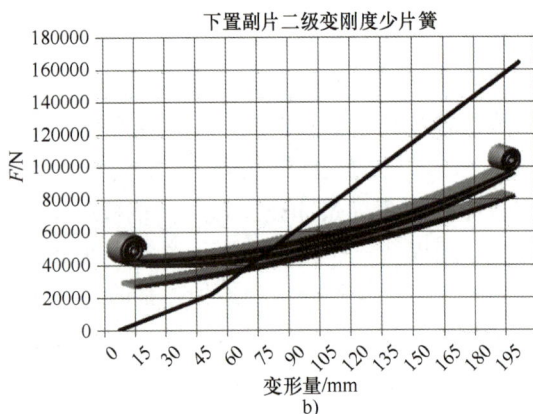

a)　　　　　　　　　　　　　　b)

图 3-63　渐变刚度钢板弹簧后悬架

a）东风柳汽乘龙 M3 车型　b）悬架弹簧刚度曲线

横向推力杆，用来承受并传递纵向力和横向力。图 3-64 所示为奔驰 G500 越野车螺旋弹簧非独立悬架，前后悬架都采用了螺旋弹簧和减振器，上端连接车架，下端连接车桥。前后悬架的导向机构各用一根横向推力杆和两根纵向推力杆，横向推力杆承受车身左右方向的载荷，纵向推力杆承受前后方向的载荷。

（3）空气弹簧非独立悬架　为了提高行驶的平顺性，适应载荷和路面的变化，要求汽车悬架的刚度是可变的，空车时提高车身高度，满载时则降低车身高度。对于轿车，要求在好路面上时，降低车身高度，以提高行驶速度；在坏路面上时，则提高车身高度，以增大通过能力。在空气弹簧非独立悬架中，由于空气弹簧内的压力变化可以改变悬架的刚度，因此

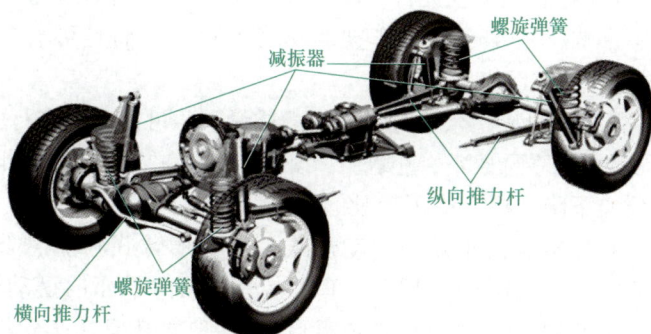

图 3-64　螺旋弹簧非独立悬架

可以满足不同类型的汽车在不同的路面上行驶时的要求。

图 3-65 所示为空气弹簧非独立悬架示意图，空气弹簧的上下端分别与车架和车桥连接，经空气压缩机产生的压缩空气经油水分离器和压力调节器后储存在储气筒中。储气筒中的气压压力由压力调节器调节和保持。储气罐和空气弹簧中的空气压力由车身高度控制阀控制。通过控制空气弹簧的压力，即可调节悬架刚度和车身高度。

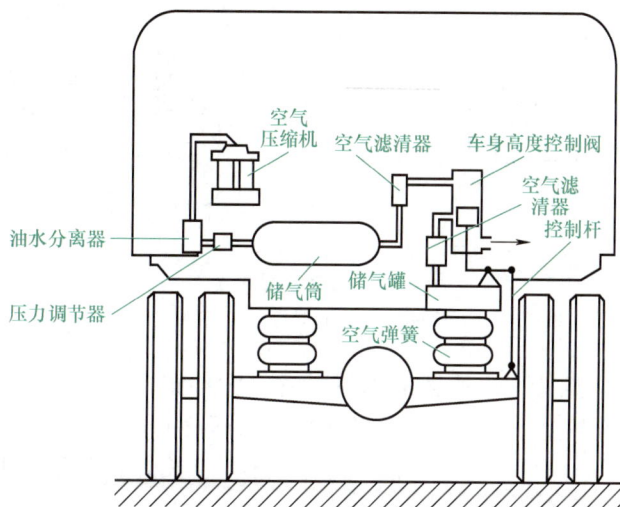

图 3-65　空气弹簧非独立悬架示意图

空气弹簧只承受垂直载荷，和螺旋弹簧非独立悬架一样，也需要加设纵向推力杆和横向推力杆等导向装置来传递车轮行驶过程中所受到的纵向力和横向力。

空气弹簧非独立悬架常用于重型车和高级轿车中。现代电子控制主动或半主动悬架也常采用空气弹簧作为弹性元件。

3.4.6　独立悬架

独立悬架的结构特点是左右车轮单独通过悬架与车架（或车身）相连，每个车轮能独立上下运动，以适应路面复杂的变化。其优点是：

独立悬架

1）在悬架弹性元件一定的变形范围内，汽车两侧车轮可以单独运动，互不影响，减少行驶时车架和车身的振动，而且可有效地防止转向轮的摆振。

2）使用独立悬架时，非簧载质量小，可提高汽车行驶平顺性。

3）独立悬架常采用断开式车桥，动力总成的位置可降低并前移，使汽车质心下降，提高汽车行驶的稳定性。

独立悬架按车轮的运动形式可分为横臂式独立悬架（车轮在汽车横向平面内摆动的悬架）、纵臂式独立悬架（车轮在汽车纵向平面内摆动的悬架）、斜臂式独立悬架（车轮在汽车斜向平面内摆动的悬架）、烛式独立悬架（车轮沿固定不动的主销轴线移动的悬架）、麦弗逊式悬架（车轮沿摆动的主销轴线移动的悬架），如图 3-66 所示。

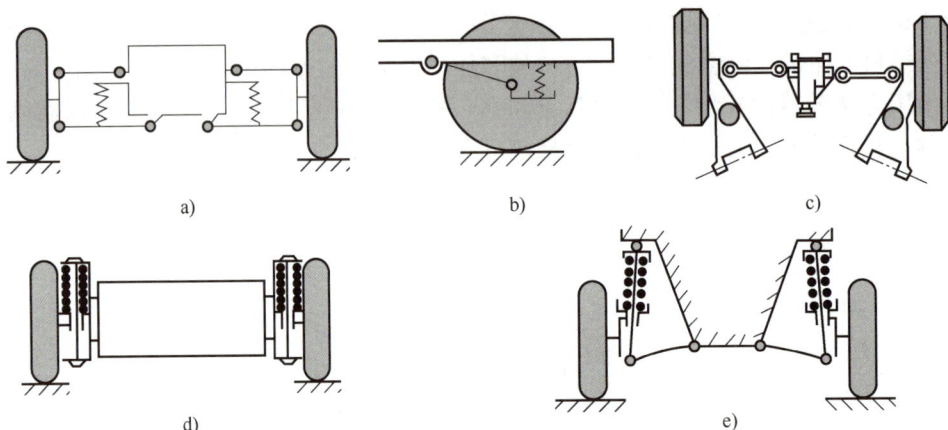

图 3-66　独立悬架的分类
a）横臂式　b）纵臂式　c）斜臂式　d）烛式　e）麦弗逊式

（1）双横臂式独立悬架　这种悬架的两个横臂长度可以相等，也可以不等。等臂长的双横臂式独立悬架在车轮上下跳动时，虽然车轮平面不发生倾斜，却会使轮距发生较大的变化，如图 3-67a 所示，这将使车轮产生横向滑移。不等臂长的双横臂式独立悬架若两臂长度选择合适，则可以使主销角度与轮距的变化均不过大，如图 3-67b 所示，由于上臂比下臂短，当车轮上下运动时，上臂的运动弧度比下臂小，这将使轮胎上部轻微地移动，而底部影响很小。这种结构有利于减少轮胎磨损，提高汽车行驶平顺性和方向稳定性。因此不等长的双横臂式独立悬架在轿车的前轮上应用较为广泛。

（2）双纵臂式独立悬架　这种悬架的两个纵臂长度一般做成相等，形成平行四连杆机构。这样可使车轮上下运动时，主销后倾角不变，因而这种形式的悬架适用于转向轮。

图 3-68 所示为双纵臂式扭杆弹簧式前独立悬架，两根纵臂的后端与转向节铰接，前端则通过各自的摆臂轴支承在车架横梁内部的衬套中。摆臂轴与纵臂刚性地连接，扭杆弹簧由若干片矩形断面的薄弹簧钢片叠加而成。扭杆弹簧外端插入摆臂轴的矩形孔内，中部用螺钉使之与管形横梁相固定，这种悬架两侧车轮共用两根扭杆弹簧。

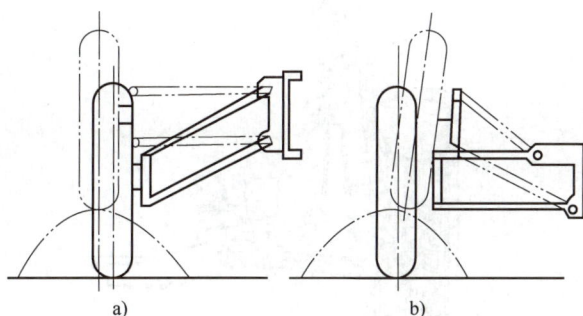

图 3-67　双横臂式独立悬架示意图
a）等臂长独立悬架　b）不等臂长独立悬架

图 3-68 中可以看出，两根纵臂会影响到车轮的转动空间，因而多数汽车采用不占用车轮转动空间的横臂式悬架。

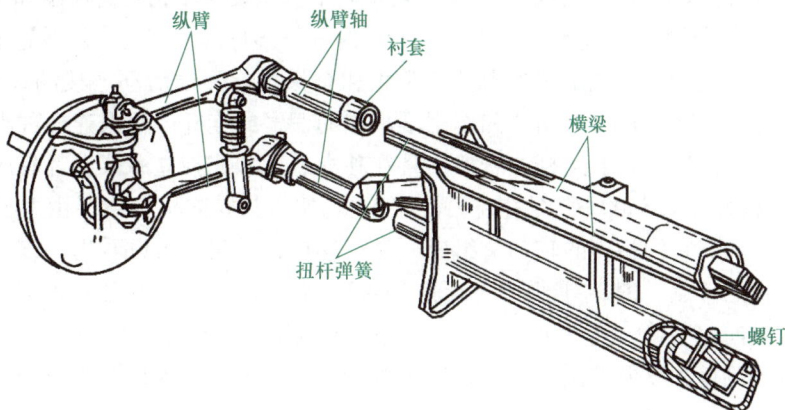

图 3-68　双纵臂式扭杆弹簧式前独立悬架

（3）麦弗逊式悬架　麦弗逊式悬架也称为滑柱连杆式悬架，主要由滑动立柱和横摆臂组成。图 3-69 所示为麦弗逊式前独立悬架。其横摆臂的内端通过铰链与车身相连，其外端通过球铰链与转向节相连。其减振器的上端通过带轴承的隔振块总成（可看做减振器的上铰链点）与车身相连，减振器的下端与转向节固定。

其上铰链的中心与横摆臂外端的球铰链中心的连线为主销轴线，此结构也是无主销结构。当车轮上、下跳动时，因减振器的下支点随横摆臂摆动，故主销轴线的角度是变化的，这说明车轮是沿着摆动的主销轴线运动。因此，这种悬架在变形时，使得主销的定位角和轮距都有些变化。然而，如果适当地调整杆系的布置，可使车轮的这些定位参数变化极小。

麦弗逊式悬架的优点是增大了两前轮内侧的空间，便于动力装置、减速机构等部件的布置，且结构简洁，非簧载质量小，行驶平顺性较好；其缺点是滑动立柱摩擦和磨损较大。为减少摩擦，通常是将螺旋弹簧中心线与滑柱中心线的布置不相重合。另外，还可将减振器导向座和活塞的摩擦表面用减磨材料制成，以减少磨损。

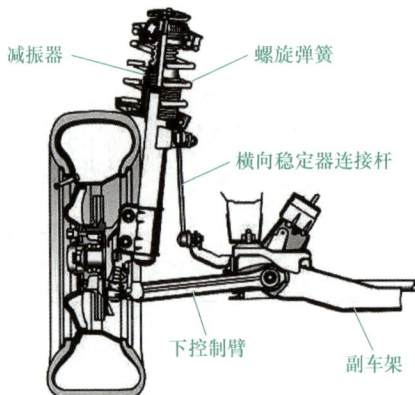

图 3-69　麦弗逊式前独立悬架

（4）多杆式独立悬架　前面介绍的几种独立悬架，在导向机构支承刚度和车轮定位参数两方面始终存在矛盾。比如横臂式和纵臂式悬架都难以保证所有车轮定位参数变化范围很小，而沿主销移动的悬架又容易变形且磨损较大。为获得更为精确的车轮轨迹控制和更好的汽车操纵稳定性以及行驶平顺性，近些年一种新的悬架系统——多杆式悬架迅速发展起来，主要用于中高级车辆。多杆式悬架，就是用多根杆将车轮和车身进行弹性活动连接的一套悬架机构。多杆式悬架中必须具有 3 种以上功能和作用不相同的摆臂或连杆。根据连杆种类的数量，目前主要有三连杆、四连杆和五连杆式悬架，且在独立悬架和非独立悬架上都有应用。

图 3-70 所示为奔驰 S500 轿车的多杆式前独立悬架。其导向机构主要由上控制臂、前控制臂、后控制臂和与它们相连的转向节组成，是三连杆式悬架。可以看出，该悬架吸收了双横臂式与斜臂式的特点。图 3-71 所示为奔驰 CLK240 跑车的多杆式后独立悬架。其导向机构由主控制臂、纵向控制臂、连杆 1、连杆 2、连杆 3 和与它们相连接的轮毂组成，是五连杆式悬架。其主控制臂和纵向控制臂是主要的承载元件，其他 3 个连杆起定位和辅助承载的作用。其中连杆 3 主要用来控制车轮的前束，防止因悬架变形引起前束变化而导致的轮胎非正常磨损。该悬架兼有横臂式、纵臂式和斜臂式的特点。

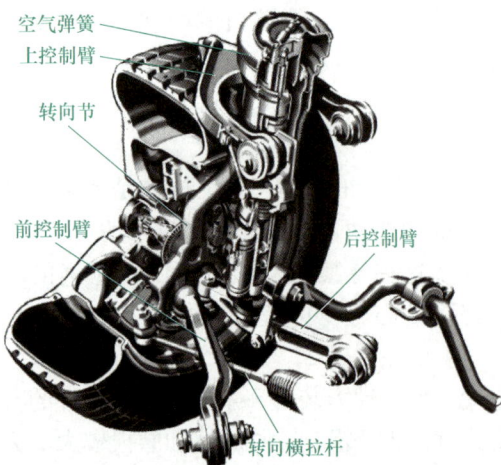

图 3-70　奔驰 S500 轿车多杆式前独立悬架

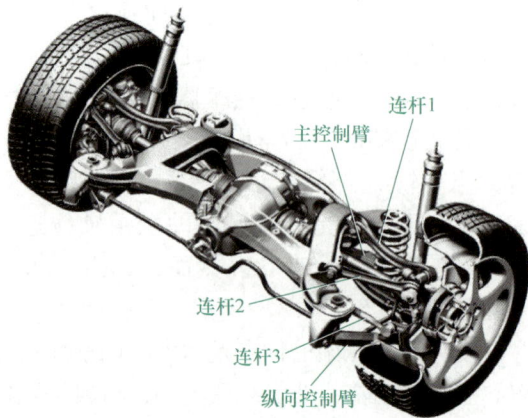

图 3-71　奔驰 CLK240 跑车多杆式后独立悬架

3.5　电控悬架系统

3.5.1　电控悬架系统概述

1. 电控悬架系统的功能

电控悬架系统（Electronic Control Suspension System，ECSS）也称为电子调节悬架系统，它可以根据汽车行驶路面、行驶速度和载荷变化等，自动调节悬架系统的刚度、减振器的阻尼力和车身高度的大小，从而使车辆的行驶平顺性和操纵稳定性在各种行驶条件下达到最佳的组合。其主要有以下功能。

（1）控制减振器的阻尼　通过对减振器阻尼系数的调整，防止汽车急速起步或急加速时车尾下蹲；防止紧急制动时的车头下沉；防止汽车急转弯时车身横向摇动；防止汽车换档时车身纵向摇动等，以提高行驶平顺性和操纵稳定性。

（2）控制弹性元件的刚度　与减振器一样在各种工况下，通过对弹性元件弹性系数的调整，来改善汽车的乘坐舒适性与操纵稳定性。

（3）调整车身高度　无论车辆的负载多少，都可以保持汽车高度一定，车身保持水平，从而使前照灯光束方向保持不变；当汽车在坏路面上行驶时，可以使车身高度增加，防止车桥与路面相碰；当汽车高速行驶时，又可以使车身高度降低，以便减少空气阻力，提高操纵稳定性。

随着汽车电子技术的发展和进步，许多中高档轿车、大客车以及越野汽车都装备了电控悬架系统。

2. 电控悬架系统的分类

电控悬架属于主动悬架，主动悬架系统按照是否包含动力源，可分为半主动悬架（无源主动悬架）和全主动悬架（有源主动悬架）两大类。

（1）半主动悬架　半主动悬架不改变悬架的刚度，只改变悬架阻尼来调节悬架的减振性能，因此其调节装置主要由无动力源的可控阻尼元件组成。半主动悬架在被动悬架基础上增加的部件不多，工作时几乎不需要额外消耗车辆动力，但对汽车悬架的性能有明显的提高，因此这种系统具有较好的应用前景。

半主动悬架根据阻尼调节方式的不同分为有级半主动式（阻尼力有级可调）和无级半主动式（阻尼力连续可调）两种。

（2）全主动悬架　全主动悬架可以根据汽车的运动状态和路面状况，适时地调节悬架的刚度和阻尼，使其处于最佳减振状态。其中阻尼调节可以采用和半主动悬架相似的方法，而刚度调节则必须利用额外的能源来实现。全主动悬架系统是在被动悬架系统（弹性元件、减振器、导向装置）中附加一个可控制作用力的装置，通常由执行机构、传感器和电子控制单元（ECU）组成。

全主动悬架的调节动作最终由主动弹簧来实现，它是全主动悬架系统的执行机构，受ECU 控制。主动弹簧有刚度可调的弹簧和阻尼可调的减振器。阻尼的调节一般采用和半主动悬架类似的无源调节方式，刚度的调节必须采用有源的方式。根据采用的可调节刚度的弹性元件种类，全主动悬架的主动弹簧分为主动油气弹簧、空气弹簧和液力弹簧。

3. 电控悬架系统的组成及工作原理

电控悬架系统主要由感应汽车运行状况的各种传感器、控制开关、电控悬架电子控制单元及执行机构等组成。传感器一般有车高传感器、车速传感器、加速度传感器、转向盘转角传感器、节气门位置传感器等。控制开关有模式选择开关、制动灯开关、停车开关和车门开关等。执行机构有可调阻尼力的减振器，可调节弹簧高度和弹性大小的弹性元件等。

电控悬架系统的一般工作原理是：传感器和控制开关向电子控制单元输入车身以及汽车行驶的状态信息，电子控制单元接收传感器和控制开关输入的电信号，并向执行机构发出控制指令，执行机构产生一定的机械动作，从而改变车身高度、弹性元件刚度或减振器阻尼。

现代汽车电控悬架系统由于控制功能和控制方法的不同，其结构形式多种多样，图 3-72 所示为丰田汽车电控悬架系统的组成。其高度控制开关设有"High（高）"和"Normal（正常）"两个档位，操纵高度控制开关可以使汽车车身高度的目标高度变为"正常"状态或"高"状态。由于高速行驶时车身过高会影响车身稳定性，因此当车速达到一定值时，高度控制系统能自动将车身高度由"高"状态切换到"正常"状态，保证汽车的行驶稳定性并减小行驶阻力。当点火开关断开后，如果车身高度因乘员或载荷量变化而高于目标值时，高度控制系统能自动将车身高度降低到目标高度，从而改善汽车驻车时的稳定性。高度控制自动切断开关能使空气弹簧悬架系统关闭，防止车身过高或拖车时产生意外运动。

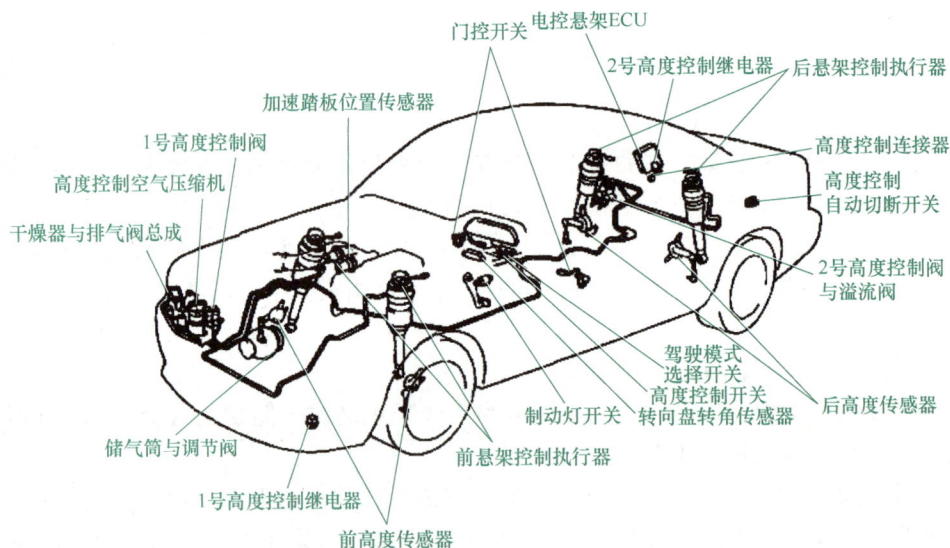

图 3-72 丰田汽车电控悬架系统的组成

驾驶模式选择开关用于选择减振器阻尼的工作模式，一般设有"自动""坚硬"和"柔软"等工作模式。当驾驶人踩下制动踏板时，将送给 ECU 一个制动灯开关信号，ECU 将控制前部空气弹簧刚度和减振器阻尼变成"坚硬"状态，以便抑制汽车制动时的点头现象。

3.5.2　电控悬架系统各部件的结构和工作原理

1. 传感器

（1）转向盘转角传感器　转向盘转角传感器的功用是检测转向盘的中间位置、转动方向、转动角度和转动角速度。在电控悬架中，ECU 根据车速传感器信号和转向盘转角传感器信号，判断汽车转向时侧向力的大小和方向，以控制车身的侧倾。

现代汽车多采用光电式转向盘转角传感器，其结构和安装位置如图 3-73 所示。在转向盘的转向轴上装有一个带窄缝的圆盘，圆盘上的窄缝呈等距均匀分布，传感器光电元件中的发光二极管和光电晶体管相对安装在遮光盘两侧形成遮光器。

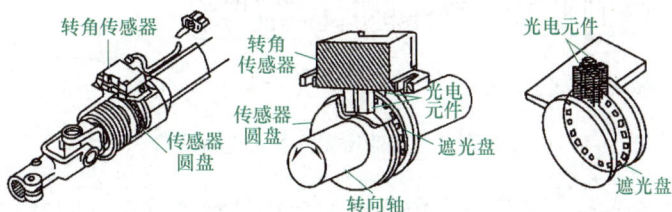

图 3-73　光电式转向盘转角传感器结构和安装位置

当转动转向盘时，带窄缝的圆盘使遮光器之间的光束产生通/断变化，遮光器的这种反复开/关状态产生与转向轴转角呈一定比例的系列数字信号，ECU 根据此信号的变化判断转向盘的转角和转速，其电路原理图如图 3-74 所示。

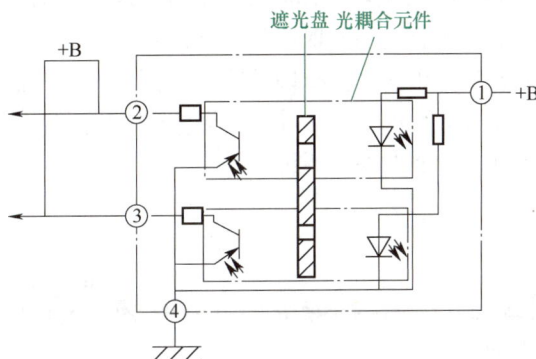

图 3-74　光电式转向盘转角传感器电路原理图

（2）加速度传感器　加速度传感器的功用是检测汽车转向时，汽车因离心力的作用而产生的横向加速度或纵向加速度，并将产生的电信号输送给 ECU，使 ECU 能判断悬架系统的阻尼力改变的大小及空气弹簧中空气压力的调节情况，以维持车身的最佳姿势。根据测量原理不同，常用的加速度传感器有差动变压器式加速度传感器、球位移式加速度传感器、半导体加速度传感器等。

图 3-75 所示是差动变压器式加速度传感器。当汽车转弯（或加速、减速）行驶时，心杆在汽车横向力（或纵向力）的作用下会产生位移，在励磁绕组（一次绕组）通以交流

电的情况下，随着心杆位置的变化，检测绕组（二次绕组）的输出电压也会发生变化。所以，检测绕组的输出电压与汽车横向力（或纵向力）相对应，反映了汽车横向力（或纵向力）的大小。悬架系统 ECU 根据此输入信号可以正确判断汽车横向力（或纵向力）的大小，对车身姿势进行控制。

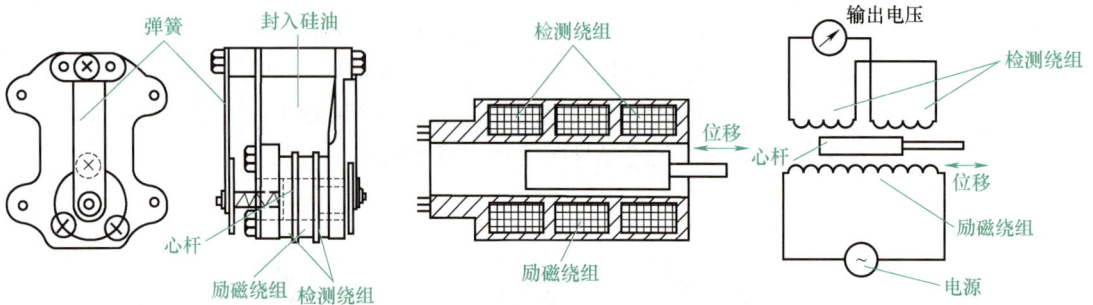

图 3-75　差动变压器式加速度传感器

（3）车身高度传感器　车身高度传感器的功用是检测汽车行驶时车身高度的变化情况（汽车悬架的位移量），并将其转换成电信号输入悬架系统的 ECU。根据测量原理的不同车身高度传感器有片簧开关式、霍尔集成电路式、光电式。前两者属于接触式车身高度传感器，在使用过程中，如果磨损会影响测量的精度和灵敏度，光电式属于非接触式高度传感器，被广泛应用于现代汽车上。

图 3-76 所示是光电式高度传感器的结构和安装示意图。在主动悬架系统中，要对车身高度进行检查和调节，一般只需在悬架上安装三个车身高度传感器即可，位置在左、右前轮和后桥中部。如果传感器多于三个，会出现调整干涉的现象。在传感器上，有一根靠导杆带动转动的转轴，转轴上固定一个开有许多窄槽的圆盘，圆盘两边是由发光二极管和光电晶体管组成的光耦合器，如图 3-76a 所示。每一个光耦合器由四组发光二极管和光电晶体管组成。一般情况下，传感器中有两个光耦合器组。

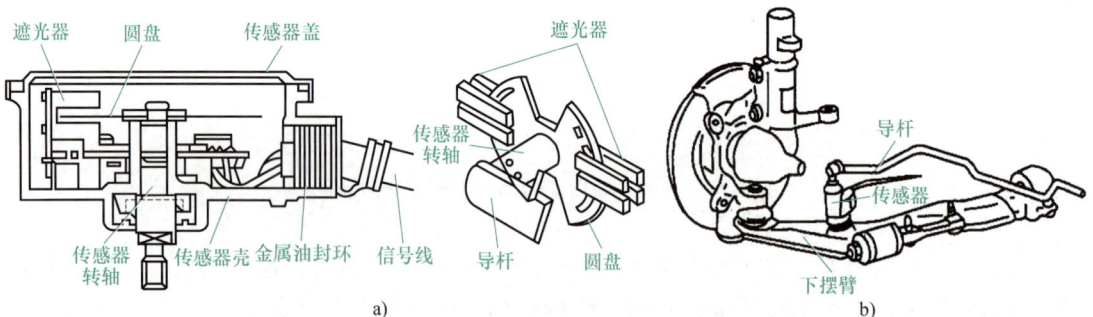

图 3-76　光电式高度传感器的结构和安装示意图
a）结构　b）安装

光电式车身高度传感器一般固定在车架上，如图 3-76b 所示，传感器轴的外端装有导杆，导杆的另一端通过一连杆与独立悬架的下摆臂连接。当车身高度发生变化时（如汽车载荷发生变化），导杆将随悬架摆臂的上下移动而摆动，从而通过传感器转轴驱动圆盘转动，使光耦合器组相对应的发光二极管和光电晶体管上的光线产生 ON/OFF 信号的转换。光电晶体管把接收到的光线 ON/OFF 信号转换成电信号，并通过导线输送给悬架 ECU。ECU 根据每一个光耦合器上每组发光二极管和光电晶体管 ON/OFF 信号转换的不同组合，判断圆盘转过的角度，从而计算出悬架高度的变化情况。

具有四个光耦合器组件的状态与车高对照表见表 3-4。

表 3-4　具有四个光耦合器组件的状态与车高对照

光耦合器组件的状态				车高范围/mm
1	2	3	4	
OFF	OFF	ON	OFF	15
OFF	OFF	ON	ON	14
ON	OFF	ON	ON	13
ON	OFF	ON	OFF	12
ON	OFF	OFF	OFF	11
ON	OFF	OFF	ON	10
ON	ON	OFF	ON	9
ON	ON	OFF	OFF	8
ON	ON	ON	OFF	7
ON	ON	ON	ON	6
OFF	ON	ON	ON	5
OFF	ON	ON	OFF	4
OFF	ON	OFF	ON	3
OFF	ON	OFF	ON	2
OFF	OFF	OFF	ON	1
OFF	OFF	OFF	OFF	0

悬架系统进行高度调节时，如果只需要判断四个车高区域，则车身高度传感器中只需两个耦合器组元件即可。此时光耦合器组件的状态与车高对照见表 3-5。

表 3-5　光耦合器组件的状态与车高对照

车高检验区域	光耦合器 A	光耦合器 B	车高检验区域	光耦合器 A	光耦合器 B
过高	OFF	ON	偏低	ON	OFF
偏高	OFF	OFF	过低	ON	ON

（4）车速传感器　车速是汽车悬架系统常用的控制信号，汽车车身的侧倾程度取决于车速和汽车转弯半径的大小。通过对车速的检测来调节电控悬架的阻尼力，可以改善汽车行

驶的安全性。

根据测量原理不同，车速传感器分为舌簧开关式、磁阻元件式、磁脉冲式和光电式。通常，舌簧开关式和光电式车速传感器安装在汽车仪表板上，与车速表装在一起，通过软轴与变速器的输出轴相连；磁阻元件式和磁脉冲式车速传感器装在变速器上，通过蜗轮蜗杆机构与变速器的输出轴相连。

（5）驾驶模式选择开关　驾驶模式选择开关位于变速杆旁。驾驶人根据汽车的行驶状况和路面情况选择悬架的运行模式，从而决定减振器的阻尼力大小。

通过操纵驾驶模式选择开关，可使悬架系统工作在四种运行模式：自动/标准（Auto/Normal）；自动/运动（Auto/Sport）；手动/标准（Manual/Normal）；手动/运动（Manual/Sport）。当选择自动档时，悬架系统可以根据汽车行驶状态自动调节减振器的阻尼力，以保证汽车乘坐舒适性和操纵稳定性，其控制功能见表3-6。

表 3-6　系统控制功能

汽车行驶状态	减振器阻尼力（悬架状态）	
	自动/标准模式	自动/运动模式
一般情况下	软	中等
汽车急加速、急转弯或紧急制动时	硬	硬
高速行驶时	中等	中等

2. 电子控制单元（ECU）

悬架电子控制单元（ECU）一般由输入电路、微处理器、输出电路和电源电路等组成，如图3-77所示。ECU是悬架控制系统的中枢，具有以下几种功能。

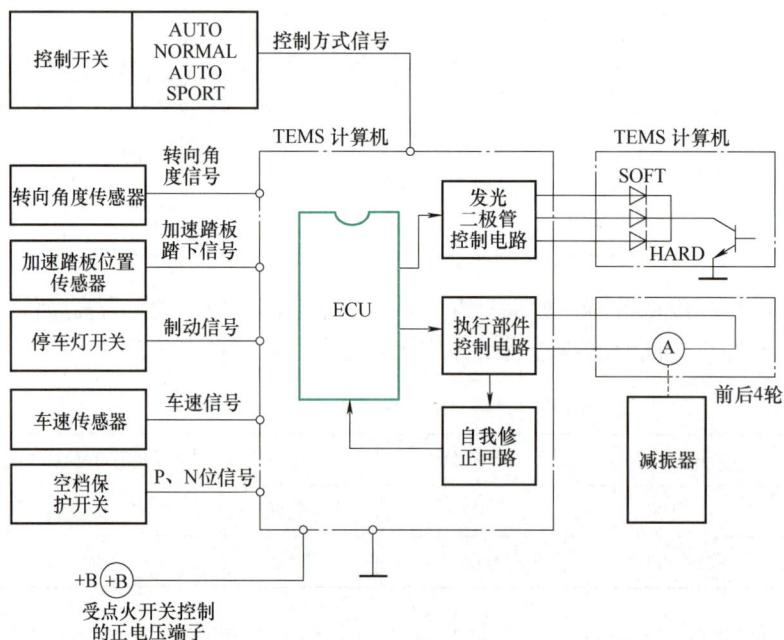

图 3-77　悬架电子控制单元（ECU）电路

（1）提供稳压电源　控制装置内部所用电源和各种传感器的电源均由稳压电源提供。

（2）放大传感器信号　用接口电路将输入信号（如各种传感器信号、开关信号）中的干扰信号除去，然后放大、变换极值、比较极值，变换为适合输入控制装置的信号。

（3）计算输入信号　ECU 根据预先写入只读存储器（ROM）中的程序对各输入信号进行计算，并将计算结果与内存的数据进行比较后，向执行机构（电动机、电磁阀、继电器等）发出控制信号。输入 ECU 的信号除了开/关信号外还有电压信号时，还应进行 A/D 转换。

（4）驱动执行机构　悬架 ECU 用输出驱动电路将输出驱动信号放大，然后输送到各执行机构，如电动机、电磁阀、继电器等，以实现对汽车悬架参数的控制。

（5）检测悬架故障　ECU 用故障检测电路来检测传感器、执行器、电路等的故障，当发生故障时，将信号送入悬架 ECU，目的在于即使发生故障，也应使悬架系统安全工作，而且在修理故障时容易确定故障所在位置。

3. 执行机构

（1）阻尼力控制执行机构

1）可调阻尼力减振器。图 3-78 所示为可调阻尼力的减振器结构，它主要由缸筒、活塞及活塞杆、回转阀控制杆等构成。活塞杆做成空心杆，中心装有控制杆，控制杆的上端与执行器相连。控制杆的下端装有回转阀，回转阀上有三个油孔，活塞杆上有两个通孔。缸筒中的油液一部分经活塞上的阻尼孔在缸筒的上下两腔流动；另一部分经回转阀与活塞杆上连通的孔在缸筒的上下两腔间流动。

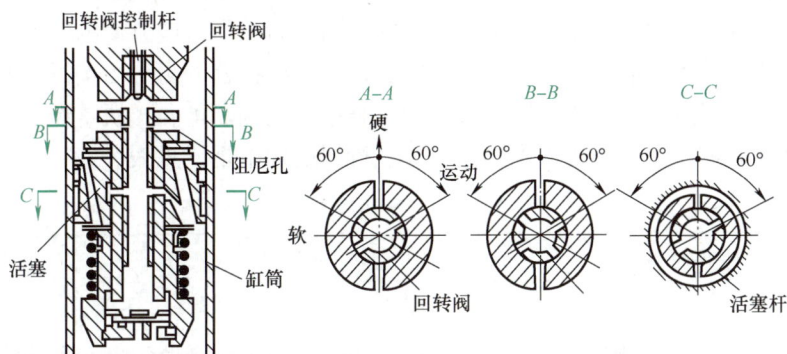

图 3-78　可调阻尼力的减振器结构

当 ECU 促使执行器工作时，通过控制杆带动回转阀相对活塞杆转动，回转阀与活塞杆上的油孔连通或切断，从而增加或减少油液的流通面积，使油液的流动阻力改变，达到调节减振器阻尼力的目的。A-A、B-B、C-C 三个截面的阻尼孔全部被回转阀封住，此时只有减振器下面的主阻尼孔仍在工作，所以这时阻尼为最大，减振器被调节到"硬"状态。当回转阀从"硬"状态位置顺时针转动 60°时，B-B 截面的阻尼孔打开，A-A 截面的阻尼孔仍关闭，因为多了一个阻尼孔参加工作，所以减振器处于"运动"状态。当回转阀从"硬"状态位置逆时针转动 60°时，A-A、B-B、C-C 三个截面的阻尼孔全部打开，这时减振器的阻尼最小、减振器处于"软"状态。

2）直流电动机式执行器。图 3-79 所示为丰田汽车采用的直流电动机式执行器，它主要由直流电动机、小齿轮、扇形齿轮、挡块等组成。每个执行器安装在悬架系统中减振器的顶部，并通过控制杆与回转阀相连接，直流电动机和电磁线圈由 ECU 控制。

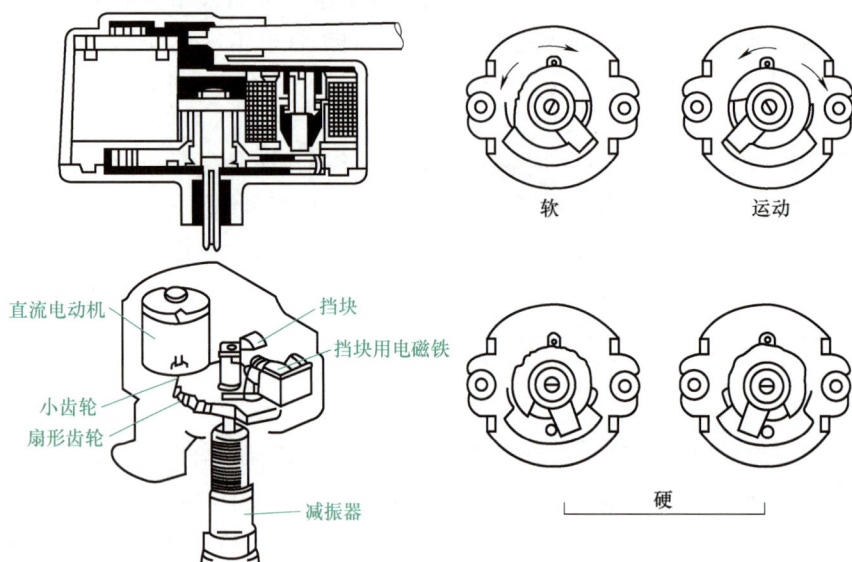

图 3-79　直流电动机式执行器

ECU 输出控制信号使电磁线圈通电控制挡块与扇形齿轮的凹槽分离，同时，直流电动机根据输入的电流方向做相应方向的旋转，以驱动扇形齿轮做对应方向的偏转，从而带动控制杆改变减振器回转阀与活塞杆油孔的连通情况，保证减振器的阻尼力按需要的阻尼力大小和方向进行改变。当阻尼力调整合适后，电动机和电磁线圈断电，挡块重新进入扇形齿轮的凹槽，使调整好的阻尼力大小能够保持稳定。执行器的通电情况见表 3-7。

表 3-7　执行器的通电情况

减振器的阻尼状态		电动机		电磁线圈
调整前	调整后	正极	负极	
软	软	−	+	断开
	中等	+	−	断开
中等	硬	+	−	接通
	硬	−	+	接通

ECU 若发出软阻尼力信号，则直到扇形齿轮上凹槽的一边靠在挡块上为止；若发出中等硬度信号，则电动机反向通电，使扇形齿轮顺时针方向偏转，直到扇形齿轮上凹槽的另一边靠在挡块上为止；若发出硬阻尼力信号，则 ECU 同时向电动机和电磁线圈发出控制信号，电动机带动扇形齿轮离开软阻尼力位置或中等阻尼力位置，同时电磁线圈将挡块拉紧，使挡块进入扇形齿轮中间的一个凹槽内。

可调节阻尼力减振器的执行装置为直流电动机与三级齿轮减速机构，其结构如图 3-80

所示，它主要由直流电动机、齿轮减速机构、电刷、印制电路板、档位转换开关、制动电路等组成。该执行器有"Touring"和"Sport"两种控制模式。执行器工作时，驱动轴带动电刷在印制电路板上扫过，可以接通或切断模式选择开关的电流通路。驱动轴每转 90° 进行一次 Touring/Sport 的转换，从而控制直流电动机的工作状态。电刷与印制电路板形成两个接点开关 SW_1 和 SW_2，它们分别与模式选择开关的"Touring"档和"Sport"档进行电路上的连接，如图 3-81 所示。模式选择与接点开关 SW_1、SW_2 状态的关系见表 3-8。

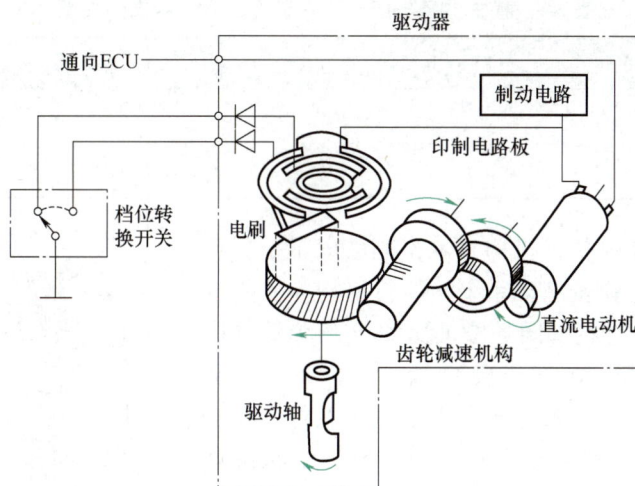

图 3-80　可调节阻尼力减振器的执行装置结构

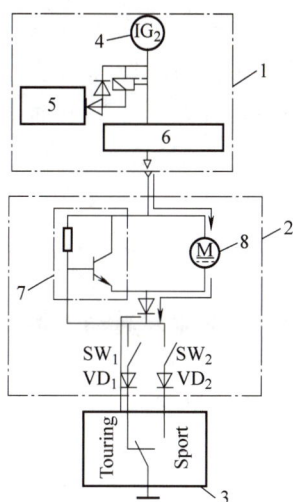

图 3-81　直流电动机与三级齿轮减速机构的控制电路
1—ECU　2—减振器驱动器　3—档位转换开关　4—电源电路
5—时间电路　6—电压控制电路　7—制动电路　8—直流电动机

当模式选择开关转换到"Touring"档时，ECU 与驱动电路被接点开关 SW_1 接通，电动机工作时带动输出轴转动，从而使减振器回转阀转动，这时减振器的阻尼力变为"软"状态。同时当输出轴的转角超过 90°时，输出轴上的电刷使接点开关 SW₁ 断开，而接点开关 SW₂ 接通，电动机电路被切断，进入能耗制动状态而停止运转，维持减振器的阻尼力为 "Touring" 档状态。

当电动机外电路被切断时，电动机因惯性作用会继续运转，产生较大的感应电动势。为防止电动机被烧坏，电路中设有制动保护电路。电动机外电路被切断时所产生的感应电动势经制动电路而消耗，电动机停止，处于待命状态。

表 3-8 模式选择与接点开关 SW₁、SW₂ 状态的关系

接点开关	Touring 档	Sport 档
SW₁	OFF	ON
SW₂	ON	OFF

（2）悬架刚度控制执行机构 悬架刚度电子控制系统也称为变刚度空气弹簧悬架系统，执行机构为变刚度空气弹簧气压腔，其结构如图 3-82 所示。空气弹簧气压腔分为主、副气压腔，主气压腔容积可变，在其下部有一个可伸展的隔膜，压缩空气进入主气压腔可升高悬架的高度，反之使悬架高度下降。主、副气压腔设计为一体既能节省空间，又能减小质量。悬架的上方与车身相连，随着车身与车轮的相对运动，主气压腔的容积在不断变化。主、副气压腔之间有一通道，气体可以相互流通，通过改变主、副气压腔的气体通道的大小可以改变空气悬架的刚度。减振器的活塞通过中心杆（阻尼调整杆）和齿轮系与直流步进电动机相连接。步进电动机转动可改变活塞阻尼孔的大小，从而改变减振器的阻尼系数。

悬架刚度自动调节原理如图 3-83 所示，在主、副气压腔之间的气体阀体上设有大小两个通道。气阀控制杆由步进电动机驱动，控制杆转动时，阀芯随之转动。阀

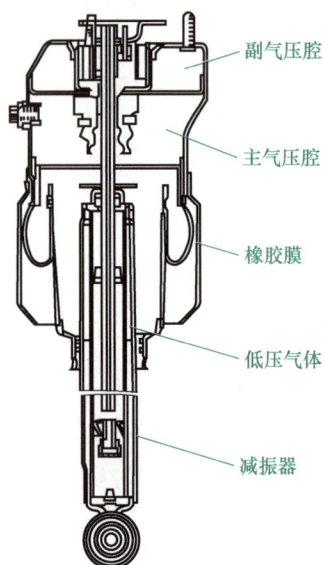

图 3-82 空气弹簧气压腔的结构

芯转过一定角度时，气体通道的大小就会改变，主、副气压腔之间气体的流量就会改变，从而使空气弹簧悬架的刚度发生变化。空气弹簧悬架的刚度分为"低""中""高"三种状态。

当阀芯开口转到图 3-83 所示的"低"位置时，气体通道的大口被打开，主气压腔的气体经过阀芯的中间孔、阀体侧面通道与副气压腔的气体相通，主、副气压腔之间的空气流量越大，相当于参与工作的气体越多，悬架刚度处于低状态。

当阀芯开口转到图 3-83 所示的"中"位置时，气体通道的大口被关闭、小口被打开，主、副气压腔之间的流量小，悬架刚度处于中间状态。

当阀芯开口转到图 3-83 所示的"高"位置时，主、副气压腔之间的气体通道全部被封闭，主、副气压腔之间的气体相互不能流动，压缩空气只能进入主气压腔，悬架在振动过程中，只有主气压腔的气体单独承担缓冲工作，悬架刚度处于高状态。

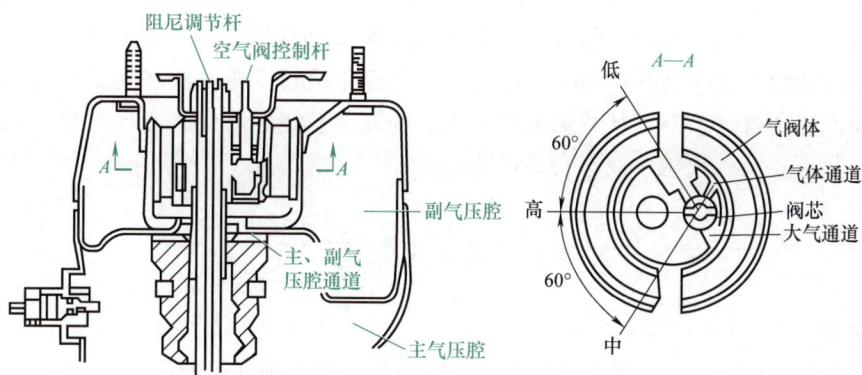

图 3-83 悬架刚度自动调节原理

（3）车身高度控制执行机构 车身高度控制系统在汽车乘员或载荷变化时自动调节悬架（车身）高度。其原理是：当乘员或载荷增加时，ECU 将自动调高悬架使车身高度升高；反之，当乘员或载荷减小时，ECU 将自动调低车身高度，车身高度控制原理如图 3-84 所示。

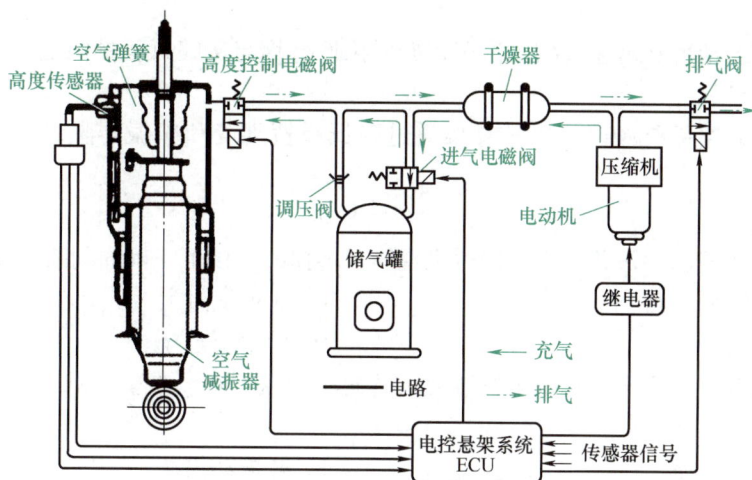

图 3-84 车身高度控制原理

1）车身高度不变时悬架系统的控制。当车身高度传感器输入 ECU 的信号表示车身高度在设定高度范围内时，ECU 将发出控制指令使空气压缩机停止转动，空气减振器内的空气量保持不变，车身高度保持在正常位置。

2）车身高度降低时悬架系统的控制。当汽车乘员或载荷增加使车身高度"偏低"或"过低"时，高度传感器将向 ECU 输入车身"偏低"或"过低"的信号。ECU 接收车身高度降低的信号时，立即向空气压缩机继电器和高度控制电磁阀发出电路接通指令，在接通高度控制空气压缩机继电器电路使压缩机运转的同时，接通高度控制电磁阀线圈电路使电磁阀打开，压缩空气进入空气弹簧的气压腔，气压腔充气量增加，从而使车身高度上升。

3）车身高度升高时悬架系统的控制。当汽车乘员或载荷减少使车身高度"偏高"或

"过高"时，高度传感器将向 ECU 输入车身升高的信号。ECU 接收升高的信号时，立即向空气压缩机继电器发出电路切断指令，并向排气阀和高度控制电磁阀发出电路接通指令，空气压缩机继电器触点迅速断开使电动机电路切断而停止运转，排气阀和高度控制电磁阀线圈电路接通使电磁阀打开，空气从减振器气压腔，经高度控制电磁阀、空气软管、干燥器、排气阀排出，气压腔空气量减少使车身高度降低。

复习思考题

1. 判断题

1）子午线轮胎的胎侧部分比较柔软，所以轮胎的侧偏刚度也较低。　　　　　（　）

2）子午线轮胎虽比斜交线轮胎有较大的滚动阻力，但它抗磨能力强、耐冲击性能好，故子午线轮胎仍得到广泛的使用。　　　　　　　　　　　　　　　　　（　）

3）螺旋弹簧具有减振作用。　　　　　　　　　　　　　　　　　　　　　（　）

4）扭杆弹簧的左右扭杆，由于制造时施加的预应力有方向性，应注意装在车上后，承受工作载荷时扭转的方向应与所预加在扭杆上的扭转方向相一致。　　　　　（　）

5）悬架的作用是弹性地连接车桥和车架（或车身），缓和行驶中车辆受到的冲击力。
　　　　　　　　　　　　　　　　　　　　　　　　　　　　　　　　　（　）

6）为了使振动得到迅速衰减，汽车减振器拉伸行程与压缩行程的阻尼力，通常均设计成相等的。　　　　　　　　　　　　　　　　　　　　　　　　　　　　　（　）

7）汽车在差路面行驶时，电控悬架通过降低弹簧刚度和减振器阻尼力，以抑制车身振动。　　　　　　　　　　　　　　　　　　　　　　　　　　　　　　　　（　）

2. 选择题

1）两转向车轮的胎冠花纹内侧同时出现异常磨损时，以下正确的判断是（　　）。

A. 车轮外倾角过大　　　　　　　　　　　　B. 前束值过大

C. 主销内倾角过小　　　　　　　　　　　　D. 前束值过小

2）下列选项中，会导致车身侧倾过大、转向时操纵困难、乘坐不舒适和异响等故障的原因是（　　）。

A. 横向稳定器损坏　　　　　　　　　　　　B. 减振器损坏

C. 前轮前束调整不正确　　　　　　　　　　D. 主销后倾角调整不正确

3）在下列选项中为独立悬架汽车非簧载质量的是（　　）。

A. 轮胎　　　　　　　B. 驱动桥　　　　　　C. 车身　　　　　　D. 减振器

4）汽车的载荷增加时，能自动调节车身高度的元件是（　　）。

A. 横向稳定器　　　　B. 螺旋弹簧　　　　　C. 空气弹簧　　　　D. 钢板弹簧

5）以下有关电控减振器的陈述中，哪个正确？（　　）

A. 减振器阻尼力的控制通过电动机驱动转阀来实现。

B. 转阀通过变换节流孔的通道面积控制减振器阻尼力，实现减振器软、中、硬 3 种工况。

C. ECU 根据汽车行驶工况的需要，控制执行电动机以正反方向旋转。

D. 以上都正确。

3. 填空题

1）按轿车结构不同，悬架可分为与整体式车桥配用的_____悬架和与断开式车桥配用的_____悬架。

2）车架按照结构形式可以分为_____、_____、_____和无梁式车架（承载式车身）。

3）电控悬架可以进行_____调节、_____调节及_____调节。

4）电控悬架系统在进行防侧倾控制时需要用到_____传感器和_____传感器的信号。

5）转向轮的定位参数有_____、_____、_____、_____。

4. 简答题

1）汽车行驶系统有什么作用？行驶系统由哪些总成组成？

2）车桥有几种结构类型？各类型有何特点？

3）简述车身轻量化技术的途径和措施。

4）简述 NVH 的含义及其改进措施。

5）简述轮胎标记 225/60 R17 99H 的含义。

学习任务 4 汽车转向系统构造与原理

📑 **知识目标**

1. 了解汽车转向系统的基本原理。
2. 掌握汽车转向系统的组成及作用。
3. 掌握各种转向器的结构及工作原理。
4. 掌握动力转向系统的构造和工作原理。
5. 掌握电子控制动力转向系统的构造与工作原理。
6. 掌握汽车电动助力转向系统（EPS）的构造与工作原理。

📝 **能力目标**

1. 能够描述汽车转向系统的基本原理和作用。
2. 能够识别汽车转向系统的各个部件并能够正确说出其名称。
3. 能够正确识别各种转向器，并能够正确拆装。
4. 能够描述动力转向系统的构造和工作原理并进行拆装和调整。
5. 能够描述电子控制动力转向系统的构造与工作原理。
6. 能够描述电动助力转向系统（EPS）的构造与工作原理。

4.1 汽车转向系统概述

汽车转向系统的功用是按照驾驶人的意愿改变汽车的行驶方向和保持汽车稳定的直线行驶。汽车转向系统按转向动力源的不同分为机械转向系统和动力转向系统两大类。机械转向系统（MS）以驾驶人的体力作为转向动力源。动力转向系统除了驾驶人的体力外，还以汽车的动力作为辅助转向能源，又可以分为液压式、气压式和电动式的动力转向系统。动力转向系统在机械转向系统基础上加设一套转向助力装置，可分为三类：液压助力转向系统（HPS）、电子液压助力转向系统（EHPS）和电动助力转向系统（EPS）。电动助力转向系统（EPS）向高性能 EPS 升级趋势明显。

汽车转向时涉及车轮运动的参数如下。

1. 转向系统角传动比

转向系统角传动比是指转向盘的转角与转向盘同侧的转向轮偏转角的比值，一般用 i_w 表示。转向系统角传动比是转向器角传动比 i_1 和转向传动机构角传动比 i_2 的乘积。转向器角传动比是转向盘转角和转向摇臂摆角之比。转向传动机构角传动比是转向摇臂摆角与同侧转向轮偏转角之比。

转向系统角传动比越大，增矩作用越大，转向操纵越轻便，但由于转向盘转的圈数过多，会导致操纵灵敏性变差，所以转向系统角传动比不能过大。而转向系统角传动比太小又会导致转向沉重，所以转向系统角传动比既要保证转向轻便，又要保证转向灵敏。但机械转向系统很难做到这点，所以越来越多的车辆采用动力转向系统。

2. 转向盘的自由行程

转向盘的自由行程是指转向盘在空转阶段的角行程，这主要是由于转向系统各传动件之间的装配间隙和弹性变形所引起的。由于转向系统各传动件之间都存在着装配间隙，而且这些间隙将随零件的磨损而增大，因此在一定的范围内转动转向盘时，转向节并不马上同步转动，而是在消除这些间隙并克服机件的弹性变形后，才做相应的转动，即转向盘有空转过程。

转向盘自由行程对于缓和路面冲击及避免驾驶人过于紧张是有利的，但过大的自由行程会影响转向灵敏性。所以汽车维护中应定期检查转向盘自由行程。一般汽车转向盘的自由行程应在 $10° \sim 15°$，否则应进行调整。

3. 最小转弯半径

汽车在转向行驶时，要求车轮相对于地面做纯滚动，如果有滑动的成分，车轮边滚边滑会导致转向行驶阻力增大，动力损耗，油耗增加，也会导致轮胎磨损增加。

汽车转向时，内侧车轮和外侧车轮滚过的距离是不等的。对于一般汽车而言，后桥左右两侧的驱动轮由于差速器的作用，能够以不同的转速滚过不同的距离。但前桥左右两侧的转向轮要滚过不同的距离，保证车轮做纯滚动就要求所有车轮的轴线都交于一点。此交点 O 称为汽车的转向中心，如图 4-1 所示。汽车转向时内侧转向轮偏转角 β 大于外侧转向轮偏转角 α。α 与 β 的关系为

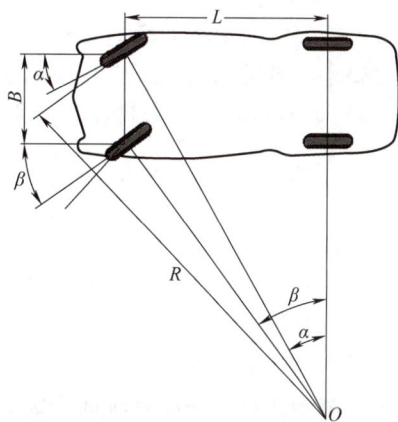

图 4-1　双轴汽车转向示意图

$$\cot\alpha = \cot\beta + \frac{B}{L} \tag{4-1}$$

式中　B—两侧主销轴线与地面相交点的距离（mm）；

L—汽车轴距（mm）。

这一关系是由转向梯形保证的。所有汽车转向梯形的设计实际上都只能保证在一定的车轮偏转角范围内，使两侧车轮偏转角大体上接近以上关系式。

从转向中心 O 到外侧转向轮与地面接触点的距离 R 称为汽车转弯半径。转弯半径 R 越小，则汽车转向所需要的场地就越小，汽车的机动性也越好。当外侧转向轮偏转角达到最大

值 α_{max} 时，转弯半径 R 最小。

$$R_{min} = \frac{L}{\sin\alpha_{max}} \qquad\qquad (4\text{-}2)$$

4.2 动力转向系统

4.2.1 动力转向系统概述

1. 动力转向系统的定义

在驾驶人控制下，对转向传动机构或转向器中某一传动件施加辅助作用力，使转向轮偏转，以实现汽车转向的一系列装置，称为动力转向系统。

2. 动力转向系统的功用

动力转向系统解决了汽车机械转向系统低速时转向沉重与中、高速时转向操纵灵敏度之间的矛盾。

3. 对动力转向系统的要求

1）动力转向系统只有在汽车转向时才提供转向力。

2）动力转向系统的响应要迅速。

3）根据汽车转向阻力的不同，动力转向系统应有不同的输出力。车速低或路面条件不好时，动力转向系统的输出力要大，要提供大部分的转向力；车速高时，动力转向系统的输出力要小，避免驾驶人失去转向路感。

4）动力转向系统密封要好，避免漏油。

4.2.2 动力转向系统的分类

动力转向系统按动力源的不同分为气压式、电动式和液压式三类。

气压式动力转向系统主要用于采用气压制动系统的货车和客车。对于装载质量过大的货车，因为其气压制动系统的工作压力较低，使得部件结构复杂、尺寸过于庞大、消耗功率多、易产生泄漏，而且转向力也不能有效控制，所以这种助力系统不宜用于小型货车和小型轿车。电动式动力转向系统通常需要计算机控制，目前处于高速发展阶段，并逐步普及。液压式动力转向系统工作灵敏度高，结构紧凑、外廓尺寸较小，工作时无噪声，工作滞后时间短，而且能吸收来自不平路面的冲击，因此，液压式动力转向系统在各类汽车上得到了广泛的应用。液压式动力转向系统按液流形式可以分为常流式和常压式；按转向控制阀的运动方式又可以分为滑阀式和转阀式。

4.3 电子控制动力转向系统

动力转向系统转向操纵灵活、轻便，能吸收路面对前轮的冲击，因此被许多汽车使用。但传统的动力转向系统仍然存在一些缺点，如果所设计的助力放大倍数是为了适应汽车在低速行驶状态下转动转向盘的操纵力，则当汽车以高速行驶时，转动转向盘的操纵力就显得太小，不利于对高速行驶的汽车进行方向控制。如果所设计的助力放大倍数是为了适应汽车在高速行驶状态下转动转向盘的操纵力，则当汽车停驶或低速行驶时，转动转向盘就显得非常吃力，即转向沉重。为了实现在各种转速下转向的操纵力都是最佳值，电子控制动力转向系统是最好的选择。它可以随行驶条件及时调整转向助力放大倍数，适合在轿车上使用。

电子控制动力转向系统可分为电子液压助力转向系统、电动液压助力转向系统、电动助力转向系统。

4.3.1　电子液压助力转向系统（Electro-Hydraulic Power Steering，EHPS）

电子液压助力转向系统，可通过控制电磁阀动作，实现动力转向液压控制回路根据车速变化改变助力值的大小，当汽车在低速时助力大、操纵力减轻，而在中、高速时随手感变化来改变操纵力大小，使操纵力始终保持在比较舒适的值。图 4-2 所示为电子液压助力转向系统构造。它主要由油泵、电磁阀、分流阀、动力缸、转向齿轮箱与控制阀等构成。

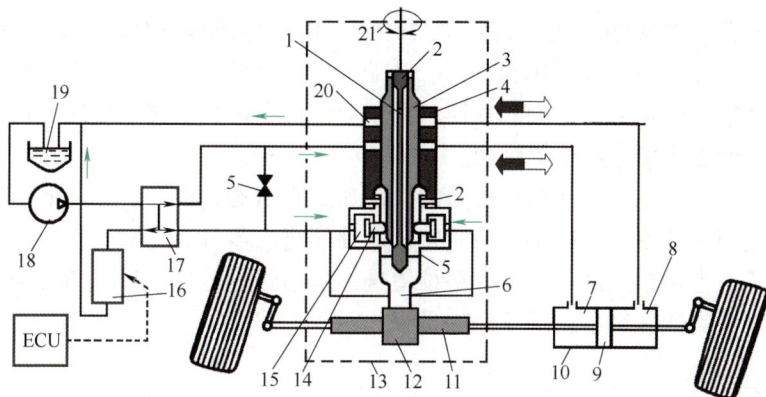

图 4-2　电子液压助力转向系统构造

1—扭杆　2—销　3—控制阀轴　4—回转阀　5—阻尼孔　6—小齿轮轴　7—动力缸右室
8—动力缸左室　9—活塞　10—动力缸　11—齿条　12—小齿轮　13—转向齿轮箱　14—柱塞
15—油压反力室　16—电磁阀　17—分流阀　18—油泵　19—油箱　20—油孔　21—转向盘

1. 电子液压助力转向系统构造

（1）转向齿轮箱　扭杆上端与控制阀轴连接，下端与小齿轮轴以销钉连接。小齿轮轴上端以销钉与回转阀连接。转向盘通过转向轴与控制阀轴连接。因此，转向盘回转力，可通过扭杆与控制阀轴传递到小齿轮。

当扭杆受到转矩作用时，控制阀与回转阀相应发生回转运动，并使各种油孔连通状态发生变化，可控制动力缸的油压流量，变化动力缸左、右室油路通道。在油压反力室受到高压作用时，柱塞将推动控制阀轴。此时，扭杆即使受到转矩作用，由于柱塞推力的影响，也会抑制控制阀轴与回转阀的相对回转。

（2）分流阀　它具有将油泵输出的动力油分流至回转阀与电磁阀两侧的作用。即使回转阀与电磁阀侧的油压变化，分流阀也总是可以以一定流量并根据车速与操纵力的变化，向电磁阀侧供给油液。

（3）电磁阀　电磁阀由滑阀、电磁线圈、油路通道等构成。电磁阀油路的阻尼面积，可随电磁线圈通电电流占空比（通断比）变化。通电电流大时，滑阀被吸引，油路的阻尼面积增大，流向油箱的回流量增加。车速降低，通电电流大，阻尼面积大，油液将流回油箱，随着车速升高，电流减小，油液回流量也减少。

2. 电子液压助力转向系统工作原理

电子液压助力转向系统具有 3 种控制状态。

ECU 根据车速传感器信号判断出车辆停止、低速状态以及中高速状态，控制电磁阀通电电流大小。

（1）停车与低速状态　由于流向电磁阀通电电流大，经分流阀分流的油液通过电磁阀回流油箱，故柱塞受到的背压（油压反力室压力）小。因此，柱塞推动控制阀柱的力矩和转向盘回转力矩可在扭杆处产生较大转矩。回转阀被固定在小齿轮轴上，控制阀随扭杆扭转作用相应回转，使两阀油孔连通，油泵输出油压作用到动力缸右室（或左室），使功率活塞左移（或右移），产生操纵助力。

（2）中高速直行状态　车辆中高速直行时，转向角度小，扭杆相对转矩也小，回转阀与控制阀连通的油孔开度减小，回转阀侧压力升高。由于分流阀的作用，使电磁阀侧油量增加。同时，随着车速升高，通电电流减小，电磁阀阻尼面积减小，油压反力室的反压力增大，使柱塞推动控制阀轴力矩增大。这样，操纵力增加了扭杆的转矩作用，柱塞产生的反力使手感增强，从而随手感来改变操纵力。

（3）中高速转向状态　存在油压反力的中高速直行状态转向时，扭杆的扭转角减小，回转阀与控制阀连通油孔的开孔减小，使回转阀侧油压进一步升高。随着该油压上升，固定阻尼孔将向油压反力室供给油液，导致柱塞推力进一步增强。这样，操纵力将随转向角度的增大而增大，从而在高速领域可获得稳定的操纵力。

4.3.2　电动液压助力转向系统

电动液压助力转向系统，是以电机驱动油泵实现动力转向的装置。

1. 电动液压助力转向系统构造

该系统由电动机-油泵组件、转向传感器、动力转向齿轮箱、信号控制器与功率控制器等构成，如图 4-3 所示。

在电子控制单元内，已存储有根据试验获得的不同运转条件下的控制方法，从而可从传感器输入信号判定行驶状况，计算出应向电动机提供的驱动电流，向功率控制器发出驱动信号。同时，控制系统异常时，可向驾驶人发出警报信号，并使安全保障机能发挥作用，确保转向操作处于正常状态。

功率控制器接收信号控制器指令，调整油泵驱动电动机的供给电流，实现对系统油压的控制。转向传感器可以把转向盘动作状况转换为电信号，并输出到电子控制单元。转向传感器安装在转向柱下端，其内部有光耦合器。

电动液压助力转向系统使用普通动力转向系统用动力油，要求其低温流动性好。

2. 电动液压助力转向系统工作原理

电动液压助力转向系统采用车速感应式控制方式，其转向助力随车速提高而减小。同时其根据运行道路条件，设计了不同控制模式，可根据 20s 内的平均车速与平均转向角度判定

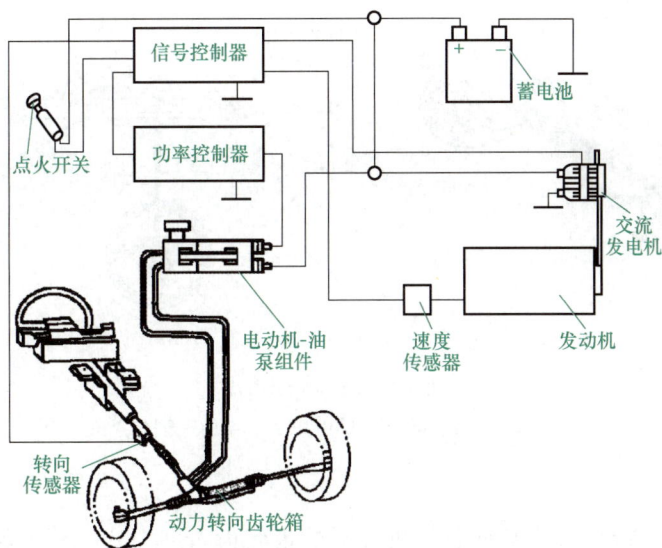

图 4-3　电动液压助力转向系统示意图

车辆当前运行道路条件。变换控制模式最多需要 1.1s，可避免助力的急剧变化。

控制系统具有自诊断与安全保障功能。当控制系统发生异常时，可使组合仪表板上的报警指示灯亮，向驾驶人发出警告。安全保障功能由后备系统实行，电动机驱动电流大于 100A，且持续 10s 以上，电源电压低于 9V 且持续 1s 以上，后备系统都将进入工作状态，确保车辆仍然保持基本运行状态。

图 4-4 所示为电动液压助力转向系统装车实例。

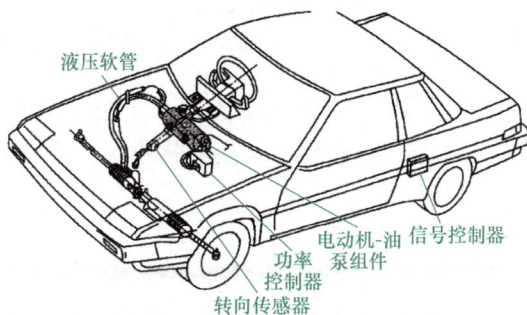

图 4-4　电动液压助力转向系统装车实例

4.3.3　电动助力转向系统（Electric Power Steering，EPS）

1. EPS 结构组成

电动助力转向系统（EPS）由机械转向器、电动机、离合器、控制装置、转矩传感器和车速传感器等组成，如图 4-5 所示。ECU 根据各传感器输出的信号计算所需的转向助力，并通过功率放大模块控制助力电动机的转动，电动机的输出经过减速机构减速增矩后驱动齿轮齿条机构产生相应的转向助力。

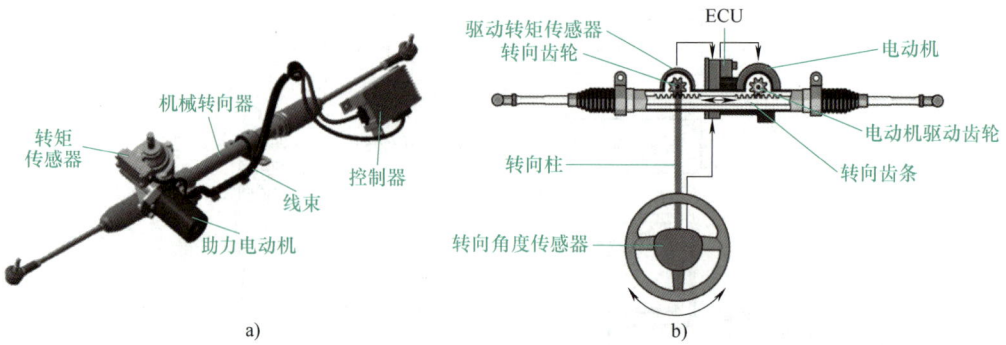

图 4-5　EPS 结构组成

a）EPS 结构外形　b）EPS 结构组成示意图

2. EPS 分类

电动助力转向系统可分为转向管柱助力式、齿轮齿条助力式、双齿轮齿条助力式，如图 4-6 所示。

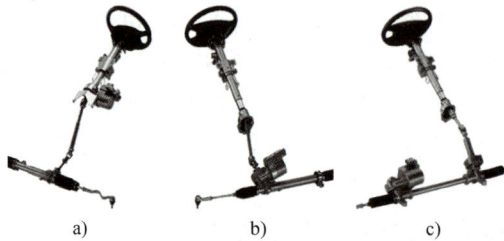

图 4-6　EPS 的分类

a）转向管柱助力式　b）齿轮齿条助力式　c）双齿轮齿条助力式

在操纵转向盘时，转矩传感器根据输入力的大小产生相应的电压信号，由此 EPS 就可以检测出转向力的大小，同时根据车速传感器产生的脉冲信号又可测出车速，再用于控制电动机的电流，从而形成适当的转向助力。

3. EPS 主要零部件结构与原理

（1）转矩传感器

1）结构：施加在转向盘上的转向力矩是计算转向助力大小的基础，转矩传感器根据获得转向盘上操作力大小和方向信号把它们转换为电信号，传递到 EPS 控制器。EPS 转矩传感器如图 4-7 所示。

转矩传感器测得的是转向输入轴相对于转向机构主动齿轮的转动量，并将该转动量转化成模拟的输出电信号。

在转矩传感器上，转向输入轴和转向机构主动齿轮是通过一根扭力杆连接起来的。该扭力杆有一定的弹性和抗扭能力。

转向输入轴上有环形磁铁，该磁铁与转向输入轴一同转动，转向机构主动齿轮上有定子 1 和定子 2，每个定子有 8 个齿，定子与转向机构主动齿轮一同转动。在初始位置时，定子上的这些齿正好位于环形磁铁上相应的 S 极和 N 极之间。霍尔式传感器与壳体刚性连接，不转动。

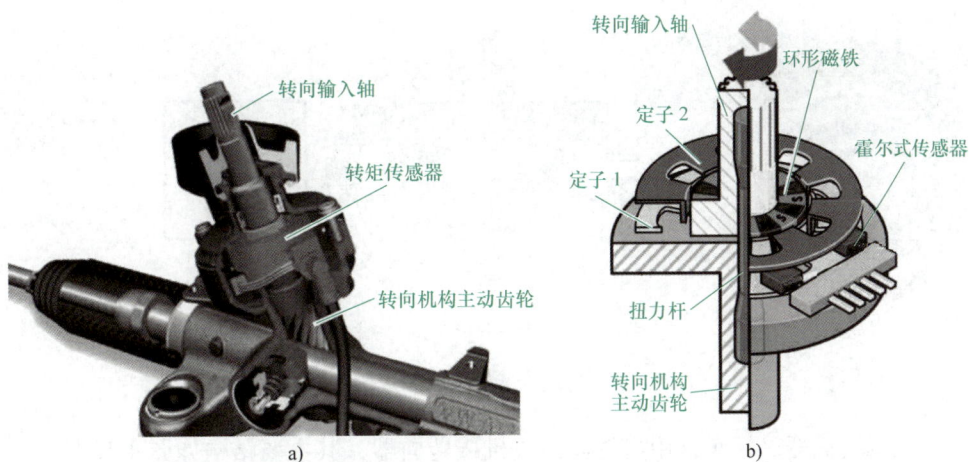

图 4-7　EPS 转矩传感器

a）转矩传感器安装　b）转矩传感器结构组成示意图

2）工作原理：该传感器工作时是非接触式的，它采用磁阻效应原理来工作。定子 1 和定子 2 之间磁通量强度和方向就是转向力矩的直接度量，由两个霍尔式传感器（冗余布置）来测量。根据所施加的转向力矩大小（其实就是扭转角大小），霍尔式传感器的信号就在零位和最大位置之间变动。

零位：转矩传感器位于零位时，定子 1 和定子 2 的齿正好位于两磁极之间，如图 4-8所示。

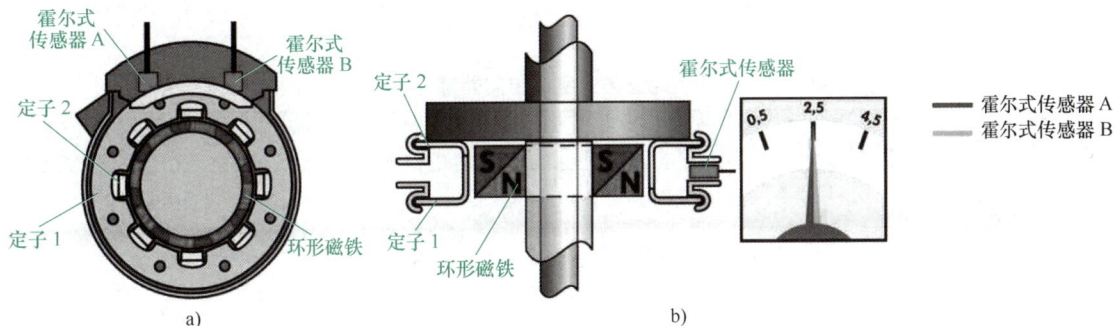

图 4-8　转矩传感器位于零位时

转矩传感器位于最大位置时：转动转向盘，那么转向输入轴和转向机构主动齿轮之间就会产生一个扭转角。环形磁铁相对于定子 1 就扭转了。如果定子 1 的 8 个齿正好在环形磁铁的 N 极上，同时定子 2 的 8 个齿正好在环形磁铁的 S 极上，那么传感器就是在最大位置上了，即定子 1 对准 N 极，而定子 2 对准 S 极。此时两个定子之间会建立起磁场，霍尔式传感器会侦测到这个磁场并将其转换成电信号。如果霍尔式传感器 A 输出 4.5V 这个最大电压，那么霍尔式传感器 B 就输出 0.5V 这个最小电压。如果转向盘转动方向与此相反，那么霍尔式传感器 A 输出 0.5V 电压而霍尔式传感器 B 输出 4.5V 电压，如图 4-9 所示。

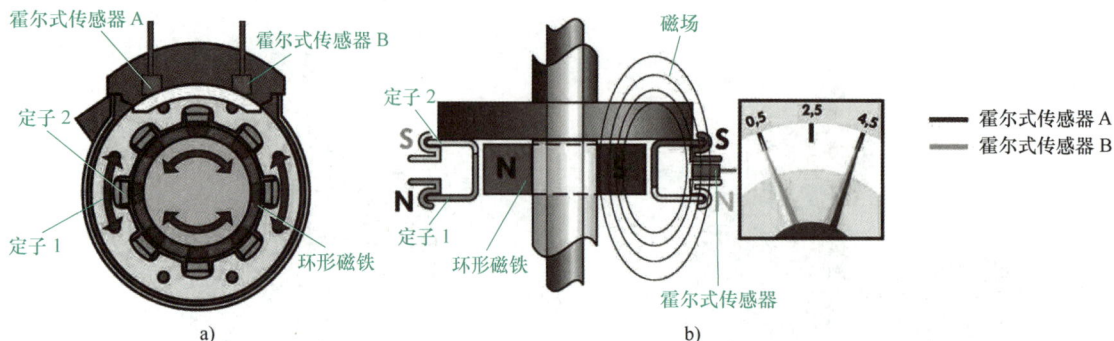

图 4-9　转矩传感器位于最大位置时

（2）机械转向器　轿车常用齿轮齿条式机械转向器，其主要结构如图 4-10 所示，其零件名称和功能见表 4-1。

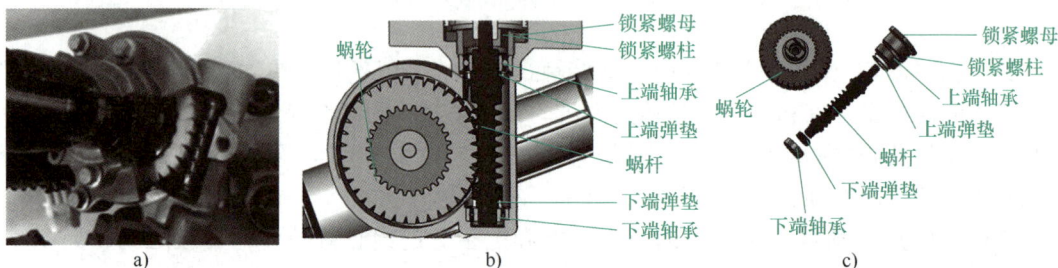

图 4-10　EPS 齿轮齿条式机械转向器结构
a）外形图　b）结构示意图　c）装配流程图

表 4-1　EPS 齿轮齿条式机械转向器零件名称和功能

名称	功能	名称	功能
锁紧螺母	锁死锁紧螺柱	蜗杆	运动副的主动件
锁紧螺柱	轴向定位螺杆	下端弹垫	预紧缓冲
上端轴承	辅助支撑螺杆	下端轴承	辅助支撑螺杆
上端弹垫	预紧缓冲	蜗轮	运动副的从动件

（3）助力电动机总成　安装在转向器上的助力电动机总成由蜗杆、蜗轮和直流电动机组成，如图 4-11 所示。当蜗杆与安装在转向器输出轴上的蜗轮啮合时，它降低电动机转速并把电动机输出力矩传递到输出轴。

电动机可提供最大为 4.5N·m 的转矩助力转向。转向电动机是三相同步电动机。其转子与定子电流磁场是同步转动的。

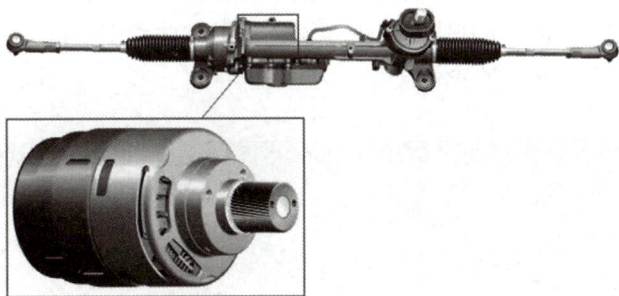

图 4-11　助力电动机总成

同步电动机的效率高，能量消耗少。与异步电动机相比，它具有质量小、无磨损（无电刷）、永久磁铁做转子不需预励磁、节能、反应快等优点。如果助力电动机损坏，转向系统将无助力。

（4）电动机位置传感器　电动机位置传感器安装在转向电动机内部，其结构如图 4-12 所示。

电动机位置传感器处于轴端位置。电动机位置传感器是以旋转变压器原理来工作的。该传感器由带有线圈的旋转变压器定子和旋转变压器转子构成。旋转变压器转子是一个铁质片组。

电动机位置传感器信号用于获知在旋转一圈的过程中，转子所处的绝对位置。另外，从该信号中也可推算出转子转速和旋转方向。如果电动机位置传感器损坏，电动助力转向系统就停止工作，电动助力转向系统故障指示灯会呈红色闪亮。

（5）电子控制单元　电子控制单元根据转向角传感器、车速传感器、转向力矩传感器和电机转子转速传感器等信号，判定出当前行驶状态需要多大

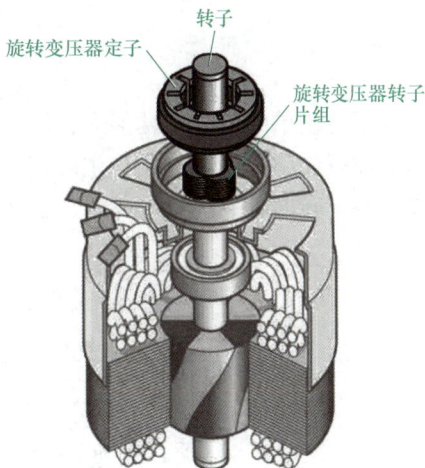

图 4-12　电动机位置传感器结构

的转向助力力矩，在计算出电流强度和定子电流方向后，激活助力电动机产生助力。

电子控制单元是黏接到转向器上并用螺栓固定的，如图 4-13 所示。它可通过转向器壳体来散热，电子控制单元内集成有温度传感器，用于探测转向系统的温度。如果温度很高（超过 100℃），转向助力器的功效就会持续下降；如果蓄电池的电压较低（低于 9V），转向助力器的功效也会持续下降；如果助力效率低于 60%，故障指示灯就会点亮（黄色）。电子控制单元外形如图 4-14 所示。

图 4-13　电子控制单元安装位置

图 4-14　电子控制单元外形

电子控制单元的存储器中存储有转向助力的最佳特性曲线组数据，电子控制单元根据测得的传感器数据，例如车重、车速大小，选定不同的助力曲线实施助力调节。该数据在车辆生产时写入存储器，如图 4-15 所示。

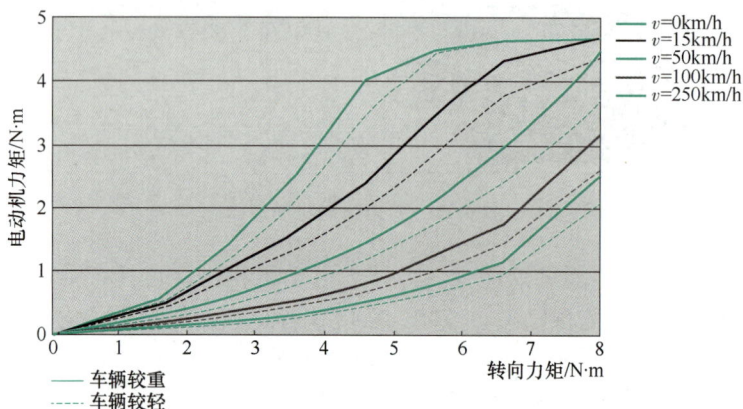

图 4-15　EPS 助力曲线

电子控制单元的控制功能有：泊车转向控制、大转弯时转向控制、城市工况转向控制、高速公路行驶工况转向控制、主动回位控制、直线行驶校正控制、跑偏补偿控制、反向助力控制、驻车转向辅助控制等。EPS 控制框图如图 4-16 所示。

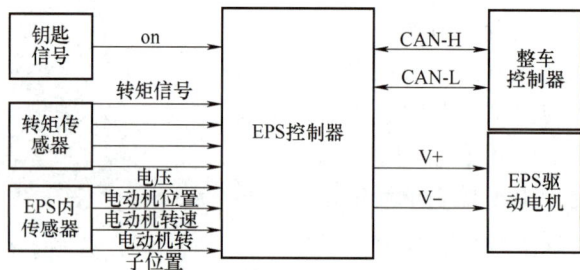

图 4-16　EPS 控制框图

与传统的液压助力转向器相比，电动助力转向系统具有很多优点：

1）只在转向时电动机才提供助力，可以显著降低能量消耗。

2）可编程，转向助力经过软件匹配，可兼顾低速时的转向轻便性和高速时的操纵稳定性，具有响应快、主动回正、辅助泊车、跑偏补偿、反向助力等功能，直线行驶稳定性好。

3）结构紧凑、质量小，易于生产、维护与维修；比起液压系统，零部件少、结构简单。

4）不使用液压油、环境友好，具有自诊断功能。

当系统发生异常时，其安全保障机能将发挥作用，切断电动机与电磁离合器电源，转为手动转向状态。根据需要，在控制系统中也可设置故障自诊断系统。

4.4　四轮转向系统（4WS）

4.4.1　四轮转向系统概述

汽车四轮转向（即前后轮均能转向）系统（Four-Wheel Steering，4WS）是指汽车转向时，后轮也可相对于车身偏转而主动转向，使汽车的四个车轮都能够起到转向作用，以提高汽车的机动性、操纵稳定性和行驶安全性。

四轮转向系统是现代轿车采用的一项提高汽车操纵稳定性、操纵轻便性和机动性的关键技术措施，它可以使轿车在低速行驶时，依靠逆向转向（前后轮的转角方向相反），改善汽车的操纵性，获得较小的转弯半径；在中、高速行驶时，依靠同向转向（前后轮转角方向相同），减小车身的横摆角速度和侧倾角，提高车道变更和曲线行驶的操纵稳定性。因此对于高速车辆，四轮转向是一种发展趋势。

四轮转向系统作用：

1）提高汽车在高速行驶或在侧向风力作用时的操作稳定性。

2）能在整个车速范围内提高车辆对转向输入的响应速度。

3）改善在低速下的操纵轻便性，以及减小汽车转弯半径，改善机动性。

4.4.2　四轮转向系统的组成、分类及特点

汽车转向的基本过程都是使汽车在转弯时产生重心的平移和绕着重心的转动，这两种运动的结合促使汽车完成了转向的过程。

当汽车转向盘的转角和车速确定的时候，前轮转向（FWS）汽车的行驶状态是单一的，而四轮转向汽车的行驶状态则会随着后轮与前轮之间的角度不同或相同而变得多种多样，产生不同的行驶状态，以满足汽车安全性、机动性、操纵稳定性等性能需求。

1. 组成

四轮转向（4WS）汽车是在前轮转向系统的基础上增加一套后轮转向系统组成的，两者之间按照一定的关系在前轮转向的同时，后轮也主动偏转参与转向，进而提高汽车低速行驶时的机动性和高速行驶时的稳定性。

典型的四轮转向系统主要由前轮转向系统、传感器、ECU、后轮转向执行机构和传动机构等组成。

2. 分类

四轮转向系统主要的分类有以下几种：

1）按功能分类，分为后轮小角度偏转系统和后轮在中高速时小角度偏转而在低速时大角度偏转系统。

2）按照前后轮的偏转角和车速之间的关系分为两种类型：转角感应型和车速感应型。

① 转角感应型，是指前轮和后轮的偏转角度之间存在着一定的关系，即后轮可以按前轮偏转方向做同向偏转，也可以做反向偏转。

② 车速感应型，是指根据事先设计的程序，规定当车速达到某一预定值时（通常

为35~40km/h），后轮能与前轮同方向偏转，当低于某一预定值时，则与前轮反方向偏转。

目前的四轮转向轿车既有采用转角感应型的，也有采用车速感应型的，还有二者兼而用之的。

3）按控制系统的不同控制方式又可分为以下4种类型：

① 根据汽车横向加速度-车速进行控制。

② 根据前轮转角-车速进行控制。

③ 根据前轮转角进行控制。

④ 根据转角比-车速进行控制。

上述①和②为微小转角控制，③和④为大转角控制。

汽车在低速转弯时，如图 4-17 所示，二轮转向（2WS）的汽车前轮转向时，因为后轮不偏转，回转中心在后轴的延长线上。而4WS汽车是后轮逆相位偏转，即后轮的转动方向与前轮的转动方向相反，车辆的回转中心比2WS车更靠近车辆，即回转半径较小。低速时后轮的逆相位转角在一定车速范围内与车速成反比，即随着车速的增加而减小，直到达到某一车速（如 35~40km/h）时后轮的转角为 0。此后随着车速的增加后轮与前轮以同相位偏转，且成正比关系增加，即高速时后轮与前轮同相位偏转且成正比关系，如图 4-18 所示。汽车的这种

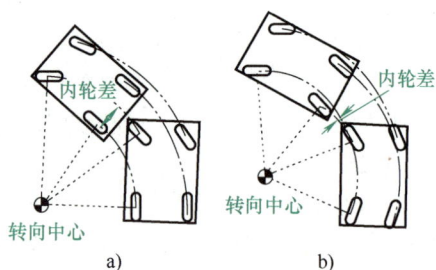

图 4-17　2WS 与 4WS 转弯轨迹比较
a）两轮转向（2WS）　b）4 轮转向（4WS）

转向方式在低速转弯行驶时，可以提高汽车的机动灵活性，便于停车、出库、转弯调头、避障行驶等；在高速转弯行驶时，可大大减小车身的横摆角速度，减小车身动态侧倾的倾向，提高汽车高速行驶的操纵稳定性。

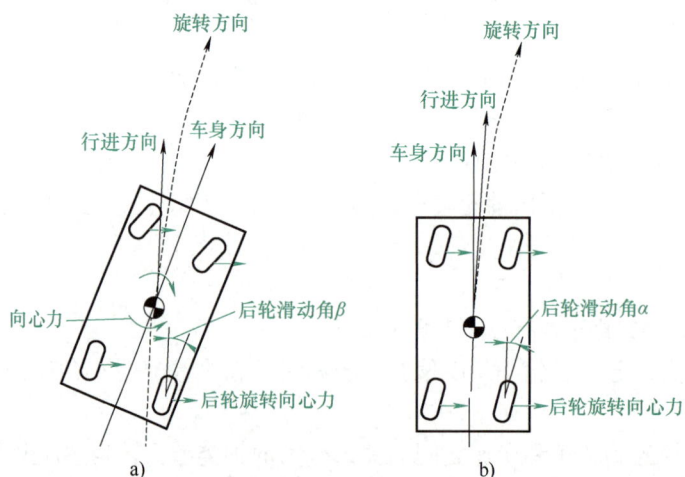

图 4-18　2WS 与 4WS 中高速转弯行驶示意图
a）两轮转向（2WS）　b）4 轮转向（4WS）

3. 结构

（1）横向加速度-车速感应型四轮转向系统　其结构是在前轮的动力转向器上，再安装一个后轮专用的控制阀，产生一个大致与横向加速度成比例的，与前轮转向器阻力相平衡的油压，把该压力的油液送到后轮执行机构，如图 4-19 所示。它在执行机构中装入高刚性弹簧，当与送来的油压达到平衡状态时，输出杆便产生位移，从而带动后轮开始转向。

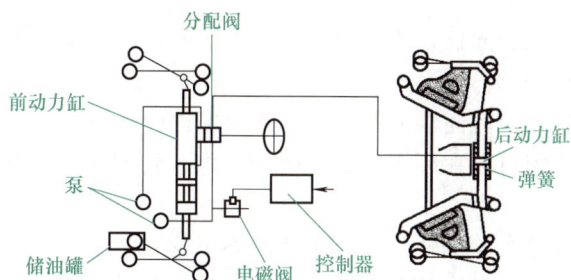

图 4-19　横向加速度-车速感应型四轮转向系统

后轮转向最大角必须小于前轮转向最大角。四轮转向系统中的后轮转向可以根据汽车速度或转向盘的转角来控制。在车速较低或转向盘转角很大时，后轮的转向与前轮相反。这会改善汽车停车时的机动性。当车速较高或转向盘转角较小时，后轮的转向与前轮相同，侧滑将会减轻，使稳定性得到改善。高速行驶、前后轮转向相同时的转向角要比低速转向相反时的角度小得多。

（2）前轮转角-车速感应型四轮转向系统　在该系统中，从油泵出来的油液直接流入图 4-20 的电磁阀，按计算机指令，控制油液流入后轮执行机构。

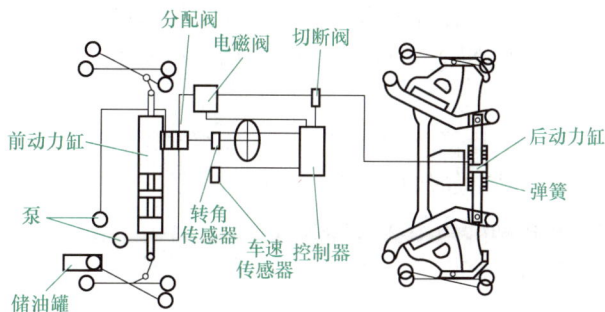

图 4-20　前轮转角-车速感应型四轮转向系统

4. 特点

（1）优点

1）转向操作的响应快，准确性高。

2）转向操作的机动灵活性和行驶稳定性提高。

3）抗侧向干扰的稳定性好。

4）超车时，变更车道更容易，减小了汽车产生摆尾和侧滑的可能性。

（2）缺点

1）低速转向时汽车尾部易碰到障碍物。

2）转向系统结构复杂，制造成本高，维修维护难度加大。

复习思考题

1. 判断题

1）现代汽车有安全式转向柱，主要目的是增加转向柱的强度和刚度，以保证安全。

（　）

2）为了保证转向轻便，转向器的正效率和逆效率都应很高。　　　　（　）

3）电动助力转向系统可以在停车和低速时助力大、转向轻便，在高速时助力小甚至是反向助力。　　　　　　　　　　　　　　　　　　　　　　　　　　（　）

4）汽车转向时，外侧车轮偏转角度应小于内侧车轮。　　　　　（　）

5）汽车转向性能中的"转向不足"是指转弯半径随车速提高而变小的现象。（　）

6）四轮转向系统汽车，当后轮与前轮同相位转向时，可以改善高速行驶时的操纵稳定性。　　　　　　　　　　　　　　　　　　　　　　　　　　　　　（　）

2. 选择题

1）带有平行轴传动机构的电动助力转向机构，其电动机位置传感器安装在何处？（　）

A. 电动机位置传感器直接安装在转向机构主动齿轮上

B. 电动机位置传感器是助力电动机的组件

C. 电动机位置传感器安装在转向柱和转向柱开关之间

2）带有平行轴传动机构的电动助力转向机构，使用的是哪种电动机？（　）

A. 三相同步电动机　　B. 三相异步电动机　　C. 二相同步电动机

3）带有平行轴传动机构的电动助力转向机构，电动机与齿条之间是如何传递力的？（　）

A. 用行星轮机构　　B. 用循环球机构　　C. 用蜗轮蜗杆机构

4）"转矩传感器"的信号是如何传递的？（　）

A. 经卷簧和两个一同转动的霍尔式传感器

B. 经两个霍尔式传感器，它们与壳体刚性连接且不转动

C. 通过旋转部件外的一个霍尔式传感器

3. 填空题

1）转向盘的自由行程是指＿＿＿＿＿＿＿＿＿＿＿＿。

2）汽车转向时，转向轮的内侧和外侧车轮滚过的距离是不等的，其偏转角之间的关系为 $\cot\alpha = \cot\beta + B/L$，其中的 B 是指＿＿＿＿＿＿＿＿＿＿。

3）动力转向系按动力源的不同分为＿＿＿＿＿＿式、＿＿＿＿＿＿式和＿＿＿＿＿＿式三类。

4）电动助力转向系统（EPS）由＿＿＿＿＿、＿＿＿＿＿、＿＿＿＿＿、＿＿＿＿＿和＿＿＿＿＿等组成。

4. 简答题

1）四轮转向控制系统由几部分组成？工作原理是怎样的？

2）EPS 的分类有哪些？

3）描述 EPS 的工作原理。

4）简述电子液压助力转向系统的基本组成及工作原理。

5）简述 EPS 中转矩传感器的工作原理。

学习任务 ⑤ 汽车制动系统构造与原理

📖 知识目标

1. 掌握汽车制动系统的分类。
2. 掌握汽车制动系统的组成与结构。
3. 掌握汽车制动性的评价指标。
4. 掌握汽车制动时制动力分配与调节原理。
5. 掌握常规制动系统的结构、作用和工作原理。
6. 掌握各种制动器的种类、结构与制动效能。
7. 掌握 ABS 的结构与工作原理。
8. 掌握 ASR 和 ESP 的结构与工作原理。

📝 能力目标

1. 能够描述汽车制动性及其评价指标。
2. 能够描述汽车制动时制动力分配与调节原理。
3. 能够正确判断各种制动器的制动效能的大小和特点。
4. 能够描述 ABS 的结构与工作原理，能够正确分析、判断故障并予以修复。
5. 能够描述 ASR 和 ESP 的结构与工作原理，能够正确分析、判断故障并予以修复。
6. 能根据汽车制动性能参数评价车辆制动性能的优劣。

5.1 汽车制动系统概述

制动系统（Braking System）是指能够使行驶中的汽车减速甚至停车，使正在下坡的汽车速度保持稳定，以及使已停驶的汽车保持不动的系统。

5.1.1 汽车制动系统分类

1. 按用途分类

现代汽车上制动系统按照用途不同可以分为行车制动系统、驻车制动系统、应急制动系统、辅助制动系统等。

（1）行车制动系统（Service Braking System）　它是使行驶中的车辆减速或停车的零部件的总称。行车制动器安装在全部的车轮上，通常由驾驶人用脚操纵（制动踏板制动）。其作用应是渐进的。

（2）驻车制动系统（Parking Braking System）　它是使停驶的车辆（包含坡道停车）以机械作用保持其不动的零部件总称，通常由驾驶人用手操纵（驻车制动）。

（3）应急制动系统（Emergency Braking System）　它是在行车制动系统失效的情况下仍能使行驶中的车辆减速或停驶的零部件总称。其作用应是渐进的。

（4）辅助制动系统（Auxiliary Braking System）　它是能使行驶中的车辆特别是车辆下长坡时持续地减低或稳定车辆速度的零部件总称。

其中行车制动系统和驻车制动系统是每辆汽车制动系统的最低配制。

2. 按供能方式分类

按制动供能装置不同制动系统又可分为人力制动系统、动力制动系统、伺服制动系统。

（1）人力制动系统　它是产生的制动力仅由驾驶人的体力供给的制动系统。

（2）动力制动系统　它是产生的制动力是由一个或几个供能装置供给的制动系统，如靠电动机动力转化而成的气压或液压形式的势能进行制动。

（3）伺服制动系统　它也称为助力制动系统，伺服制动系统是兼用人力和电动机动力而进行制动的制动系统。

3. 按能量传输方式分类

按能量传输方式不同制动系统还可分为气压制动系统、液压制动系统、机械制动系统、电磁制动系统和组合制动系统等。

（1）气压制动系统　它是产生的制动力是由压缩空气来供给和传到制动器的制动系统。

（2）液压制动系统　它是产生的制动力是由液体压力来供给和传到制动器的制动系统。

（3）机械制动系统　它是产生的制动力是通过键、凸轮、链等纯机械机构传到制动器的制动系统。

（4）电磁制动系统　它是由电能转化为电磁作用而使制动器动作的制动系统。

（5）组合制动系统　它是产生的制动力是通过两种或两种以上的传递方式传到制动器的制动系统。

4. 按传能装置连接方式分类

按传能装置连接方式不同制动系统可以分为单回路制动系统、双回路制动系统和多回路制动系统。

（1）单回路制动系统　它是传能装置仅由一条回路组成的制动系统。若其中有一处失效，便不能传递产生的制动力。

（2）双回路制动系统　它是传能装置由两条回路分别组成的制动系统。若其中有一处失效，则仍能部分或全部传递产生的制动力。

（3）多回路制动系统　它是传能装置由两条以上回路组成的制动系统。若其中有一处失效，则仍能部分或全部传递产生的制动力。

5.1.2　汽车制动系统组成

汽车上设置的彼此独立的制动系统，它们的作用不同，但它们的组成却是相似的。一般由以下四个组成部分。

1. 供能装置

供能装置包括供给、调节制动所需能量以及改善传能介质状态的各种部件，如气压制动系统中的空气压缩机等。

2. 控制装置

控制装置包括产生制动动作和控制制动效果的各种部件，如制动踏板等。

3. 传动装置

传动装置将驾驶人或其他动力源的作用力传到制动器，同时控制制动器的工作，从而获得所需的制动力矩，包括将制动能量传输到制动器的各个部件，如制动主缸、制动轮缸及连接管路等。

4. 制动器

制动器是产生阻碍车辆的运动或运动趋势的力的部件，一般通过固定元件与旋转元件工作表面间的摩擦作用来实现。

较为完善的制动系统还包括制动力调节装置以及报警装置、压力保护装置等。

5.1.3　对汽车制动系统的要求

对汽车制动系统的基本要求是：

1）具有良好的制动效能，能使汽车迅速减速直至停车。

2）要有良好的"抗热衰退"和"抗水衰退"能力。连续制动时，制动鼓和制动蹄上的摩擦片因高温引起的摩擦因数下降要小；水湿后恢复要快。

3）制动稳定性好。制动时，前、后车轮制动力分配要合理，左、右车轮上的制动力矩应基本相等，使汽车制动过程中不会产生跑偏与甩尾。

4）操纵轻便。操纵制动系统所需的力不应过大。

5）制动平顺性好。制动力矩能迅速而平稳地增加，也能迅速而彻底地解除。

6）对挂车的制动系统，还要求挂车的制动作用略早于主车；挂车自行脱挂时能自动进行应急制动。

5.1.4　汽车制动性能的评价指标

汽车制动性能的评价指标主要有：制动效能、制动效能的恒定性、制动时汽车的方向稳定性。这三项指标联合评价汽车的制动性能，缺一不可。

1. 制动效能

制动效能是指汽车迅速减速直至停车的能力，即在良好路面上，汽车以一定的初速度制动到停车的制动距离、制动减速度、制动时间。它是制动性能最基本的评价指标。

（1）制动距离　它一般是指通过道路试验测得的实际制动距离，它是采取紧急制动时，从踩下制动踏板到完全停车所经过的距离。

（2）制动减速度　从汽车应具有的制动能力来说，紧急制动时，汽车的最大减速度一

般为 $5.5\sim8m/s^2$；在普通制动时，汽车的平均减速度应为 $3\sim4m/s^2$。但在实际使用制动时，除紧急情况外，通常不应使制动减速度达到 $1.5\sim2.5m/s^2$，否则不仅会使乘客感到不舒服、发生危险，或造成货物不安全，而且还会增加燃料的消耗和轮胎的磨损。

（3）制动时间　制动时间是指紧急制动时，从驾驶人踩制动踏板到制动器发生作用，直到达到最大强度制动（减速度达最大值），使汽车完全停止所经历的全部时间。汽车制动时间的长短，与制动系统的结构、工作介质（制动液、压缩空气）、道路附着系数及滚动阻力等因素有关。

制动距离、制动减速度和制动时间三者任一指标均可评价汽车的制动效能。

2. 制动效能的恒定性

制动效能的恒定性是指汽车制动时抗热衰退性能和涉水后抗水衰退的能力。

抗热衰退性能是指汽车高速行驶或长下坡连续制动时制动效能保持的程度。因为制动过程中汽车行驶的动能被制动器吸收转换为热能，导致制动器温度升高，从而会引起制动效能的衰退，所以，设计制动器时，要考虑制动器温度升高后的制动效能的保持程度。

汽车涉水行驶后，也会导致制动器的制动效能的衰退。抗水衰退的能力也是反映制动效能恒定性的指标。

3. 制动时汽车的方向稳定性

制动时汽车的方向稳定性是指制动时汽车不发生跑偏、侧滑以及失去转向能力的特性。制动时汽车的方向稳定性，常用制动时汽车按照给定的路径行驶的能力来评价，若制动时发生跑偏、侧滑或失去转向能力，将使汽车偏离给定的路径。

5.2　车轮制动器

汽车上所用的车轮制动器可分为鼓式制动器和盘式制动器两种。鼓式制动器的旋转元件为制动鼓，其工作表面为圆柱面；盘式制动器的旋转元件则为圆盘状的制动盘，以端面为工作表面。

汽车制动系统工作原理

5.2.1　鼓式制动器

1. 鼓式制动器的分类

根据张开机构的不同，鼓式制动器可分为轮缸式、凸轮式和楔式。

根据制动时两制动蹄对制动鼓的径向作用力之间的关系，鼓式制动器可分为非平衡式和平衡式。

根据制动过程中两制动蹄产生制动的力矩的不同，鼓式制动器又可分为领从蹄式、双领蹄式、双向双领蹄式、双从蹄式、单向自增力式和双向自增力式等几种。

2. 鼓式制动器的结构与原理

简单的鼓式制动器由旋转部分、固定部分、促动装置和定位调整装置组成。

1）旋转部分：旋转部分多为制动鼓。制动鼓通常为浇铸件，对于受力小的制动鼓也可用钢板冲压而成。

2）固定部分：固定部分是制动底板和制动蹄。制动底板固装在车桥的凸缘盘上，通过支承销与制动蹄相连。制动蹄常用钢板冲压后焊接而成或由铸铁或轻合金烧铸，采用 T 形截面，以增大刚度，摩擦片采用黏接或铆接的方式固定于制动蹄上，如图 5-1a 所示。

3）促动装置：促动装置的作用是对制动蹄施加力使其向外张开。常用的促动装置有制动凸轮和制动轮缸。

4）定位调整装置：定位调整装置的作用是保持和调整制动蹄和制动鼓间正确的相对位置。制动蹄在不工作时，其摩擦片与制动鼓之间应有合适的间隙，此间隙一般在 0.25～0.5mm 之间。间隙过小易造成制动解除不彻底；但间隙过大又将使制动踏板行程过大，以致使驾驶人操作不便，推迟制动器起作用的时刻。但是在制动过程中，摩擦片的不断磨损必将导致此间隙逐渐增大。因此，各种形式的制动器均设有检查、调整此间隙的装置。

鼓式制动器的工作原理如图 5-1 所示。汽车行驶中不需要制动时，制动踏板处于自由状态，制动主缸无制动液输出，制动蹄在回位弹簧的作用下压靠在轮缸活塞上，制动鼓的内圆柱面与摩擦片之间保留一定间隙，制动鼓可以随车轮一起旋转。

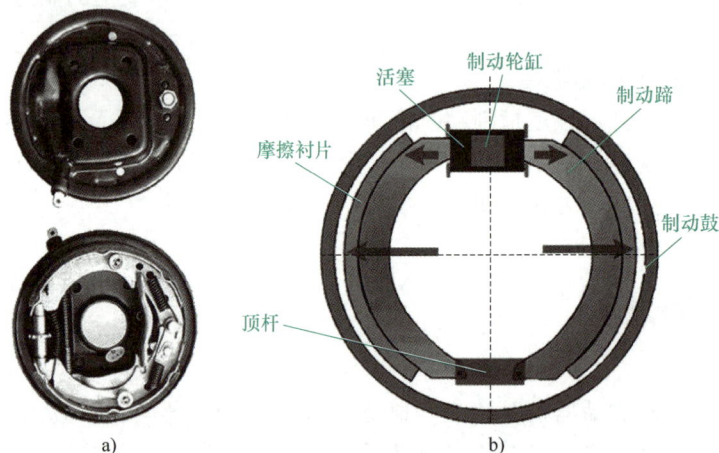

图 5-1　鼓式制动器的工作原理

a）实物外形图　b）工作原理简图

制动时，驾驶人踩下制动踏板，主缸推杆便推动制动主缸内的活塞前移，迫使制动液经管路进入制动轮缸，推动轮缸的活塞向外移动，使制动蹄克服回位弹簧的拉力绕支承销转动而张开，消除制动蹄与制动鼓之间的间隙后压紧在制动鼓上。此时，不旋转的制动蹄摩擦片对旋转的制动鼓就产生一个摩擦矩，其方向与车轮的旋转方向相反。

放松制动踏板，在回位弹簧的作用下，制动蹄与制动鼓的间隙又得以恢复，从而解除制动。

3. 制动蹄的增势和减势

图 5-2 所示为领从蹄式制动器受力分析，汽车前进时制动鼓的旋转方向如箭头所示。在制动过程中，两制动蹄在相等的促动力 F 作用下，分别绕各自的支承点向外偏转紧压在制动鼓上。同时旋转的制动鼓对两蹄分别作用着法向反力 F_{N1} 和 F_{N2}，以及相应的切向反力 F_{T1} 和 F_{T2}，F_{T1} 作用的结果使得制动领蹄在制动鼓上压得更紧，则 F_{N1} 变得更大，这种情况称为

"增势"作用，相应的制动蹄被称为"领蹄"；与此相反，F_{T2} 作用的结果则使得制动，从蹄有放松制动鼓趋势，即 F_{N2} 和 F_{T2} 有减小的趋势。这种情况称为"减势"作用，相应的制动蹄被称为"从蹄"。

4. 典型鼓式制动器结构介绍

（1）领从蹄式　领从蹄式鼓式制动器的结构特点是两制动蹄的支承点都位于蹄的一端，两支承点与张开力作用的布置都是轴对称式，并且轮缸中两活塞的直径相等。一般情况下领蹄产生的制动力矩是从蹄产生的制动力矩的 $2 \sim 2.5$ 倍。倒车时，制动鼓旋转的方向相反，后蹄变领蹄，前蹄变从蹄，但整个制动器的制动效能和前进时的一样。这个特点称为制动器制动效能的"对称"。

领从蹄式制动器存在的问题：两蹄摩擦片工作面积相等的情况下，由于领、从蹄所受的单位压力不等，领蹄磨损较大，故两蹄的寿命不等；另外，

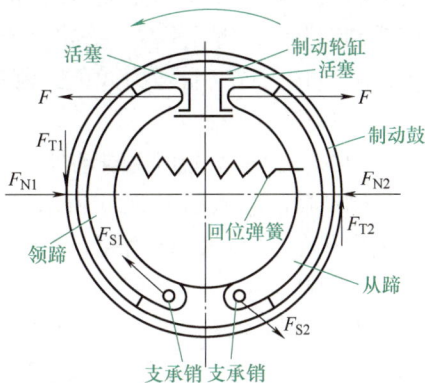

图 5-2　领从蹄式制动器受力分析

由于制动蹄对制动鼓施加的法向力不平衡，这就对车轮轮毂轴承造成了附加的径向载荷，影响其寿命。

领从蹄式鼓式制动器由于两制动蹄对制动鼓造成的径向作用力不平衡，所以属于非平衡式制动器。

（2）双领蹄式和双从蹄式　双领蹄式和双从蹄式鼓式制动器都属于平衡式制动器，其受力分析如图 5-3 所示，其结构特点是：两制动蹄各用一个单向活塞制动轮缸，且前后制动蹄与其轮缸、调整凸轮零件在制动底板上的布置是中心对称的，两轮缸用油管连接。其性能特点是：前进制动时两蹄均为"领蹄"，为双领蹄，有较强的增力；倒车制动时两蹄均为"从蹄"，为双从蹄，制动力较小。因这种制动器固定元件的结构布置是中心对称式，故制动鼓所受来自两蹄的法向力可以互相平衡，属平衡式制动器。

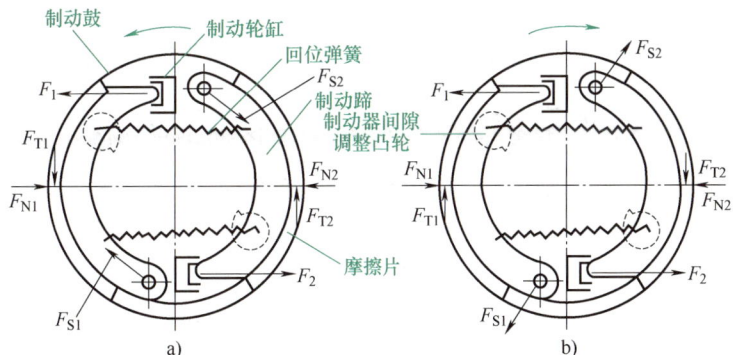

图 5-3　双领蹄式鼓式制动器受力分析
a）前进制动时　b）倒车制动时

（3）双向双领蹄式　双向双领蹄式鼓式制动器结构如图 5-4 所示，其结构特点是：制动

蹄、制动轮缸、回位弹簧均为成对地对称布置，两制动蹄的两端采用浮式支承，且支点在周向位置浮动，用回位弹簧拉紧。其性能特点是：在前进制动和倒车制动时，制动器都是双领蹄式的，所以具有较好的制动效果，而且蹄片磨损均匀。因双向双领蹄式是完全对称结构，故是平衡式制动器。

（4）自增力式　自增力式鼓式制动器又可以分为单向和双向两种。

1）单向自增力式鼓式制动器。单向自增力式鼓式制动器的结构如图5-5a所示。两制动蹄下端分别支承在浮动的顶杆两端，制动器只在上方有一个支承销。

汽车前进制动时，单活塞式轮缸只将促动力F_1加于第一制动蹄，整个制动蹄绕顶杆左端支点旋转，并压靠在制动鼓上。显然，第一制动蹄

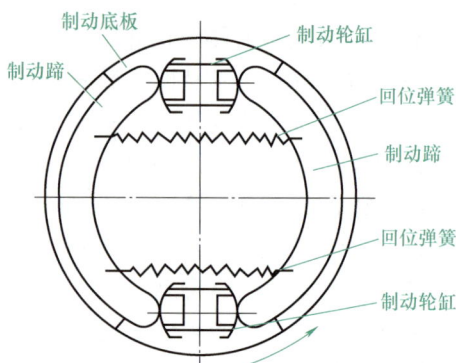

图5-4　双向双领蹄式鼓式制动器结构

是领蹄，并且其在促动力F_1、法向合力F_{N1}、切向（摩擦）合力F_{T1}的合力作用下沿顶杆轴线方向与F_2的反力处于平衡状态。由于顶杆是浮动的，自然成为第二制动蹄的促动装置，而将上述增大后的合力促动力F_2施于第二制动蹄的下端，故第二制动蹄也是领蹄，所以在前进时进行制动具有更大的增力作用；而在倒车制动时，其制动效能还不及双从蹄式制动器，所以现在单向自增力式鼓式制动器已经很少在汽车上采用。

2）双向自增力式鼓式制动器。双向自增力式鼓式制动器的结构如图5-5b所示。前进制动时，两制动蹄在轮缸促动力的作用下张开压力制动鼓，此时两蹄的上端均离开支承销，沿图5-5b中箭头方向旋转的制动鼓对两蹄产生摩擦力矩，带动两蹄沿旋转方向转过一个不大的角度，由于后蹄受到更大的促动力，所以后蹄很快又顶靠到支承销上。此时，前蹄为"领蹄"，其支承为浮动的顶杆。后蹄在增力后顶杆的作用下也形成"领蹄"，并以更大的促动力推动后蹄，使后蹄产生的制动力矩比前蹄更大。倒车制动时，作用过程与此相反，与前进制动时具有同等的自增力作用。

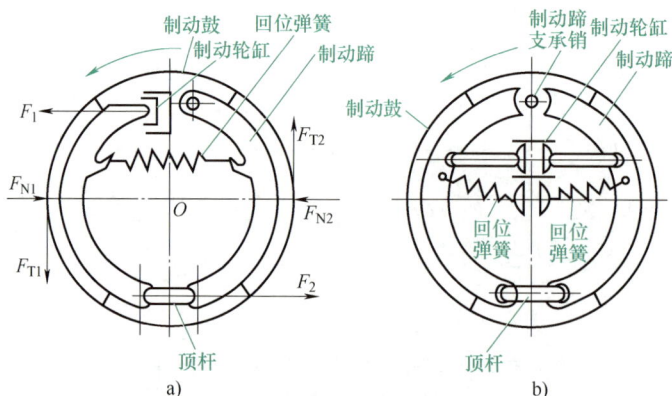

图5-5　自增力式鼓式制动器的结构

a）单向自增力式鼓式制动器　b）双向自增力式鼓式制动器

5. 鼓式制动器制动间隙的调整

（1）手动调整装置

1）通过调整螺母调整制动器间隙。用调整螺母调整制动器间隙如图 5-6 所示。制动器轮缸两端的端盖制成调整螺母（图 5-6a），用一字螺钉旋具拨动调整螺母的齿槽，使螺母转动，带螺杆的可调支座便向内或向外做轴向移动，使制动蹄上端靠近或远离制动鼓，制动间隙减小或增大。间隙调整好以后，用锁片插入调整螺母的齿槽中，固定螺母位置（图 5-6b）。

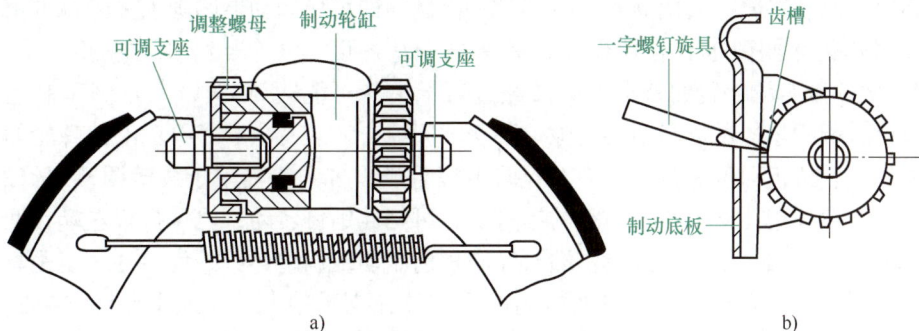

图 5-6　用调整螺母调整制动器间隙
a）调整螺母示意图　b）调整示意图

2）通过调整可调顶杆长度调整制动器间隙。通过调整可调顶杆长度调整制动器间隙如图 5-7 所示，可调顶杆由顶杆体、调整螺钉和顶杆套组成。顶杆套一端具有带齿的凸缘，顶杆套与调整螺钉是螺纹连接。拨动顶杆套带齿的凸缘，可使调整螺钉沿轴向左、右移动，从而改变了可调顶杆的总长度，进而调整了制动器间隙。此调整方式仅适用于自增力式制动器。

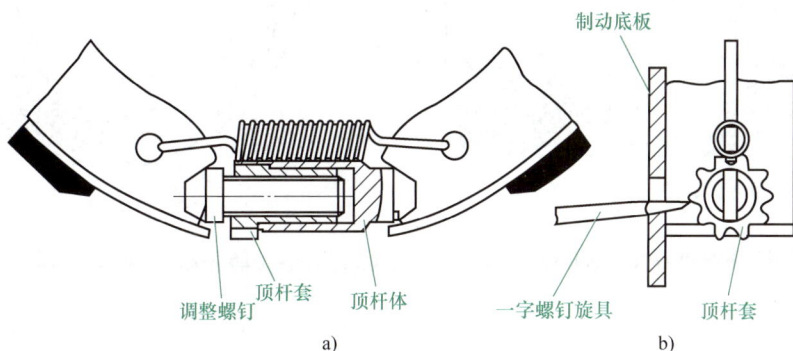

图 5-7　通过调整可调顶杆长度调整制动器间隙
a）可调顶杆示意图　b）调整示意图

（2）自动调整装置　现在很多汽车的制动器都装有制动器间隙自动调整装置，它可以保证制动器间隙始终处于较好状态，不必经常人工检查和调整。

1）摩擦限位式间隙自调装置（带摩擦限位环的轮缸）。在制动轮缸内安装一限位摩擦环可以限定不制动时制动蹄的位置，限位摩擦环装在轮缸活塞内，是一个有切口的弹性金属环，压装入轮缸后与缸壁之间的摩擦力可高达 400～550N。如果制动器间隙过大，制动时活塞向外移动靠在限位环上，若仍不能制动到位，活塞将在制动油压作用下克服摩擦限位环与缸壁间的摩擦力继续向外移动，摩擦限位环也被一起带动外移，解除制动时，由于制动器回位弹簧力较小，不可能带动摩擦限位环回位，即活塞无法回位到起始位置而只能靠在摩擦限位环上，从而减小了制动器间隙。带摩擦限位环的轮缸如图5-8所示。

2）阶跃式间隙自调装置。

① 结构组成：机械式制动器间隙自调装置一般可分为一次调准式和阶跃式两大类。楔形块式间隙自调装置属一次调准式，特点是一次制动即可使制动器间隙恢复到标准值，但因它对制动器热膨胀间隙也有补偿作用，易造成调整过度，使车轮发生"拖磨"甚至"抱死"。阶跃式间隙自调装置的特点是必须经过若干次（可能达20次以上）倒车制动动作后才能一举消除所积累的过量制动器间隙。阶跃式间隙自调装置（图5-9）由带棘轮的调整螺钉、自调拨板、拨板回位弹簧、拉绳及导向板等组成。自调拨板用于拨转调整螺钉的棘轮。自调拨板以右端部销孔支承在制动蹄的销钉上，可绕此销钉转动，自调拨板左端在回位弹簧的作用下处于最下端，使自调拨板左端与导向板前制动蹄调整螺钉的齿离开一定距离，此距离与规定的制动器间隙相对应。自调拉绳的上端挂在支承销上，拉绳中部绕过导向板的弧面，下端与自调拨板相连。导向板以其中央孔的圆筒状凸起装在制动蹄的孔中，形成自由转动支点。

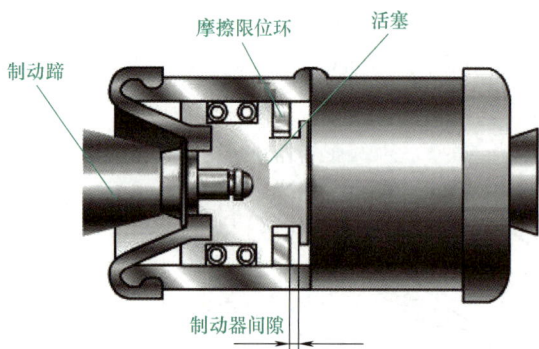

图5-8 带摩擦限位环的轮缸

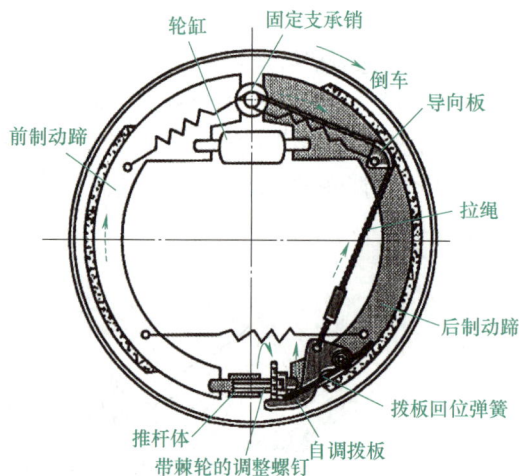

图5-9 阶跃式间隙自调装置

② 工作原理：前进制动时，由于后制动蹄上端压紧在固定支承销上，自调装置不起作用。倒车制动时，前制动蹄上端压紧在固定支承销上，后制动蹄上端离开固定支承销，从而带动导向板拉动拉绳进而带动自调拨板（顺时针方向转动）左端向上摆动。如果制动间隙为标准值，倒车制动时自调拨板转动角度也比较小，不足以使其左端插入调整螺钉的上一个齿槽内。解除倒车制动时，自调拨板会在回位弹簧的作用下回复到原来的位置；如果制动间隙过大、超过标准值，倒车制动时自调拨板摆动的角度就较大，足以使其左端插入调整螺钉的上一个齿槽内。此时当倒车制动解除后，自调拨板在回位弹簧的作用下会回复到原来的位置，同时拨动调整螺钉的棘轮转动，使得可调推杆的长度增加一定长度，进而减小制动间隙。由于每次调整量较小，因此如果制动间隙过大，需要多次调整才能得以恢复到标准值。

5.2.2　盘式制动器

1. 盘式制动器的结构和工作原理

盘式制动器的工作原理如图 5-10 所示，其旋转元件是制动盘，它和车轮固装在一起旋转，以其端面为摩擦工作表面。其固定元件是制动块、导向支销和轮缸及活塞，它们均被安装于制动盘两侧的钳体上，总称为制动钳。制动钳用螺栓与转向节或桥壳上的凸缘固装，并用调整垫片来调整钳与盘之间的相对位置。

制动时，油液被压入内、外两轮缸中，经液压作用的活塞朝制动盘方向移动，推动制动块紧压制动盘，产生摩擦力矩而制动。放松制动时，液压系统压力消除，活塞和制动块依靠密封圈的弹力和弹簧的弹力回位。

2. 盘式制动器的类型

盘式制动器根据其固定元件的结构形式不同可分为钳盘式制动器和全盘式制动器。

钳盘式制动器的固定元件为制动钳，制动钳中的制动块由工作面积不大的摩擦块与其金属背板组成，每个制动器中有 2~4 块制动块。钳盘式制动器按制动钳固定在支架上的结构形式可分为定钳盘式和浮钳盘式，图 5-10 所示即为定钳盘式制动器，图 5-11 所示为浮钳盘式制动器。

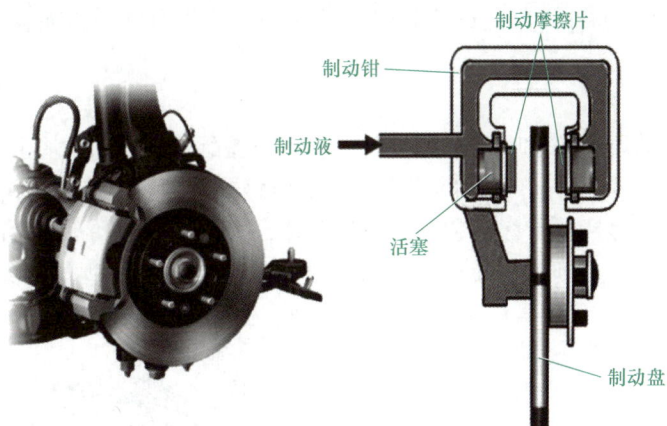

图 5-10　定钳盘式制动器

定钳盘式制动器工作原理

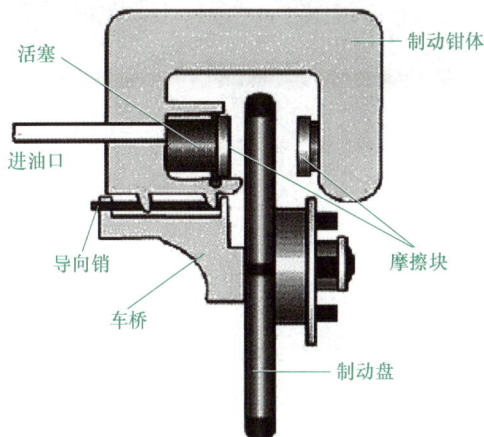

图 5-11　浮钳盘式制动器

浮钳盘式制动器工作原理

全盘式制动器固定元件的金属背板和摩擦片都做成圆盘形，因而其制动盘的全部工作面可同时与摩擦片接触。全盘式制动器由于制动钳的横向尺寸较大，主要应用在重型汽车上。

3. 盘式制动器的特点

盘式制动器与鼓式制动器相比，有以下优点：

1）制动盘暴露在空气中，散热能力强。特别是采用通风式制动盘，空气可以流经内部，加强散热。

2）浸水后制动效能降低较少，而且只需要经一两次制动即可恢复正常。

3）制动效能较稳定、平顺性好。

4）制动盘沿厚度方向的热膨胀量极小，不会像制动鼓的热膨胀那样使制动器间隙明显增加而导制动踏板行程过大。

5）结构简单，摩擦片安装更换容易，维修方便。

盘式制动器的不足之处：

1）由于摩擦片直接作用在圆盘上，无自动摩擦增力作用，制动效能较低，所以用于液压制动系统时若所需制动促动管路压力较高，须另行装设动力辅助装置。

2）制动盘暴露在空气中，防污能力差，制动块摩擦面积小，磨损较快。

3）兼用于驻车制动时，加装的驻车制动传动装置比鼓式制动器要复杂，因而在后轮上的应用受到限制。

4. 制动块磨损报警装置

许多盘式制动器上装有制动块摩擦片磨损报警装置，它用来提醒驾驶人制动块上的摩擦片需要更换，如图5-12所示。该装置有声音传感器式、电子传感器式和触觉传感器式三种。

声音传感器式是在制动块摩擦片的背板上装有一小弹簧片，其端部到制动盘的距离刚好为摩擦片的磨损极限，当摩擦片磨损到需更换时，弹簧片与制动盘接触发出刺耳的尖叫声，警告驾驶人需要维修制动系统。

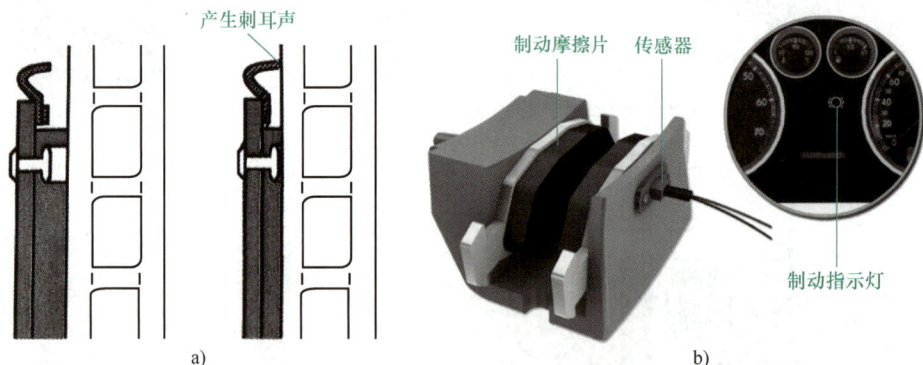

图5-12　制动块摩擦片磨损报警装置
a）声音传感器式　b）电子传感器式

电子传感器式是在摩擦片内预埋了电路触点，当摩擦片磨损到触点外露接触制动盘时，形成电流回路接通仪表板上的警告灯，告知驾驶人摩擦片需要更换。

触觉传感器式是在制动盘表面设有传感器，摩擦片也设有传感器。当摩擦片磨损到两个传感器接触时，踏板产生脉动，警告驾驶人维修制动系统。

5. 制动间隙自动调整装置

随着摩擦片的磨损，制动盘和摩擦片的间隙会大于预留的标准间隙，制动力会减小。行车制动的间隙调整是由活塞上的活塞密封圈来进行的。当制动间隙增大时，在行车制动时活塞移动的距离将大于活塞密封圈变形使活塞复位的距离，这样在行车制动后活塞的位置将比制动前更靠近制动盘以消除过多的间隙。这就是行车制动时活塞密封圈自动调整制动间隙的原理。

盘式制动器利用活塞密封圈的弹性变形可实现制动盘与摩擦片之间制动间隙的自动调整，其原理如图 5-13 所示。矩形密封圈镶嵌在制动钳的矩形槽内，密封圈的内圈与活塞密封圈紧密配合起到制动时油路的密封作用。制动盘与摩擦片之间的制动间隙 δ 很小，制动时活塞的移动带动密封圈的内圈产生变形（最大变形量 δ 即为制动间隙，如图 5-13a 所示），解除制动时，制动油压解除，密封圈恢复变形，其恢复力促使活塞退回原位置，活塞的移动行程 $S=\delta$。当汽车使用一段时间之后，由于摩擦片的磨损，会造成制动间隙过大，使得密封圈达到最大变形量 δ 仍没有制动，制动活塞将与密封圈内圈产生滑移而继续移动，直到完全制动为止，而解除制动时活塞的恢复移动行程只有密封圈的最大变形量 δ。这样活塞的制动移动行程 S 将大于活塞的恢复移动行程 δ，即 $S>\delta$，$S-\delta$ 即为要消除的多余的制动间隙。

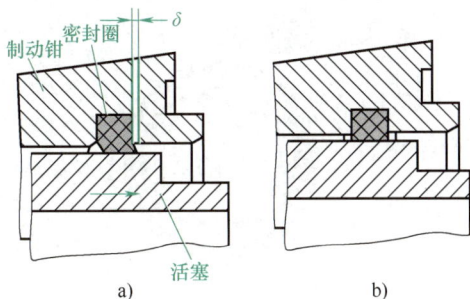

图 5-13　盘式制动器的制动间隙调整原理
a）制动时　b）解除制动时

5.3　行车制动系统

使行驶中的汽车降低速度甚至停车的制动系统称为行车制动系统，一般由驾驶人用脚来操纵，故又称脚制动系统。它的功用是使正在行驶中的汽车减速或在最短的距离内停车。行车制动系统主要分为人力机械式、人力液压式、气压式（动力式）等。

人力机械式由于靠人力进行制动，制动力较小，主要应用于微型车或小型车上。人力液压式常采用真空助力器或真空增压器进行助力，多应用于乘用车、中小型载货汽车上。制动力较大的中重型汽车多采用气压式（动力式）制动以保证行车安全。

5.3.1　人力液压式行车制动系统

人力液压式行车制动系统是以制动液为介质、以帕斯卡原理为基础构建的传统液压制动系统，它将驾驶人施加在制动踏板上的控制力通过制动主缸由机械能转换为液压能，再通过装在车轮上的车轮制动器内的轮缸将液压能转换为机械能，促使制动器进入工作状态。

1. 基本组成及工作原理

图 5-14 所示为人力液压式行车制动系统的基本组成，它由制动踏板、推杆、制动主缸、制动轮缸、油管等组成。由于主缸和轮缸的相对位置经常发生变化，故主缸与轮缸间的连接油管除了金属管（铜管）外，还有特制的橡胶制动软管。

系统工作时，驾驶人踩下制动踏板，推动主缸推杆带动主缸活塞向右移动，制动液由制动主缸经油管压入制动轮缸，将制动蹄推向制动鼓。在制动器间隙消除之前，管路中的液压不可能很高，仅足以平衡回位弹簧的张力以及管路中的流动阻力。在制动器间隙消除后并开始产生制动力矩时，液压与踏板力方能继续增长，直到完全制动。从开始制动到完全制动，由于液压的作用，油管（主要是橡胶软管）会产生弹性膨胀变形且摩擦元件会产生弹性压缩，制动踏板和轮缸活塞都会继续移动一段距离。放开制动踏板，在回位弹簧的作用下，制动踏板、制动蹄、轮缸活塞及主缸活塞复位，制动液压回到主缸。

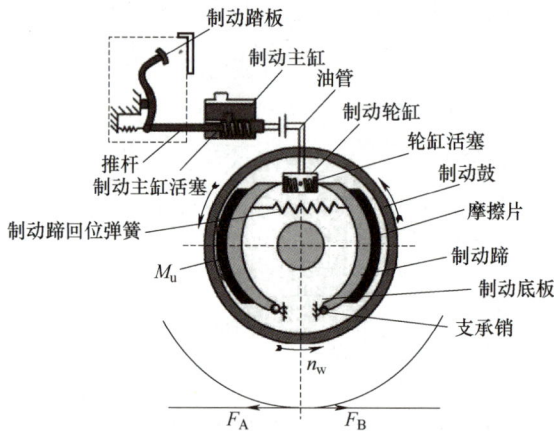

图 5-14　人力液压式行车制动系统的基本组成

管路的液压压力和制动器产生的制动力矩与踏板力呈线性关系。若轮胎与路面间的附着力足够，则汽车所受到的制动力与踏板力呈线性关系。制动系统这一特性称为"制动踏板感"（或路感），驾驶人可由此直接感觉到制动强度，以便及时加以必要的控制和调节。

液压系统若有空气侵入，严重时会导致制动失灵，出现交通安全事故，因此在结构上必须采取措施以防止空气侵入，并便于将已侵入的空气排出。

根据交通法规要求，为了提高汽车行车安全性，现代汽车的行车制动系统都采用双回路制动系统。但采用双回路人力液压制动系统的一般只有一些微型或轻型汽车，大多数采用双回路液压制动系统的汽车几乎都是伺服制动系统或动力制动系统。双回路液压制动系统是利用彼此独立的双腔制动主缸，通过两套独立回路，分别控制两桥或三桥的车轮制动器。其特点是若其中一套回路发生故障而失效，另一套回路仍能继续起制动作用（大约 50%），从而提高汽车制动的可靠性和行车的安全性。

制动回路的布置形式多采用双回路的布置方案，在各型汽车上的布置形式各有不同，如图 5-15 所示。下面只讨论常见的前后独立式（Ⅱ形）和交叉式（X 形）两种形式。

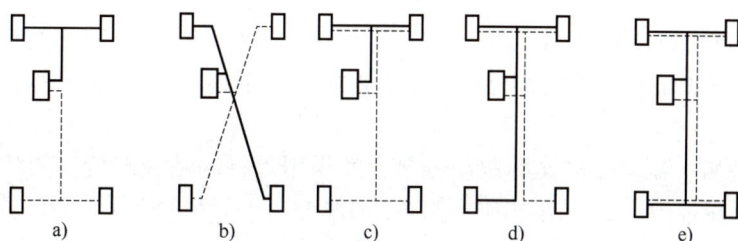

图 5-15　双回路液压制动传动装置布置形式

a）∏形　b）X 形　c）HI 形　d）LL 形　e）HH 形

（1）前后独立式（∏形，也称一轴对一轴式）　图 5-16 所示为前后独立式双回路液压制动装置，它由双腔制动主缸通过两套独立的回路分别控制前桥和后桥的车轮制动器。这种布置方式结构简单，如果其中一套回路损坏，另一套回路仍能起作用，但会破坏前后桥制动力分配的比例，主要用于发动机前置后轮驱动的汽车，如南京依维柯等。

（2）交叉式（X 形，也称为对角线式）　图 5-17 所示为交叉式双回路液压制动装置，它由双腔制动主缸通过两套独立的回路分别控制前后桥对角线方向的两个车轮制动器。这种布置方式在任一回路失效时，仍能保持一半的制动力，且前后桥制动力分配比例保持不变，有利于提高制动方向稳定性，理想、蔚来和小鹏等新能源汽车采用这种布置形式。

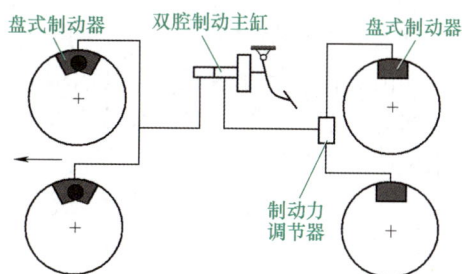

图 5-16　前后独立式（∏形）双回路液压制动装置

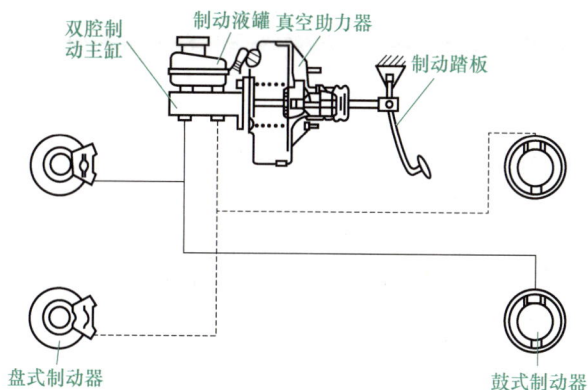

图 5-17　交叉式（X 形）双回路液压制动装置

2. 主要部件

（1）制动主缸　制动主缸又称为制动总泵，它处于制动踏板与回路之间，是将制动踏板输入的机械能转换成液压能的部件。在双回路制动系统中，制动主缸一般采用串联式双腔制动主缸。

（2）制动轮缸　制动轮缸又称制动分泵，其作用是将制动主缸传来的液压力转变为使制动蹄张开的机械推力，推动制动蹄压靠在制动鼓上，产生制动作用。制动轮缸有双活塞式和单活塞式两种。单活塞式目前趋于淘汰。双活塞式制动轮缸主要由缸体、活塞、橡胶圈和放气螺钉等组成，如图 5-18 所示。

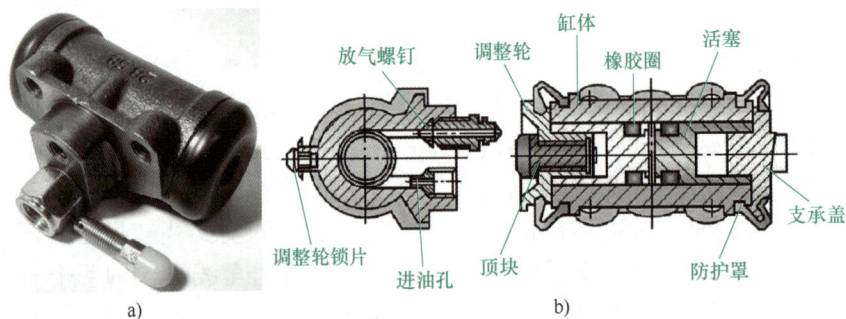

图 5-18　双活塞式制动轮缸
a）外形图　b）结构原理图

制动轮缸的缸体通常用螺钉固装在制动底板上，位于两制动蹄之间，内装铝合金活塞，密封橡胶圈的刃口方向朝内，并由弹簧压靠在活塞上与其同步运动。活塞外端压有顶块并与制动蹄的上端相抵紧。在缸体的另一端装有防护罩，可防止尘土及泥土的侵入。缸体上方装有放气螺钉，以便放出液压系统中的空气。

工作时，制动轮缸受到液压作用后，顶出活塞，使制动蹄扩张。松开制动踏板，液压力消失，靠制动蹄回位弹簧的力使活塞回位。

（3）制动液　制动液是液压制动系统的重要组成部分，其品质好坏对制动系统的工作可靠性影响很大。制动液性能要求如下：

1）要有较高的沸点，高温下不易汽化，否则易产生气阻，使制动系统失效。

2）要有较好的低温流动性。

3）要有良好的润滑作用。

4）吸水性差，溶水性好。

5）不腐蚀金属件，不会使橡胶件膨胀、变硬和损坏。

（4）真空助力器　图 5-19 所示为桑塔纳轿车所用的单膜片真空助力器。伺服气室由前、后壳体组成，其间夹装有膜片将两者隔开成两个腔室，它的前腔经单向阀通进气歧管或真空罐；后腔真空阀中装有空气阀座和真空阀座，空气阀座与制动踏板推杆固接，真空阀座与在膜片座上加工出来的阀座组成真空阀。

不制动时，未踩下制动踏板，控制阀处于非工作状态。膜片回位弹簧将制动踏板推杆连同空气阀推至右极限位置，空气阀紧压阀座而关闭；真空阀被压缩，离开阀座而开启。真空通道开启，伺服气室膜片两侧两腔相通，并与大气隔绝。电动机运转后，真空单向阀被吸

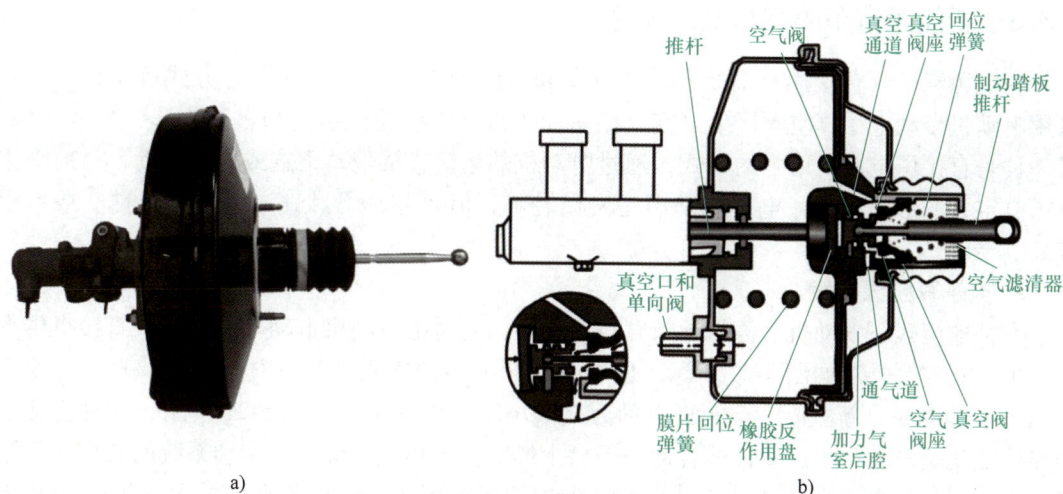

图 5-19 单膜片真空助力器
a) 真空助力器外形 b) 真空助力器结构与原理

开，膜片两腔内均具有一定的真空度。

制动时，制动踏板推杆连同空气阀向左移动，消除了与橡胶反作用盘的间隙后，压缩橡胶反作用盘中心部分，产生压凹变形，并推动推杆向左移动，使制动主缸油压上升。与此同时，制动踏板推杆通过弹簧先将真空阀压向阀座而关闭，使膜片两侧两腔隔绝。进而空气阀与阀座分离而开启，外界空气经空气滤清器、空气阀的开口和气道进入后腔。随着空气的进入，在加力气室膜片的两侧出现压力差而产生推力，此推力通过膜片座、橡胶反作用盘推动推杆左移。此时，推杆上的作用力为踏板力和伺服气室推力之和，但伺服气室推力较踏板力大得多，从而使制动主缸输出的液压成数倍地增高。

维持制动时，踏板踩下停止在某一位置，制动踏板推杆和空气阀推压橡胶反作盘的推力不再增加，膜片两边压力差使橡胶反作用盘中心部分的凹下变形恢复，空气阀重新落座而关闭，出现"双阀关闭"的平衡状态。

放松制动时，回位弹簧使制动踏板推杆和空气阀后移，真空阀离开阀座，伺服气室膜片两侧气室相通，成为真空状态。膜片和膜片座在膜片回位弹簧的作用下回位，主缸即解除制动。

真空助力器失效时，制动踏板推杆将通过空气阀直接推动膜片座和推杆移动，使主缸产生制动液压，但踏板力要大得多。

5.3.2 气压式（动力式）行车制动系统

气压式（动力式）行车制动系统以气压能或液压能作为制动动力源，人的肌体作为控制能源，其供能装置为空气压缩机或油泵，而空气压缩机或油泵则是由汽车电动机驱动的。驾驶人的肌体仅作为控制能源，而不是制动能源，其特点是制动操纵省力、制动强度大、踏板行程小；但需要消耗发动机的动力；制动粗暴而且结构比较复杂。因此其一般只在中型以上货车或客车上采用。

5.3.3 新能源汽车的行车制动系统

新能源汽车（包括插电式混合动动汽车和纯电动汽车）的制动助力方式有两种：一是采用电动机带动电子真空泵产生真空（附带一个真空储存罐）达到和燃油汽车一样的效果；另一种是直接用电动机助力的方式，通过电动机的运转直接带动主缸或轮缸制动，目前采用电子真空泵的形式居多，电动机助力是发展趋势，但目前其可靠性方面不够成熟，成本也较高。

1. 电子真空泵方案

在纯电模式下发动机会停机导致真空源失效，此时由电动机带动电子真空泵直接提供真空，电子真空泵外观如图 5-20 所示。电子真空泵分为独立泵（唯一真空来源、对硬件要求较高）和辅助泵。新能源汽车的真空助力式液压制动传动装置如图 5-21 所示，这种方案的明显优点就是改动量小、非常适合同一平台上燃油汽车和新能源汽车制动系统的共用。但是其缺点也明显：电子真空泵因噪声与振动带来的布置问题、价格较高、搭配常规的 ESP 无法进行能量回收、无法智能控制、失效或策略不合理时会导致真空助力失效或降低等。

图 5-20　电子真空泵外观　　图 5-21　新能源汽车的真空助力式液压制动传动装置

因此，总体而言，电子真空泵方案实际上是一种低成本方案，从技术发展的趋势来看，这也是一种过渡方案。

2. 电子助力器方案（Two Box）

制动能量回收需要制动系统来主导液压制动与电机回收制动间的协调，智能驾驶的发展对制动系统建压能力和响应也提出了更高的要求，同时自动驾驶的冗余设计也要求制动系统必须具备备份功能。因此，博世公司推出了不依赖真空的电子助力器的解决方案，即所谓的 iBooster，其结构如图 5-22 所示，其电子助力器结构上还是仿真空助力器进行的设计，其与真空助力器的不同之处在于助力直接由内置的电动机提供。电动机旋转带动齿轮转动、降速增矩后最终通过蜗轮蜗杆将旋转运动转化为直线运动，最后与踏板上直接传递过来的力一起推动主缸带动推杆建立液压。主缸部分与传统真空助力器是完全一样的，决定助力器助力比大小的阀座与传统真空助力器的结构及原理也是基本一样的。由于这种方案中，助力器和 ESP 是两个独立的模块，所以称其为 Two Box 方案，Two Box 制动系统结构如图 5-23 所示。

ECU 内部会存储一组或几组车辆开发过程中标定好的踏板感曲线（踏板行程与减速度的关系曲线、踏板行程与制动助力的关系曲线等）。驾驶人踩下制动踏板时，iBooster 内部的行程传感器根据制动踏板踩下的位移推断出驾驶人的制动意图，进一步计算出目标助力大小，再综合考虑能量回收大小、ABS 工作状态，得到 iBooster 电动机执行的最终助力。得益于 iBooster 强大的助力能力、电控化的半解耦控制方式以及 Two Box（iBooster 与 ESP）的双备份，该制动系统方案在能量回收及智能驾驶方面具有非常大的优势，这也是市场上 iBooster 能够快速推广的原因。目前，特斯拉全系、大众几乎所有的新能源汽车、本田雅阁全系（包含燃油汽车）、吉利领克新能源汽车全系、奔驰 S 级、蔚来、小鹏等一大批车型都使用了 iBooster 方案。

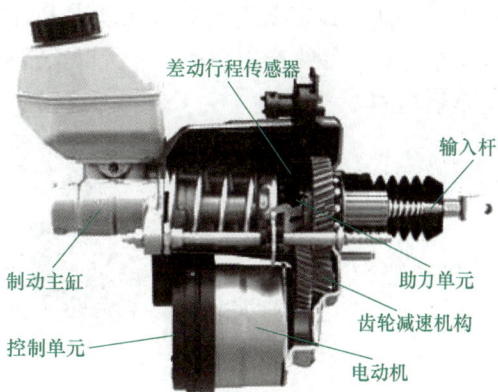

图 5-22　博世 iBooster 结构

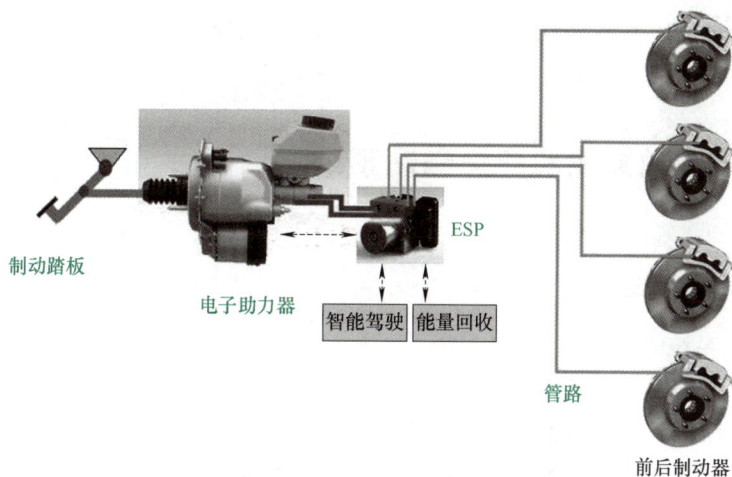

图 5-23　Two Box 制动系统结构

　　iBooster 方案的缺点是制动踏板感会差于传统真空助力器系统，实际上电子助力器的助力大小经过了一系列计算与执行的过程，会产生一定的误差及延迟，再加上能量回收与液压制动间的协调，也会进一步增大控制的难度，这样就造成它没有传统真空助力器"顺滑"，另外，由于其控制和计算的复杂性，其故障概率也会增加。

3. 电子助力器方案（One Box）

　　One Box 主要是针对 Two Box 来定义的，大陆公司开发另一种集成度更高的方案：将 ESP 与电子助力器集成为一个模块，即所谓的 One Box 方案。One Box 制动系统结构如图 5-24 所示，One Box 集成了制动助力和 ESP 功能，One Box 提供的制动力全部来自电动机，没有叠加驾驶人提供的人力制动力。驾驶人通过制动踏板提供的力最终转化为液压被传入 One Box 内置的踏板感模拟器。踏板感模拟器实际上就是一个活塞弹簧机构，用于模拟制动踏板感，给驾驶人提供力及行程的反馈感受。One Box 助力过程可描述为踏板产生的位移由传感器获得后输入给 ECU，ECU 计算驾驶人制动需求后驱动电动机建立液压，液压通过 ABS 的进液阀进入 4 个轮缸，最终产生制动力。所以正常情况下踏板力与 One Box 最终提供的制动力在机械上是解耦的。

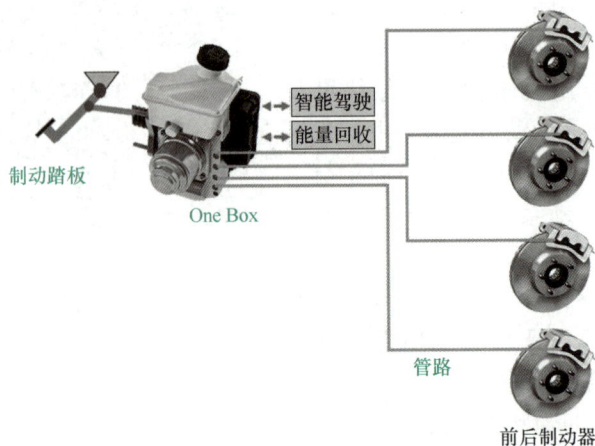

图 5-24　One Box 制动系统结构

5.4　驻车制动系统和应急制动系统

5.4.1　驻车制动系统

1. 驻车制动系统的功用

其功用是使停驶后的汽车在没有驾驶人的情况下，也能停在上、下坡道上驻留原地不动，使车辆在坡道上能顺利起步，行车制动系统失效后临时使用或配合行车制动器进行紧急制动。采用弹簧储能制动装置做驻车制动时，应随车配备专用工具保证在失效状态下能方便地解除驻车状态。

2. 驻车制动系统的要求

其要求是在空载状态下，驻车制动装置应能保证机动车在坡度为 20%（对总质量为整备质量的 1.2 倍以下的机动车为 15%）且轮胎与路面间的附着系数大于或等于 0.7 的坡道上正、反两个方向保持固定不动，时间应大于或等于 2min。

3. 驻车制动系统的分类

驻车制动器按其安装位置不同可分为中央制动式和车轮制动式两种。中央制动式通常安装在变速器的后面，其制动力矩作用在传动轴上；车轮制动式通常与车轮制动器共用一个制动器总成，只是传动机构是相互独立的。

驻车制动器按其结构形式可分为鼓式、盘式、带式和弹簧作用式。

按操纵方式可分为手操纵式驻车制动器和脚踏式驻车制动器。

按控制方式可分为机械控制式驻车制动器和电子控制式驻车制动器（EPB）。

（1）中央制动式驻车制动系统　中央制动式驻车制动系统的制动器有鼓式、盘式、带式等。

图 5-25 所示为中央制动式驻车制动器的结构，该制动器为人力机械式、中央制动式、鼓式、简单非平衡式驻车制动器。

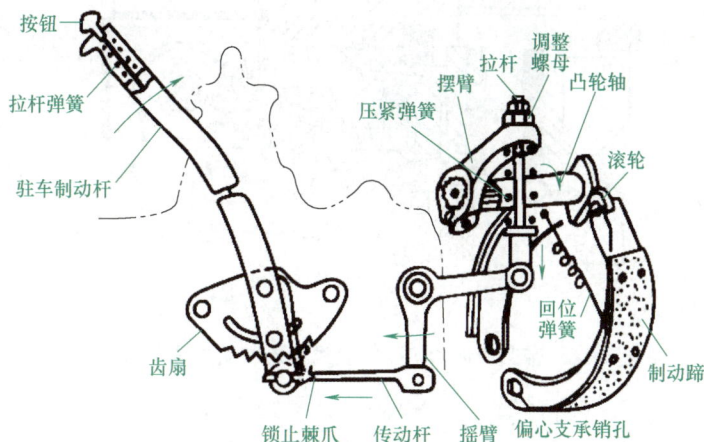

图 5-25　中央制动式驻车制动器的结构

其驻车制动时，将驻车制动杆上端向后拉动，则制动杆的下端向前摆动，传动杆带动摇臂顺时针转动，拉杆则带动摆臂顺时针转动，凸轮轴亦顺时针转动，凸轮则使两制动蹄以支承销为支点向外张开，压靠到制动鼓上，产生制动作用。当制动杆拉到制动位置时，棘爪嵌入齿扇上的棘齿内，起锁止作用。

解除制动时，按下驻车制动杆上的按钮使棘爪脱离棘齿，向前推动制动杆，则传动杆、拉杆、凸轮轴按逆时针方向转动，制动蹄在回位弹簧的作用下回位，制动蹄与制动鼓间恢复制动间隙，制动解除。

（2）车轮制动式驻车制动系统　车轮制动式驻车制动装置根据制动器类型有鼓式和盘式两大类。

图 5-26 所示为带凸轮促动机构的盘式车轮制动式驻车制动器。它由驻车制动杠杆、膜片弹簧、自调螺杆、自调螺母、扭簧、挡片和推力球轴承等组成。自调螺杆穿过制动钳体的孔与自调螺母采用螺纹连接，自调螺母的左边装有扭簧，扭簧的一端固定在活塞上，另一端则抵靠螺母凸缘左侧。推力球轴承固定在螺母凸缘的右侧和活塞上的封闭挡片左侧之间。推力球轴承与挡片之间的装配间隙即为驻车制动器间隙，膜片弹簧使自调螺杆右端斜面与驻车制动杠杆的凸轮斜面始终贴合。

实施驻车制动时，在驻车制动杠杆的凸轮推动下，自调螺杆克服膜片弹簧的阻力与自调螺母一直左移使自调螺母顶触活塞的底部，推动活塞左移使得制动块顶住制动盘而实现制动。解除驻车制动时，自调螺杆在膜片弹簧的复位作用下，随着驻车制动杠杆复位。

实施行车制动时，液压油的压力直接推动活塞左移制动。此时自调螺杆在膜片弹簧（弹力大于作用于自调螺杆上的液压力）和驻车制动杠杆凸轮斜面的共同作用下既不能移动也不能转动。作用在挡片上的液压力和左移的活塞将会带动扭簧进而带动自调螺母在自调螺杆上转动（旋转左移），以保持活塞与自调螺母的相对位置。当活塞复位时，又会促动扭簧带动自调螺母复位（旋转右移）。

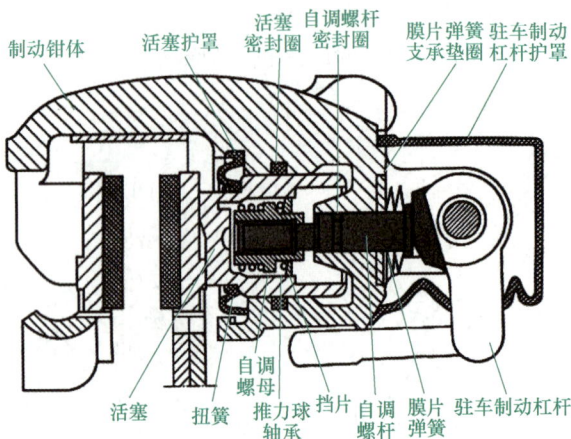

图 5-26　带凸轮促动机构的盘式车轮制动式驻车制动器

5.4.2　应急制动系统

应急制动系统是指在行车制动系统失效的情况下仍能使行驶中的车辆减速或停驶的零部件的总称。其作用应是渐进的。

在普通的汽车上，驻车制动就同时兼具应急制动的功能，电子驻车制动在设计时就有动态紧急制动功能，而在一些商用车上，有一个应急制动阀，在制动失灵时打开，就可以让汽车停下来。

5.5　制动力分配与调节

5.5.1　制动力分配曲线

汽车制动时，作用在车轮上的制动力随着踏板力的增加而增加，但最大制动力受到轮胎与路面附着力的限制，制动力不能超过附着力，否则，车轮将被"抱死"。汽车制动时车轮抱死有三种情况：即前轮先抱死拖滑，后轮后抱死拖滑；后轮先抱死拖滑，前轮后抱死拖滑；前后轮同时抱死拖滑。无论前轮先抱死还是后轮先抱死都会严重影响汽车行驶的安全性，并加剧轮胎的磨损。

要使汽车既能得到尽可能大的制动力，又能保持行驶方向的稳定性，就必须使汽车前后轮同时达到抱死的边缘。能使前后轮同时抱死的路面附着系数称为同步附着系数 φ_0。其条件是前后轮制动力之比等于前后轮对路面垂直载荷之比。根据前后轮抱死拖滑的条件，采用图解法可得到如图 5-27 的理想制动力分配 I 线，它是一条二次曲线。图 5-28 中 β 线是制动器制动力定比例分配线，它是一条直线，且通过坐标原点，与横坐标轴成一定角度。

β 线与 I 曲线的相交点即为同步附着系数 φ_0 的值，只有这一点符合理想制动力分配的要求，车辆在该点处的附着系数的路面上制动时，前、后车轮同时抱死。在小于 φ_0 值的 β 线段上的各点，即 $\varphi < \varphi_0$ 时，汽车制动前车轮将先被抱死，这段线段位于 I 线的下方；在大

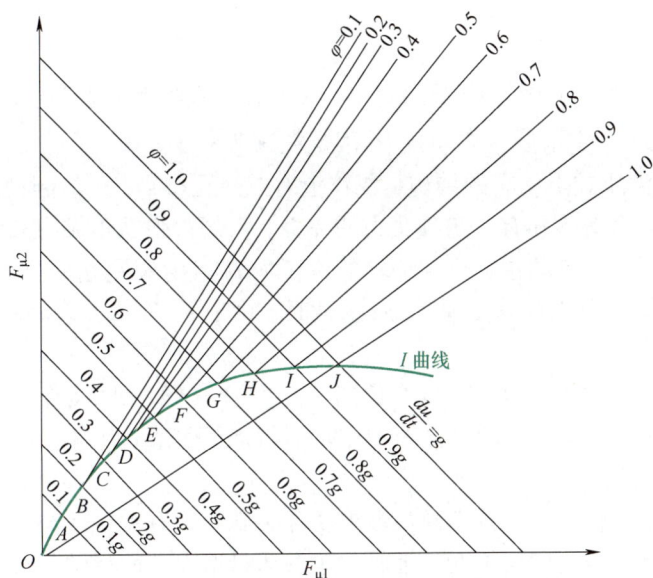

图 5-27　理想的前后制动器制动力分配曲线

于 φ_0 值的 β 线段上的各点，即 $\varphi>\varphi_0$ 时，汽车制动后轮将先被抱死，而前轮则处于制动过程中的滚动状态。不管同步系数 φ_0 选得大还是选得小，除了 I 线和 β 线交点外，制动力分配总是达不到理想制动力分配的要求，但可以通过调节来使制动力分配接近理想制动力分配曲线。经过调节的制动力分配曲线（β 线）均为理想制动力分配曲线（I 线）的内接折线，这是因为 β 线位于 I 线下方，保证了汽车行驶过程中制动的稳定性，防止因后轮抱死而产生侧滑、甩尾等不稳定状况。目前汽车制动系统中所装的各种调节装置，基本出发点是通过改变后轮制

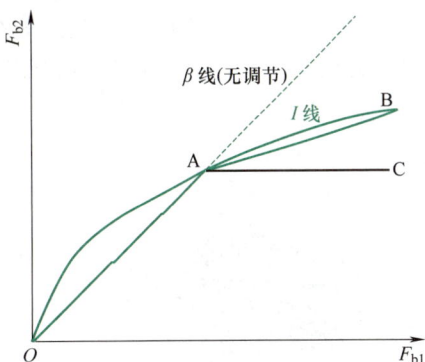

图 5-28　调节后 β 线与 I 线比较

动工作介质的压力来达到调节目的。因此，制动力调节装置多装在后轮制动管路中。

5.5.2　制动调节装置

　　由于汽车装载量的不同以及汽车制动时减速度的不同，制动时会引起载荷的转移，汽车前后轮的实际垂直载荷比是变化的。因此，要满足最佳制动状态的条件，汽车前后轮制动力的比例也应是变化的。为使前后轮获得理想的制动力，现代汽车上采用了各种制动力调节装置，用以调节前后车轮制动管路的工作压力。

　　目前在汽车上采用的制动调节装置有限压阀和比例阀（P 阀）两类。限压阀又可分为一般限压阀和惯性限压阀；比例阀可分为一般比例阀、惯性比例阀和辐射式比例阀。由于限压阀的特性，它只适用于 h/L 较大的汽车，即限压阀适用于轴距短且重心高，制动时轴载荷转移较多的轻型和微型汽车。如果这种阀用于 h/L 值较小的汽车上，则其制动力分配折线的后段（阀起作用后的一段折线，如图 5-28 中的 AC 段），其制动力分配曲线与理想制动分

配曲线的近似程度将相差较大。

1. 限压阀

限压阀串联在制动主缸与后轮制动器的管路之间，其功用是当前、后制动管路压力 P_1 和 P_2 由零同步增长到一定值后，自动将 P_2 限定在该值不变。

图 5-29 所示为液压式限压阀的结构。阀体上有三个孔口，A 口与制动主缸连通；B 口通两后轮轮缸。阀体内有滑阀和有一定预紧力的弹簧。滑阀被弹簧顶靠在阀体内左端。

当轻踩制动踏板时，制动主缸产生一定的液压力 P_1，滑阀左端面推力为 $P_1 \times a$（a 为滑阀左端面有效面积），滑阀右端承受弹簧力 F。此时，由于 $F > P_1 \times a$，滑阀不动，因而 $P_1 = P_2$，限压阀不起限压作用。

当踏板压力增大时，P_1 与 P_2 同步增长到一定值 P_S（限压点）后，活塞左方压力便超过右方弹簧的预紧力，即 $P_S \times a > F$，于是滑阀向右移动，关闭 A 口与 B 口的通路。此后，P_1 再增大时，P_2 也不再增大。

汽车轴载质量的变化不仅与汽车总质量或实际装载质量有关，还与汽车制动时的减速度大小有关。当汽车制动减速度增加时，前轴的轴载质量增大，而后轴的轴载质量减小。

惯性限压阀的作用就是使限压点液压值 P_S 取决于汽车制动时作用在汽车重心上的惯性力。即 P_S 不仅与汽车的实际质量有关，还与汽车制动减速度有关。

图 5-30 所示为惯性限压阀，其内有一个惯性钢球，惯性钢球的支承面相对于水平面的仰角 θ 必须大于零，惯性限压阀才能起作用。汽车在水平路面上时，θ 应为 $10° \sim 13°$。

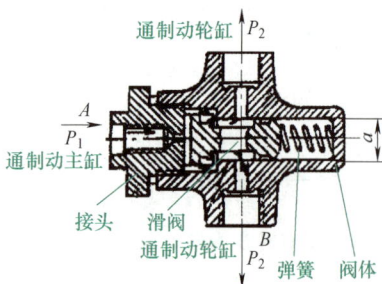

图 5-29　液压式限压阀的结构

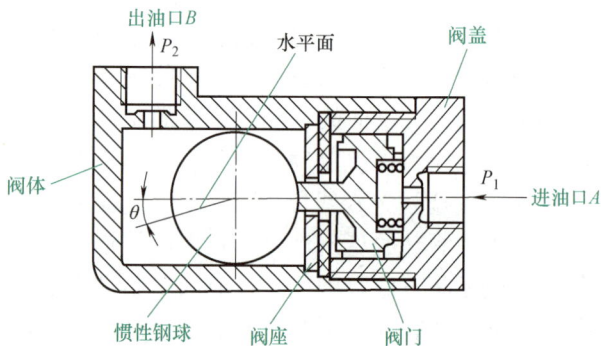

图 5-30　惯性限压阀

通常惯性钢球在其本身重力作用下处于下极限位置，并将阀门推到与阀盖接触，使得阀门与阀座之间保持一定间隙。此时进油口 A 与出油口 B 相通。

当汽车在水平路面上施行制动时，来自主缸方面的压力由进油口 A 输入惯性限压阀，再从油口 B 进入后制动管路。输出压力 P_2 即等于输入压力 P_1。当路面对车轮的制动力使汽车产生减速度时，作为汽车零件的惯性钢球也具有相同的减速度。在控制压力 P_1 较低，减速度较小时，惯性钢球向前的惯性力沿支承面的分力不足以平衡钢球的重力沿支承面的分力时，阀门仍保持开启状态，输出压力 P_2 仍等于输入压力 P_1。当 P_1 上升到一定值 P_S 时，制动减速度增大到足以实现上述二力平衡时，阀门弹簧便通过阀门将钢球推向前方，使阀门得以压靠阀座，切断液流通路。此后 P_1 继续升高，前轮制动力也即汽车总制动力继续增大，钢球的惯性力使钢球滚到上极限位置不动。阀门对阀座的压紧力也因 P_1 的升高而加大，但

P_2 就保持 P_S 值不变。

当汽车在上坡路上施行制动时，由于支承面仰角 θ 增大，惯性钢球重力沿支承面的分力也增大，使得惯性限压阀开始起作用，所需的控制压力值 P_S 也升高，即所限定的输出压力 P_2 值更高，这正与汽车上坡时后轮附着力加大相适应。相反，当汽车在下坡路上施行制动时，后轮附着力减小，惯性限压阀所限定的 P_S 也正好相应地降低。

2. 比例阀

比例阀串联在制动主缸与后轮制动器的管路之间，其功用是当前、后制动管路压力 P_1 和 P_2 由零同步增长到一定值 P_S 后，即自动对 P_2 增长加以限制，使 P_2 的增量小于 P_1 的增量，如图 5-28 中的 AB 段和图 5-31 所示。这种阀对 h/L 较小的汽车也能得到与理想制动力分配曲线的较高相似性，故得到较广泛的应用。

图 5-32 所示为比例阀的结构原理，比例阀通常采用两端承压面积不等的活塞。不工作时，活塞在弹簧的作用下处于上极限位置。此时阀门保持开启，因而在输入控制压力 P_1 与输出压力 P_2 从零同步增长的初始阶段，$P_1 = P_2$。但是压力 P_1 的作用面积小于压力 P_2 的作用面积，故活塞上方液压作用力大于活塞下方的液压作用力。在 P_1、P_2 同步增长的过程中，活塞上、下两端液压作用力之差超过弹簧的预紧力时，活塞便开始下移。当 P_1 和 P_2 增长一定值 P_S 时，活塞内腔中阀座与阀门接触，进油腔与出油腔被隔绝，此即比例阀的平衡状态。

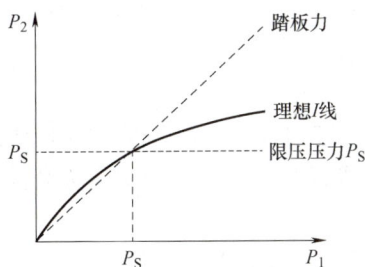

图 5-31　特性曲线

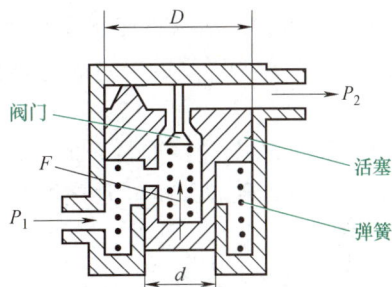

图 5-32　比例阀的结构原理

若进一步提高 P_1，则活塞上升，阀门再度开启，油液继续流入出油腔，使 P_2 也升高，但由于活塞的下端面积小于其上端面积，因此 P_2 尚未增加到新的 P_1 值，活塞又下降到平衡位置。

限压点 P_S 取决于限压阀的结构，与汽车的轴载质量无关。通常情况下，P_S 值低于理想值，不会出现后轮先抱死的工况。

有些车辆在实际载重量不同时，其总重力和重心位置变化较大。因此，满载和空载时的前后轮制动力分配差距也较大，所以应采用随汽车实际装载质量变化而改变的感载比例阀。

图 5-33 所示为液压式感载比例阀及其感载控制机构。阀体安装在车身上，其中活塞为两端承压面积不等的结构，其右部空腔内有阀门。

不制动时，活塞在感载拉力弹簧通过杠杆施加的推力 F 作用下处于右极限位置。阀门因其杆部顶触螺塞而开启，使左右阀腔连通。

轻微制动时，来自制动主缸的液压 P_1 由进油口 A 进入，并通过阀门从出油口 B 输出至后轮缸，出油口 B 处液压 $P_2 = P_1$。此时，活塞右端面的推力为 $P_2 \times b$（b 为活塞右端面圆形有效面积），小于左端的推力 $P_1 \times a$（a 为活塞左端面圆形有效面积，$a < b$）与推力 F 之和。在此状态下，活塞不动，阀门仍处于开启状态，故 $P_2 = P_1$。

重踩制动踏板时，制动管路的液压 P_2 和 P_1 将同步增长，当增长至活塞左右两端面液压之差大于推力 F 时，活塞即左移一定距离。阀门落座，将左右两腔隔绝。此时的液压为限压点的液压 P_S，活塞处于平衡状态。若进一步提高 P_1，则活塞将右移，阀门再度开启，油液继续流入出油腔使 P_2 也升高。但由于 $a < b$，P_2 尚未升高到等于 P_1 时，阀门又落座，将油道切断，活塞又处于平衡状态。这样，自动调节过程将随踏板力的变化反复不断地进行。在 P_1 超过 P_S 后，P_2 虽随 P_1 按比例增长，但总是小于 P_1。

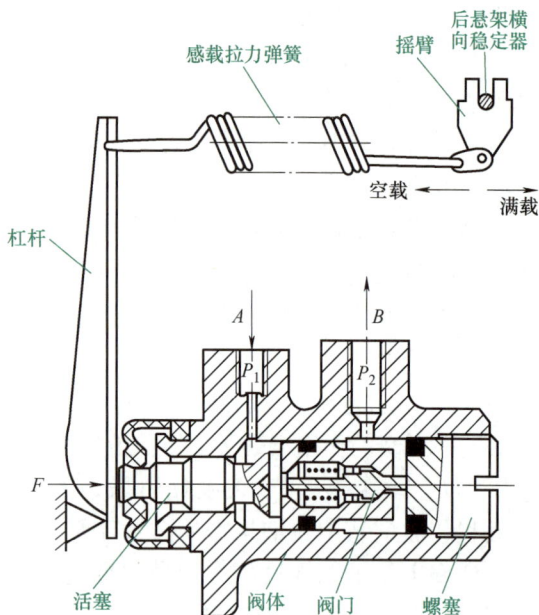

图 5-33　液压式感载比例阀及其感载控制机构

从上述过程得知，活塞处于平衡状态时，其两端的压力差和弹簧的推力 F 总维持着下述关系：

$$P_2 \times b = F + P_1 \times a \tag{5-1}$$

由上式得知，P_2 与弹簧推力 F 成正比关系，限压点液压 P_S 的大小也取决于弹簧推力 F 的大小。F 增大时，P_S 就增大；反之则减小。只要使弹簧的预紧力能随实际轴载质量变化，便能实现感载调节。

当汽车的轴载发生变化时，车身和车桥间的距离发生变化，利用此变化来改变弹簧的预紧力，即能实现感载调节。感载拉力弹簧右端经吊耳与摇臂相连，而摇臂则夹紧在汽车后悬架横向稳定器的中部。当汽车的轴载质量增加时，后桥向车身移近，后悬架横向稳定器便带动摇臂逆时针转过一个角度，将感载拉力弹簧进一步拉伸，作用于活塞上的推力 F 便增加；反之，轴载质量减小，感载拉力弹簧的拉伸量和推力 F 即减小。因此，调节作用点 P_S 随轴载质量变化而变化。

5.6　电子控制防抱死制动系统（ABS）

5.6.1　ABS 概述

通常，汽车在制动过程中存在着两种阻力：一种阻力是制动器摩擦片与制动鼓或制动盘之间产生的摩擦阻力，这种阻力称为制动系统的阻力，由于它提供制动时的制动力，因此也称为制动系统制动力；另一种阻力是轮胎与道路表面之间产生的摩擦阻力，也称为轮胎-道路附着力。如果制动系统制动力小于轮胎-道路附着力，则汽车制动时会保持稳定状态；反之，如果制动系统制动力大于轮胎-道路附着力，则汽车制动时会出现车轮抱死和滑移。

如果前轮抱死，汽车基本上沿直线向前行驶，汽车处于稳定状态，但汽车失去转向控制能力，这样驾驶人制动过程中躲避障碍物、行人以及在弯道上所应采取的必要的转向操纵控制等就无法实现。如果后轮抱死，汽车的制动稳定性变差，在很小的侧向干扰力作用下，汽车就会发生侧滑、甩尾，甚至调头等危险现象。尤其是在某些恶劣路况下，诸如路面湿滑或有冰雪时，车轮抱死将难以保证汽车的行车安全。另外，由于制动时车轮抱死，从而导致局部急剧摩擦，将会大大降低轮胎的使用寿命。

防抱死制动系统是一种具有防滑、防锁死等优点的汽车安全控制系统，它是现代汽车制动系统的关键部件之一。现代汽车上大量安装防抱死制动系统，ABS 既有普通制动系统的制动功能，又能防止车轮抱死，使汽车在制动状态下仍能转向，保证汽车的制动方向稳定性，防止产生侧滑和跑偏，是目前汽车上最先进、制动效果最佳的制动装置。

ABS 通过控制作用于车轮制动分泵上的制动管路压力，使汽车在紧急制动时车轮不会抱死，这样就能使汽车在紧急制动时仍能保持较好的方向稳定性。在没有装备 ABS 的汽车上，如果在雪地上制动汽车很容易失去方向稳定性。反之，如果汽车上装备有 ABS，则 ABS 能自动向液压调节器发出控制指令，因而能更迅速、准确而有效地控制制动。是否装备 ABS 车辆的受控转向性能比较如图 5-34 所示。

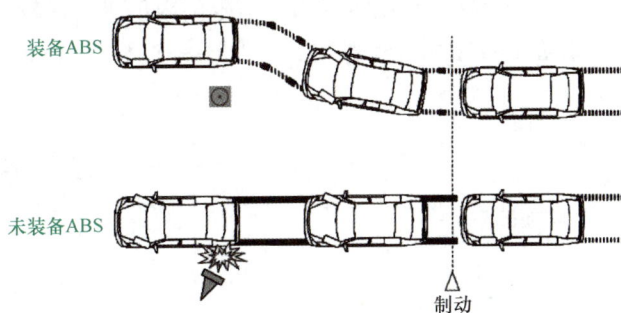

图 5-34　是否装备 ABS 车辆的受控转向性能比较

5.6.2　ABS 的控制原理

ABS 的控制方法主要有逻辑门限值控制、最优控制和滑动模态变结构控制等，但目前绝大多数 ABS 采用逻辑门限值控制方式。

逻辑门限值控制方式通常是将车轮的减速度（或角减速度）和加速度（或角加速度）作为主要控制门限，而将车轮滑移率作为辅助控制门限。若仅采用其中一种门限作为控制，会存在着较大的局限性。例如，仅以车轮的加、减速度作为控制门限时，若汽车在湿滑路面上高速行驶过程中进行紧急制动，车轮滑移率离开稳定区域较远时，车轮减速度可达到控制门限值；而对于驱动轮，如果制动时没有分离离合器，由于车轮系统存在很大的转动惯量，又会造成车轮滑移率进入不稳定区域而车轮减速度仍未达到控制门限值，会严重影响控制效果。仅以车轮的滑移率作为控制门限值时，由于路面情况不同，峰值附着系数滑移率的变化范围较大（8%～30%），因此仅以固定的滑移率门限值作为控制门限，很难保证在各种路面条件下都能获得最佳的制动效果。而将车轮加、减速度和滑移率控制门限结合起来，将有助于路面情况的识别，提高系统的自适应控制能力。

滑移率对车辆车轮制动附着系数和侧向附着系数影响极大，从而影响车辆的制动性能，如图 5-35 所示，滑移率大约在 20% 时制动纵向附着系数最大，车轮与路面之间的附着力最大、地面制动力最大、制动效果最佳。

控制系统中车轮加速度或减速度信号可以由 ECU 根据轮速传感器输入的信号经过计算确定。在确定实际的滑移率时，先要确定车轮中心的实际纵向速度（车身速度），制动时确定车轮中心的实际纵向速度相当困难，因此通常由 ECU 根据各轮速传感器输入的信号按一定的逻辑确定汽车的参考速度，再计算出车轮的参考滑移率，此值与实际滑移率存在一定的差异。逻辑门限值控制方法中的车轮加速度（或角加速度）、减速度（或角减速度）、参考滑移率等控制门限值都是通过反复试验获得的经验数据。

ABS 的控制过程一般分为高附着系数路面控制和低附着系数路面控制两种形式，下面以博世 ABS 为例，说明 ABS 采用逻辑门限值控制方法进行控制的过程。

车轮加、减速度可由 ECU 根据轮速传感器输入的信号经过计算确定，因为实际车速不易测量，所以可设定一个参考车速 v_{ref}。当制动开始时，若测得角减速度达到设定的角减速度控制门限值时，取此刻车轮速度作为初始参考车速 v_{ref0}，如果制动减速度为 a_j，则经过时间 t 后的参考车速 v_{ref} 可由 $v_{ref} = v_{ref0} - a_j t$ 确定，即可确定任一时间的参考车速，再根据滑移率公式定出参考滑移率，将参考滑移率与设定滑移率下限门限值进行比较，便可将滑移率控制在 20% 附近。汽车在高附着系数路面上行驶时，ABS 控制过程中的一个控制周期如图 5-36 所示。

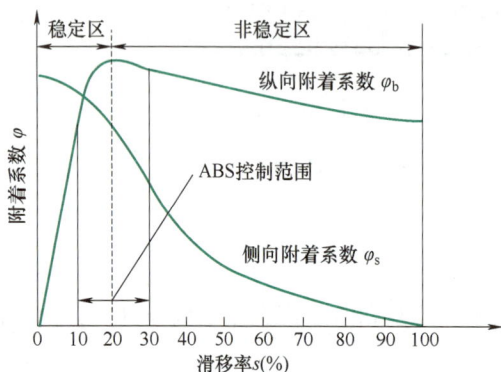

图 5-35　滑移率对制动性能的影响

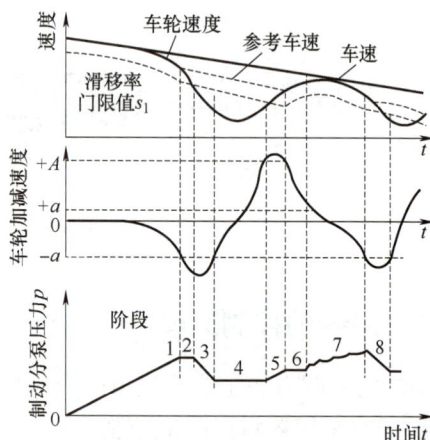

图 5-36　ABS 控制过程中的一个控制周期示意图

制动开始阶段，随制动分泵压力 p 的上升，车轮角减速度增大达到设定门限值 $-a$（第 1 阶段），但为了避免车轮滑移率在稳定区域范围外，进入防抱死制动压力减小阶段，需要比较车轮的参考滑移率与设定的滑移率下限门限值。

若参考滑移率小于设定的下限门限值 s_1，说明车轮的滑移率偏小，需再进行一段压力保持阶段（第 2 阶段），使车轮充分地制动，直到车轮的参考滑移率大于 s_1。

若参考滑移率大于设定的滑移率下限门限值 s_1，说明车轮制动已进入不稳定区域，需要减小制动压力，使参考滑移率减小，使其回到稳定区域，制动过程进入第 3 阶段。

由于制动压力减小，车轮在惯性作用下加速，当车轮的角减速度小于角减速度门限值时，制动压力不再减小，需保持一段时间（第 4 阶段）。此后由于汽车惯性作用，车轮仍在加速，会出现下列情况：

1) 如果在设定的压力保持不变时间内，车轮的加速度未能超过第一加速度 $+a$，ECU 则判定路面情况为低附着系数，此时的控制过程将按低附着系数路面上的控制过程进行。如果车轮的加速度超过第一个加速度 $+a$，则继续保持制动压力。

2) 如果因路面附着系数突然增大而使车轮加速度超过第二个加速度控制门限值 $+a$ 时，应使制动压力再次进入增大阶段（第 5 阶段），使车轮加速度下降直至低于 $+a$，而后又进入制动压力保持阶段（第 6 阶段），直至车轮加速度又回落到 $+a$ 以下，表明车轮制动回复到稳定区域，只是制动力稍有不足。

3) 当车轮制动恢复到稳定区域后，为了使制动车轮在更长的时限内处于稳定区域且靠近滑移率 20% 附近，应利用制动压力调节器对制动压力进行增大和保持的快速转换（进入第 7 阶段），使制动轮缸的制动压力以较低的升高率增大，直到车轮的角速度再次低于控制门限值 $-a$ 后，又开始进入制动压力减小阶段（第 8 阶段），此时不再考虑滑移率是否超过控制门限 s_1，从而进入下一个防抱死制动压力调节循环。

5.6.3 ABS 的结构

制动防抱死系统由轮速传感器、制动压力调节装置和 ECU 等组成，如图 5-37 所示。其基本工作原理是，汽车制动时，首先由轮速传感器测出与制动车轮转速成正比的交流电压信号，并将该电压信号送入 ECU。由 ECU 中的运算单元计算出车轮速度、滑移率及车轮的加、减速度，然后再由 ECU 对这些信号加以分析比较后，向压力调节器发出制动压力控制指令，使压力调节器中的电磁阀等直接或间接地控制制动压力的增减，以调节制动器的制动力矩，使之与地面附着状况相适应，确保汽车车轮始终不会抱死，车轮滑移率始终在合理范围，防止制动车轮被抱死。

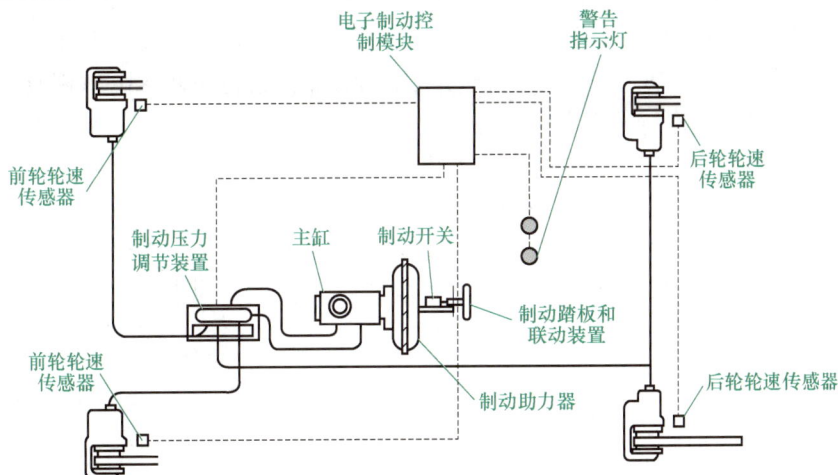

图 5-37 ABS 的组成

1. ABS 的组件

（1）车轮转速传感器（简称轮速传感器） ABS 的工作需根据制动时车轮的滑移率进行控制，因此，及时地向 ECU 输送车轮的转速信号就成为 ABS 正常工作的前提。轮速传感器的作用就是检测车轮的速度，并将速度信号输入 ECU。目前，大多数轮速传感器都是电磁感应式轮速传感器。

电磁感应式轮速传感器装置于车轮上，也可装置于主减速器、变速器上，其结构如图 5-38 所示。轮速传感器包括永久磁铁、磁极、齿圈、线圈等部分，当齿圈在磁场中旋转时，齿圈齿顶与电极的间隙便保持恒定的速度转变，并使磁路中的磁阻发生转变，因此会进一步造成磁通量有序转变，在线圈两端形成与磁通量转变速度呈正相关关系的感应电压，这一电压信号将被传输至 ECU。

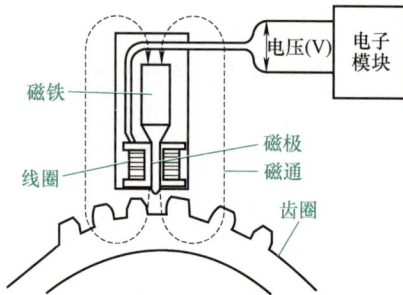

图 5-38　轮速传感器的结构

（2）电子控制单元（ECU） 电子控制单元（ECU）是 ABS 的控制中心，它实际上是一个微型计算机。ECU 由输入电路、数字控制器、输出电路和警告电路组成。其主要任务是连续监测接收各个轮速传感器送来的脉冲信号，并进行测量比较、分析放大和判别处理，计算出车轮转速、车轮减速度以及制动滑移率，再逻辑比较分析各车轮的制动情况，一旦判断出车轮将要抱死，它立刻进入防抱死控制状态，向液压单元发出指令，通过控制制动轮缸油路上电磁阀的通断和液压泵的工作来调节制动压力，防止车轮抱死。

ECU 还不断地对自身工作进行监控。由于 ECU 中有两个完全相同的微处理器，它们按照同样的程序对输入信号进行处理，并将其产生的中间结果与最终结果进行比较，一旦发现结果不一致，即判定自身存在故障，它会自动关闭 ABS。此外，ECU 还不断监视 ABS 中其他部件的工作情况，一旦 ABS 出现故障，如车轮速度信号消失、液压压力降低等，ECU 会发出指令关闭 ABS，并使常规制动系统工作，同时将故障信息存储记忆，并将仪表板上的 ABS 故障灯点亮，向驾驶人发出警示信号，此时应及时检查修理。

当点火开关接通时，ECU 就开始进行自检程序，对系统进行自检，此时 ABS 故障灯点亮。如果自检以后发现 ABS 存在影响其正常工作的故障，它将关闭 ABS，恢复常规制动系统，且仪表板上 ABS 故障灯一直点亮，警告驾驶人 ABS 存在故障。自检结束后，ABS 故障灯就熄灭，表明系统工作正常。由于自检过程大约需要 2s，因此在正常情况下，当点火开关接通时，ABS 故障灯点亮 2s，然后再自动熄灭，是正常的。反之如果点火开关接通时，ABS 故障灯不亮，说明 ABS 故障灯或其电路存在故障，应对其进行检修。

（3）制动压力调节器 制动压力调节器的功用是接收来自 ECU 的控制指令，自动控制制动压力的增、减，它是 ABS 的执行器，如图 5-39 所示。制动压力调节器总成包括液压控制电磁阀和电动液压泵。用液压控制电磁阀和电动

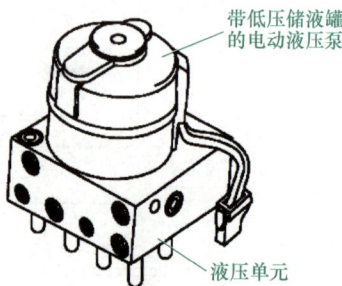

图 5-39　制动压力调节器

液压泵产生的液压压力可以控制汽车的制动力。根据工作原理的不同，其可分为循环式制动压力调节器和可变容积式制动压力调节器。

2. ABS 的工作过程

循环式制动压力调节器由电磁阀、液压泵和电动机等部件组成。调节器直接装在汽车原有的制动管路中，通过串联在制动主缸和制动轮缸之间的三位三通电磁阀直接控制轮缸的压力，可以使轮缸的工作处于常规工作状态、增压状态、减压状态或保压状态。三位是指电磁阀有三个不同位置，分别控制轮缸制动压力的增、减或保压，三通是指电磁阀上有三个通道，分别通制动主缸、制动轮缸和储液罐。

（1）常规制动过程　开始制动时，驾驶人踩制动踏板，制动压力由制动主缸产生，电磁阀不通电，阀芯（柱塞）处于图 5-40 所示的下方，电磁阀将制动主缸与制动轮缸联通，并将通向储液罐的通道关闭，ABS 没有参与控制，整个过程和常规液压制动系统相同，制动压力不断上升。

（2）轮缸保压过程　当驾驶人继续踩制动踏板，油压继续升高到车轮出现抱死趋势时，ABS 电子控制单元发出指令，向电磁阀提供一个较小的电流，使阀芯（柱塞）上移将通向制动主缸、制动轮缸和储液罐的三个通道全部关闭，此时电磁阀处于"保持压力"位置，系统油压保持不变，如图 5-41 所示。

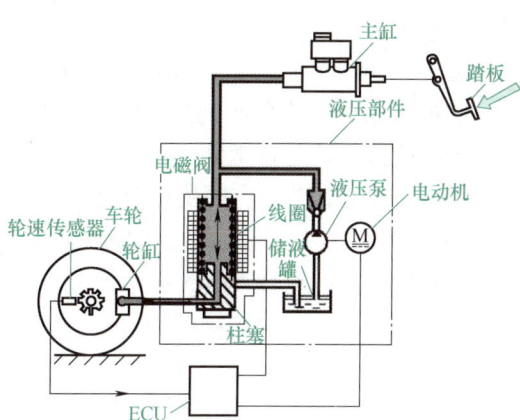

图 5-40　常规制动过程（ABS 不工作）　　　图 5-41　轮缸保压过程

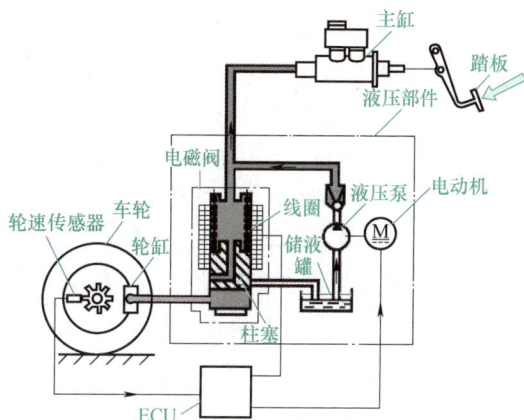

（3）轮缸减压过程　若制动压力保持不变，车轮有抱死趋势时，ABS 电子控制单元发出指令，向电磁阀通入最大电流，使柱塞继续上移将制动轮缸和储液罐联通，并将通向制动主缸的通道关闭，此时电磁阀处于"减压"位置，有抱死趋势的车轮被释放，车轮转速开始上升。与此同时，电动液压泵开始起动，将制动液由储液罐送至制动主缸，为下一制动过程做好准备，如图 5-42 所示。

（4）轮缸增压过程　为了使制动最优化，当车轮转速增加到一定值后，电子控制单元检测到抱死制动状态已被解除，则给电磁阀断电，柱塞下降到初始位置，主缸与轮缸再次相通，使轮缸油压上升。车轮转速又降低接近于抱死状态，如图 5-43 所示。

这样反复循环控制（工作频率为 4~10 次/s），可将车轮的滑移率始终控制在 20% 左右。

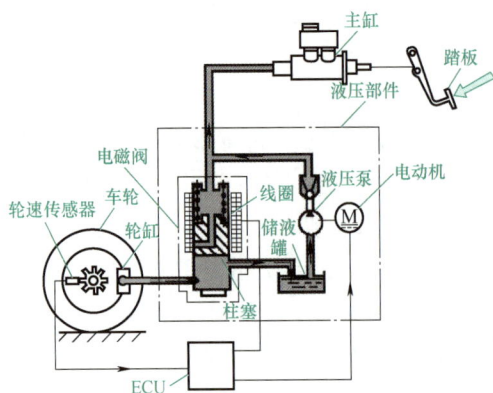

图 5-42　轮缸减压过程

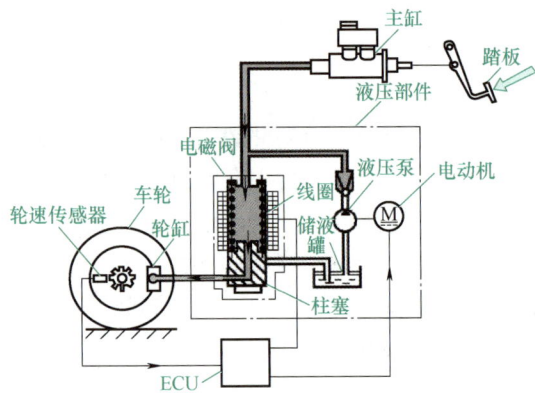

图 5-43　轮缸增压过程

5.6.4　ABS 的工作特性

1. ABS 与传统的制动系统区别

ABS 与传统的制动系统工作特性不同，主要有以下几个方面：

1）制动踏板感：在正常情况下，防抱死制动系统可以减少制动踏板的总行程，这样往往有踏板行程短的感觉。当车辆停车时，踏板有海绵的感觉。

2）防抱死制动系统起作用的车速范围：当车速在 3~8km/h 或以下时，ABS 自动关闭，不起作用。当车速在 8~12km/h 或以上进行制动时，防抱死制动系统会自动进入防抱死制动状态。因此，车轮抱死可能发生在防抱死制动停车的最后阶段，这是正常的。

3）轮胎制动痕迹：在防抱死制动过程中，滑移率被控制在 20% 左右的最佳范围。这样制动时总是有一定程度的滑动，滑动可能导致车轮某种程度的打滑，这将取决于路面情况。在没有 ABS 控制下紧急制动时，车轮完全抱死会在干燥的公路上留下黑色的轮胎拖痕。在防抱死制动系统作用下紧急制动时，将会在公路上留下显而易见的轻微斑纹痕迹。

2. ABS 的特点

（1）缩短制动距离　在同样紧急制动条件下，ABS 可以将滑移率控制在最大附着系数范围内，从而可获得最大的纵向制动力，缩短制动距离。普通的制动系统无法做到这一点。

（2）防止轮胎过度磨损　车轮完全抱死会造成轮胎表面磨损不均匀，使轮胎磨耗增加。ABS 可以防止车轮抱死，从而避免了因车轮制动抱死造成的轮胎过度磨损，延长了轮胎的使用寿命。

（3）提高了汽车制动时的稳定性　ABS 可防止车轮在制动时完全抱死，能将车轮侧向附着系数控制在较大的范围内，使车辆具有较大的侧向支承力，以保证汽车制动时的稳定性。

（4）使用方便、工作可靠　ABS 的运用与常规制动装置的运用几乎没有区别，制动时驾驶人只要正常制动即可。遇到雨雪路滑，驾驶人也没有必要用一连串的点制动方式进行制动，ABS 会根据车轮的实际转速自动进入工作状态，使制动保持在最佳工作状态。要注意的一点是：ABS 工作时，驾驶人会感到制动踏板颤动，并听到一些噪声，这都属于正常现象，不必过分紧张。ABS 工作十分可靠，并有自诊断能力。

5.7　驱动防滑系统（ASR）

5.7.1　ASR 概述

驱动防滑系统（Acceleration Slip Regulation，ASR），在日系车辆上称为牵引力控制系统（Traction Control System，TCS）。ASR 是继 ABS 后采用的一套防滑控制系统，是 ABS 功能的进一步发展和重要补充。ASR 和 ABS 密切相关，通常配合使用，构成汽车行驶的主动安全系统。

ABS 是防止制动过程中的车轮抱死、保持方向稳定性和操纵性并能缩短制动距离的装置。而 ASR 的作用是防止汽车加速过程中的打滑，特别是防止汽车在非对称路面或在转弯时驱动轮的空转，保持方向稳定性、操纵性，维持最大驱动力的装置。

由于 ASR 是 ABS 功能的延伸和补充，因此 ASR 与 ABS 之间有许多相同之处，主要部件可以通用或共用。

5.7.2　ASR 的控制方式

1. 发动机输出功率/转矩控制

当汽车在附着系数不均匀的路面上行驶时，由于差速器的差速不差扭的特性，处于低附着系数路面的车轮可能会空转而出现车轮打滑的情况。此时电子控制单元将使滑转车轮的制动力矩上升，对该轮作用一定的制动力矩，同时对另一个驱动车轮作用一个与制动力矩相同的发动机输出转矩。这一作用的结果是使空转车轮转速降低，另一车轮驱动力矩增加，两车轮向前运动速度趋于一致。ASR 电子控制单元检测驱动车轮发生滑转的情况，如果发现滑转，ECU 立即发出控制指令，同时控制发动机的输出功率/转矩，以抑制驱动轮的滑转。发动机输出功率/转矩控制通常有以下几种方法：

1）调整供油量：汽油机减少或中断供油；柴油机控制供油量和供油时刻。

2）调整点火时间：减小点火提前角或停止点火。

3）调整进气量：在发动机原节气门的基础上，串联一个副节气门，由系统的执行机构控制其开度。

2. 驱动轮制动控制

驱动轮制动控制是在发生滑转的驱动轮上施加制动力矩来控制滑转率。当汽车在附着系数不均匀的路面上行驶时，处于低附着系数路面的驱动车轮可能会滑转，此时 ASR 电子控制单元将使滑转车轮的制动压力上升，对该轮作用一定的制动力，使两驱动车轮向前运动速度趋于一致。但为了保证制动过程中的乘坐舒适性，制动力不能上升得过快。

3. 差速器锁止控制

电子控制的差速器，可以把左右驱动轮的滑转率之差控制在允许范围内。当汽车起步时，调节差速器的锁止程度，能使驱动力充分发挥，提高行驶车速与稳定性；当左右驱动轮在不同的附着系数路面上以及弯道上行驶时，能提高汽车稳定行驶的能力。

5.7.3 ASR 的结构

图 5-44 所示为典型 ABS/ASR 的组成。其中 ASR 与 ABS 共用轮速传感器和电子控制单元，只是在通往驱动车轮制动轮缸的制动管路中增设了一个 ASR 制动压力调节器，在由加速踏板控制的主节气门上方增设了一个由步进电动机控制的副节气门，并在主、副节气门处各设置一个了节气门位置传感器。

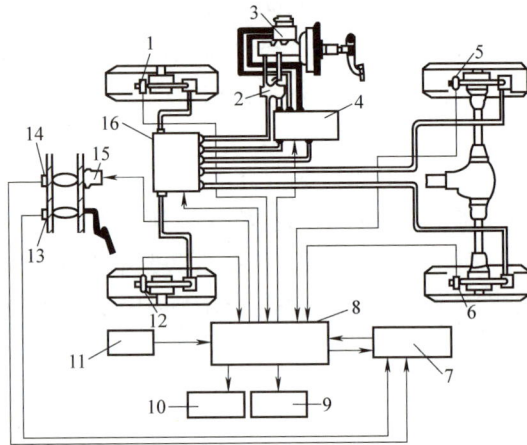

图 5-44　典型 ABS/ASR 的组成

1—右前轮速传感器　2—比例阀和差压阀　3—制动主缸　4—ASR 制动压力调节器　5—右后轮速传感器
6—左后轮速传感器　7—发动机/变速器电子控制单元　8—ABS/ASR 电子控制单元　9—ASR 关闭指示灯
10—ASR 工作指示灯　11—ASR 选择开关　12—左前轮速传感器　13—主节气门位置传感器
14—副节气门位置传感器　15—副节气门驱动步进电动机　16—ABS 制动压力调节器

1. 传感器

ASR 传感器包括轮速传感器、节气门位置传感器和 ASR 选择开关等，其工作原理不再赘述。

2. 电子控制单元（ECU）

一般情况下，ABS 和 ASR 共用一个电子控制单元。对于驱动防滑系统，它根据驱动车轮轮速传感器输送的速度信号，计算判断出车轮与路面间的滑转状态，并适时地向其执行机构发出指令，以降低发动机的输出转矩和车轮的转速，从而实现防止驱动轮轮滑转的目的。此外，电子控制单元（ECU）还具有初始检测功能、故障自诊断功能和失效保护功能。

（1）初始检测功能　当汽车处在停止状态，自动变速器变速杆处在"P"位或"N"位而接通点火开关时，电子控制单元（ECU）即开始对副节气门驱动装置和 ASR 制动压力调节器电磁阀的工作状态进行检测。

（2）故障自诊断功能　当电子控制单元检测到防滑转系统出现故障时，即点亮仪表板上的 ASR 警灯，以警告驾驶人 ASR 已出现故障，同时将故障以故障码的形式存入存储器，供诊断时重新显示出来。

（3）失效保护功能　当电子控制单元（ECU）检测到 ASR 有故障时，电子控制单元（ECU）立即发出指令，断开 ASR 节气门继电器、ASR 液压泵电机继电器和 ASR 制动主继电器，从而使 ASR 不起作用，而发动机和制动系统仍可以按照没有采用 ASR 时那样工作。

3. 制动压力调节器

ASR 制动压力调节器的结构形式有独立形式和组合形式两种。独立式 ASR 制动压力调节器和 ABS 制动压力调节器在结构上各自分开（图 5-45）。组合式制动压力调节器是将 ABS 和 ASR 制动压力调节器组合为一体（图 5-46）。

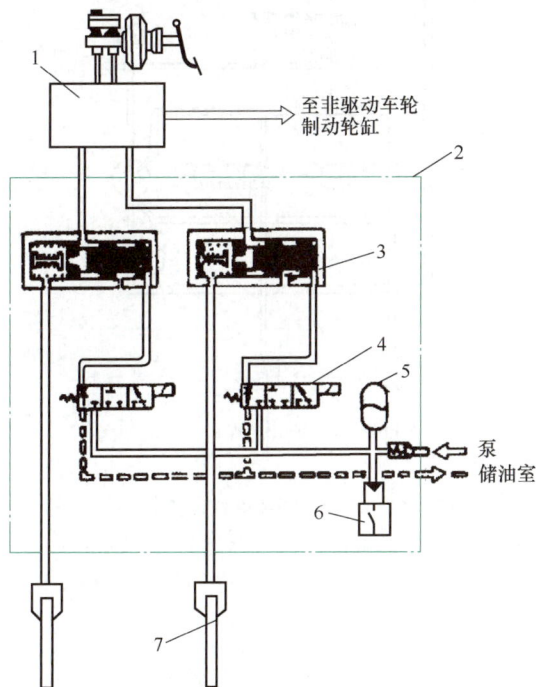

至非驱动车轮
制动轮缸

泵
储油室

图 5-45　独立式 ASR 制动压力调节器
1—ABS 制动压力调节器　2—ASR 制动压力调节器　3—调压缸　4—三位三通电磁阀
5—蓄压器　6—压力开关　7—驱动车轮制动器

两种类型的 ASR 制动压力调节器在结构上虽然有所不同，但都离不开液压泵总成和电磁阀总成。

（1）液压泵总成　液压泵总成由电动柱塞泵和蓄压器组成，如图 5-47 所示。其中电动柱塞泵的功用是从制动主缸储液罐中吸取制动液，升压后送到蓄压器。蓄压器的功用是储存高压制动液，并在系统工作时向车轮制动轮缸提供制动液压。

（2）电磁阀总成　电磁阀总成主要由蓄压器切断电磁阀、制动主缸切断电磁阀、储液罐切断电磁阀以及压力开关等部分组成，如图 5-48 所示。其中蓄压器切断电磁阀的功用是在防滑系统工作时，将制动液由蓄压器中传送至车轮制动轮缸；制动主缸切断电磁阀的功用是当蓄压器中的制动液压传送给车轮制动轮缸后，防止制动液流回制动主缸；储液罐切断电磁阀的功用是在防滑系统工作时将车轮制动轮缸中的制动液传送回制动主缸中；压力开关的作用是调节蓄压器中的压力。

（3）副节气门驱动装置　副节气门驱动装置的功用是根据电子控制单元传送的指令来控制副节气门的开启角度，从而控制进入发动机气缸的空气量，达到控制发动机输出转矩的目的。

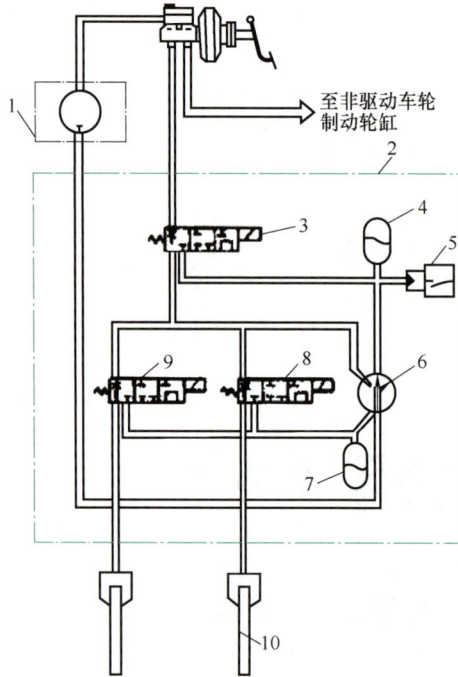

图 5-46　ABS/ASR 制动压力调节器

1—电动液压泵　2—ABS/ASR 制动压力调节器　3—电磁阀Ⅰ　4—蓄压器
5—压力开关　6—循环泵　7—储液器　8—电磁阀Ⅱ　9—电磁阀Ⅲ　10—驱动车轮制动器

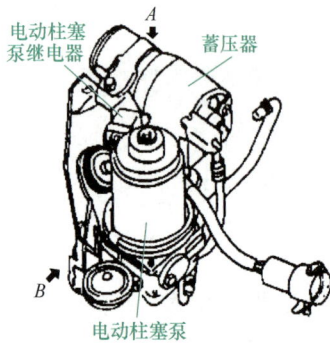

图 5-47　液压泵总成

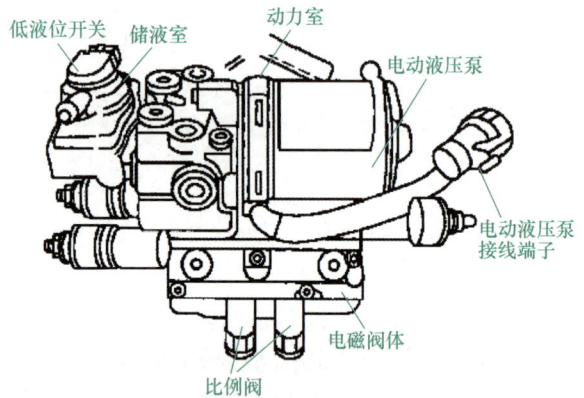

图 5-48　电磁阀总成

副节气门驱动装置安装在节气门壳体上，如图 5-49 所示。它是一个由电子控制单元控制转动的步进电动机，由永磁体、传感线圈和旋转轴等组成。在旋转轴的末端安装一个小齿轮（主动齿轮），由它带动安装在副节气门轴末端的凸轮轴齿轮旋转，以此控制副节气门的开启角度。

当驱动防滑系统不工作时，副节气门在弹簧力作用下保持全开状态，进入发动机的空气量由驾驶人控制主节气门的

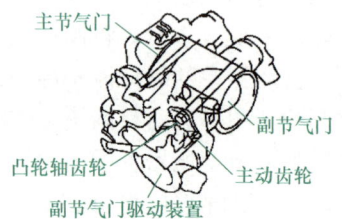

图 5-49　节气门总成

开度决定。当前、后轮速传感器检测到车轮滑转需进行防滑控制时，电子控制单元驱动步进电动机通过凸轮轴齿轮旋转，从而控制副节气门的开度。

5.7.4　ASR 的工作原理

在图 5-46 中，ASR 不起作用时，电磁阀Ⅰ不通电。汽车在制动过程中如果车轮出现抱死，ABS 起作用，通过电磁阀Ⅱ和电磁阀Ⅲ来调节制动压力。

当驱动轮出现滑转时，ASR 使电磁阀Ⅰ通电，阀移至右位，电磁阀Ⅱ和电磁阀Ⅲ不通电，阀仍在左位，于是，蓄压器的压力通入驱动轮轮缸，制动压力增大。

当需要保持驱动轮的制动压力时，ASR 使电磁阀Ⅰ半压通电，阀移至中位，隔断了蓄压器及制动主缸的通路，驱动车轮轮缸的制动压力保持不变。

当需要减小驱动车轮的制动压力时，ASR 使电磁阀Ⅱ和电磁阀Ⅲ通电，电磁阀Ⅱ和电磁阀Ⅲ移至右位，将驱动车轮轮缸与储液器接通，于是，制动压力下降。

如果需要对左右驱动车轮的制动压力实施不同的控制，ASR 分别对电磁阀Ⅱ和电磁阀Ⅲ实行不同的控制。

当驱动防滑系统处于工作状态时，电子控制单元根据各轮速传感器检测到的转速信号，确定驱动车轮的滑转率和汽车的参考速度。当电子控制单元判定驱动车轮的滑转率超过设定的限值时，就驱动副节气门的步进电动机转动，减小副节气门的开度。此时，即使主节气门的开度不变，发动机的进气量也会因副节气门开度的关小而减少。如果驱动车轮的滑转率仍未降低到设定的控制范围内，电子控制单元又会控制 ASR 制动压力调节器和 ABS 制动压力调节器，对驱动车轮施加一定的制动压力，则驱动车轮上就会作用一制动力矩，从而使驱动车轮的转速降低。

5.7.5　典型的 ASR

丰田车系 TRC 与 ABS 共用轮速传感器和 ECU，并在通往驱动车轮的制动管路上增设一个 TRC 制动压力调节装置，在由加速踏板控制的主节气门上方增设一个由步进电动机控制的副节气门，并在主、副节气门处设置一个节气门开度传感器，以实现驱动防滑控制。

当驱动车轮打滑时，ECU 控制副节气门的步进电动机转动，减少节气门的开度，此时即使主节气门的开度不变，发动机的进气量也会因为副节气门的开度减小而减少，使发动机的功率减小。若仍不能控制打滑，则控制 TRC 制动压力调节器。

5.8　汽车电子稳定程序（ESP）

5.8.1　ESP 概述

汽车电子稳定性控制程序（Electronic Stability Program，ESP）是在 ABS 和 ASR 基础上发展起来的一种汽车主动安全技术，也称为车身电子稳定系统，它整合了 ABS 和 ASR 的所有功能。它能根据驾驶人的意图、路面状况及汽车的运动状态控制车辆的运动，在车辆出现极端行驶状况时，通过对牵引力和制动力的控制来抑制汽车转向过度或转向不足趋势，从而更有效、更显著地提高汽车的操纵稳定性和行驶安全性。

ESP 通过对从各传感器传来的车辆行驶状态信息进行分析、判断，然后向 ABS、ASR 发出纠偏指令，来帮助车辆维持动态平衡。以使车辆在各种状况下保持最佳的行驶稳定性，在转向过度或转向不足的行驶状态时具有明显效果。电子稳定程序属于车辆的主动安全技术，它也称为动态驾驶控制系统，它也是一个防滑系统。ESP 能够识别车辆不稳定状态，并通过对制动系统、动力管理系统和变速传动系统实施控制，从而有针对性地弥补车辆滑动。因此，ESP 可以监控汽车行驶状态，在发生危险时自动向一个或多个车轮施加制动力，以保证车辆在正常的车道上运行，甚至在某些极端情况下可以进行每秒 150 次的制动。

5.8.2　ESP 的组成

ESP 的组成如图 5-50 所示。ESP 一般有 3 种类型：能向 4 个车轮独立施加制动力的四通道或四轮系统；能对两个前轮独立施加制动力的双通道系统；能对两个前轮独立施加制动力和对后轮同时施加制动力的三通道系统。

ESP 组成可大致分为四个部分：用于检测汽车状态和驾驶人操作的传感器部分；用于估算汽车侧滑状态和计算恢复到安全状态所需的旋转动量和减速的 ECU 部分；用于根据计算

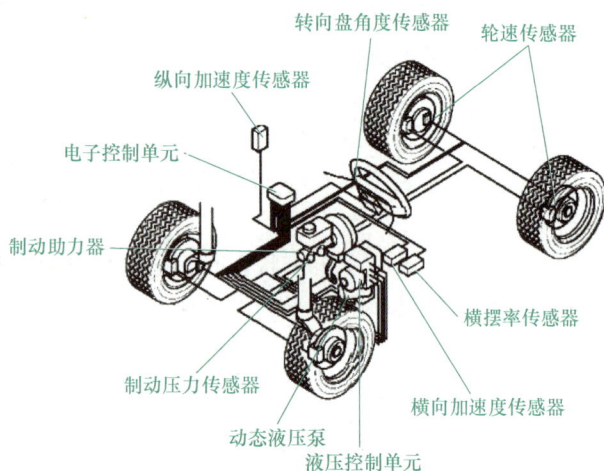

图 5-50　ESP 的组成

结果来控制每个车轮制动力和发动机输出功率的执行器部分；用于告知驾驶人汽车失稳的信息显示部分。

ESP 的传感器有转向盘角度传感器、轮速传感器、横摆率传感器、横向加速度传感器等，其主要功能如下：

1）转向盘角度传感器：监测转向盘旋转角度，帮助确定汽车行驶方向是否正确。

2）轮速传感器：监测每个车轮速度，确定车轮是否打滑。

3）横摆率传感器：记录汽车绕垂直轴线的运动，确定汽车是否在打滑。

4）横向加速度传感器：检测汽车转弯时产生的离心力，确定汽车通过弯道时是否打滑。

5.8.3　ESP 工作原理

1. 转向不足

当汽车转弯时车速过快发生转向不足时，车身表现为向弯外推进，车辆有冲出道路危险，此时 ESP 将通过对内侧后轮（左后轮）的制动来避免车辆陷入险境，如图 5-51 所示。

2. 转向过度

而当汽车发生转向过度时，此时 ESP 则通过对右前轮的制动来纠正危险的行驶状态，如图 5-52 所示。

| 无ESP | 有ESP |

图 5-51　汽车转向不足时有无 ESP 的对比

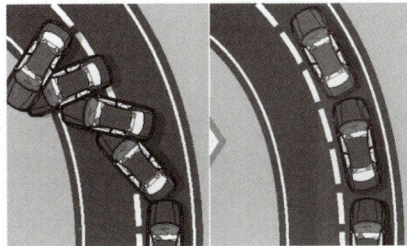

| 无ESP | 有ESP |

图 5-52　汽车转向过度时有无 ESP 的对比

3. 躲避障碍物

车辆躲避突然出现的障碍物时，若驾驶人首先向左急转转向盘，紧接着又向右转转向盘，则车辆会由于驾驶人急转转向盘转弯而出现甩尾现象。如果车辆没有装备 ESP，车辆会沿着垂直轴线转动，出现失控状态。

如果车辆装备 ESP，则在第 1 阶段：因为制动车辆的前轮附着力全部给予制动，仅能提供很少侧向力，故呈现转向不足，所以对左后轮制动，如图 5-53 所示。

第 2 阶段：因为转向盘从左转向右转变化后，由于转向盘角阶跃输入下的汽车瞬态响应的时间延迟，车辆首先表现为转向不足。此时由于车速高，转弯半径小，所以后轮需要很大的侧向力保证不侧滑，需要对右前轮施加制动，以纠正转向不足的趋势，如图 5-54 所示。

图 5-53　ESP 避障行驶时的控制（第 1 阶段）

图 5-54　ESP 避障行驶时的控制（第 2 阶段）

第 3 阶段：转向盘的瞬态响应结束，由于车速高，转弯半径小，所以车辆需要很大的侧向力，而后轴车轮因为负荷小，所以所提供的附着力也小，故易产生侧滑，所以对左前轮施加制动，如图 5-55 所示。

第 4 阶段：车辆回正，ESP 避障调整结束，如图 5-56 所示。

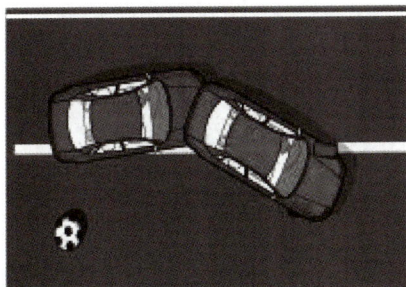

图 5-55　ESP 避障行驶时的控制（第 3 阶段）

图 5-56　ESP 避障行驶时的控制（第 4 阶段）

以上工况综合列于表 5-1。

表 5-1　ESP 避障行驶时控制状态表

工作过程	车辆转向	行驶状态	受制动车轮	目的
第 1 阶段	制动/向左	转向不足	左后轮	前轮保留侧向力，有效保证车辆的转向
第 2 阶段	向右	转向不足	右前轮	保证后轴的最佳侧向力，后轴车轮自由转动
第 3 阶段	向左	转向过度	左前轮	为阻止车辆出现甩尾，同时限制前轴侧向力的建立，在特殊危险情形下这个车轮将强烈制动
第 4 阶段	中间	稳定	无	在所有不稳定行驶状态被校正后，ESP 结束调整工作

5.8.4　ESP 部件组成及功用

ESP 的部件组成如图 5-57 所示，其主要部件的功用简述如下。

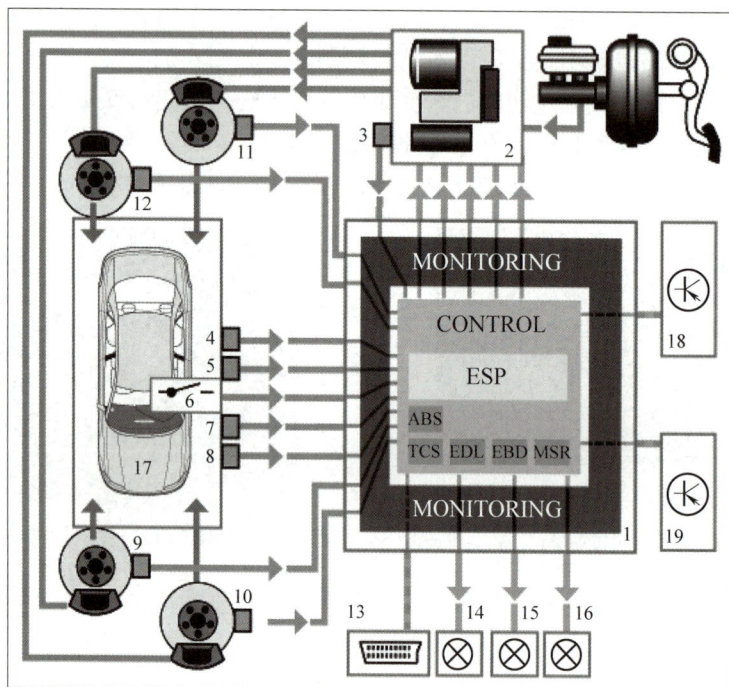

图 5-57　ESP 的部件组成

1—ABS 电子控制单元　2—液压控制单元　3—制动压力传感器　4—侧向加速度传感器
5—横摆率传感器　6—ASR/ESP 按钮　7—转向盘转角传感器　8—制动灯开关
9~12—轮速传感器　13—自诊断插口　14—制动系统警告灯　15—ABS 警告灯
16—ASR/ESP 警告灯　17—车辆和驾驶状态　18—发动机控制调整　19—变速器控制调整

1. 电子控制单元

结构和功能：为保障系统的可靠性，在系统中有两个处理器，两个处理器用同样的软件处理信号数据，并相互监控比较。

信号中断影响：如果电子控制单元出现故障，驾驶人仍可做常规的制动操作，但此时

ABS/EBS/ASR/ESP 功能失效，只有常规制动系统起作用，此时在紧急制动时将会出现制动不稳定状态，比如可能出现侧滑、甩尾甚至调头等危险工况。

自诊断功能：系统具有自诊断功能，故障码 1 为控制单元故障，故障码 2 为供电电压故障。电子控制单元 J104 的控制电路如图 5-58 所示。

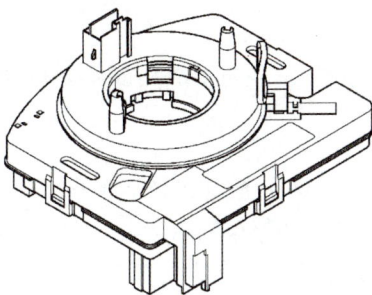

2. 转向盘转向角传感器

由 30 号电向转向盘转向角传感器 G85 供电，在拔出钥匙后，若转向盘没有转动超过 3s，则 G85 转入休眠状态。G85 向电子控制单元 J104 传送转向盘转动角度，测量的角度实际值约为 ±500°。转向盘角度传感器外形图和 G85 控制电路分别如图 5-59 和图 5-60 所示。

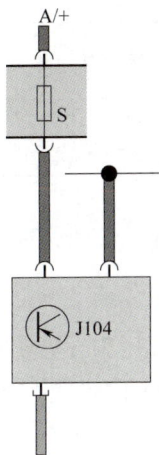

图 5-58　电子控制单元 J104 的控制电路　　图 5-59　转向盘角度传感器外形图　　图 5-60　G85 控制电路

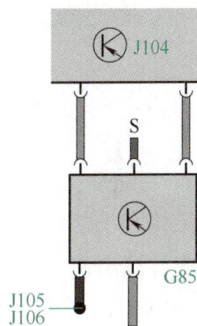

工作原理：角度的测量依据光栅原理。

结构和功能：G85 安装在转向灯开关和转向盘之间。当转向盘转动时，向电子控制单元 J104 传送转向盘转动角度，测量的角度为 ±540°。

信号中断影响：无该传感信号，车辆无法确定行驶方向，ESP 失效。

自诊断功能：故障码 1 为传感器无信号，故障码 2 为错误设定，故障码 3 为机械错误，故障码 4 为电子故障，故障码 5 为不可靠信号。

注意：如果车辆在不稳定状态下系统进行调整时出现错误，需检查传感器与转向盘的连接是否可靠。

3. 组合传感器

将侧向加速度传感器 G200 和横摆率传感器 G202 集成到一起，可以减小安装尺寸，强化整体结构，两个传感器在一起能够保证得到精确的配合数值，而且不改变。

（1）侧向加速度传感器 G200　G200 和 G202 组合外形图如图 5-61 所示。G200 控制电路如图 5-62 所示。

功能：确定车辆是否受到使车辆发生滑移作用的侧向力，以及测量侧向力的大小。

信号中断影响：无该信号电子控制单元将无法计算出车辆的实际行驶状态，ESP 功能失效。

自诊断功能：故障码 1 为电路可能损坏断路，故障码 2 为对正极短路，故障码 3 为对负极短路，故障码 4 为传感器可能损坏。

（2）横摆率传感器 G202　G202 控制电路如图 5-63 所示。

功能：确定车辆是否沿垂直轴线发生转动，并提供转动速率。

信号中断影响：没有横摆率测量值，电子控制单元无法确定车辆是否发生转向，ESP 功能失效。

自诊断功能：故障码 1 为电路可能损坏断路，故障码 2 为对正极短路，故障码 3 为对负极短路，故障码 4 为传感器有不可靠信号。

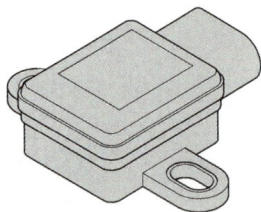

图 5-61　G200 和 G202 组合外形图　　图 5-62　G200 控制电路　　图 5-63　G202 控制电路

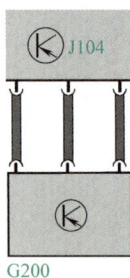

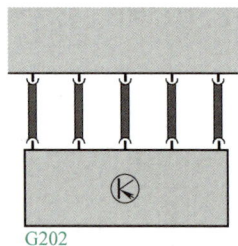

4. 制动压力传感器

结构和功能：制动压力传感器 G201 通知电子控制单元制动系统的实际压力，电子控制单元相应计算出作用在车轮上的制动力和整车的纵向力大小。如果 ESP 正在对不稳定状态进行调整，则电子控制单元将这一数值包含在侧向力计算范围之内。其外形图如图 5-64 所示。

信号中断影响：没有制动力压力信号，系统无法计算出正确的侧向力，故 ESP 失效。

自诊断功能：故障码 1 为电路可能损坏断路，故障码 2 为对正极短路，故障码 3 为对负极短路，故障码 4 为传感器损坏。

工作原理：制动压力传感器根据压阻原理工作，利用结构变形引起材料的电导率变化。将四个压阻测量元件构成一个电桥，这些元件固定在一个隔膜上。压阻测量元件是半导体材料制成的电阻。当压力提高时隔膜和与其连接的压阻测量电桥的长度发生变化，长度变化时，测量电桥内的压电电桥元件上出现作用力，这些作用力使压电元件内的电荷分布发生改变。电荷分布发生变化时压电电桥元件的电气特性会发生改变，其电气信号与压力成正比，并作为放大后的传感器信号传输给电子控制单元。其控制电路如图 5-65 所示，制动压力传感器结构如图 5-66 所示。

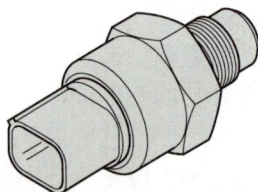

图 5-64　制动压力传感器 G201 外形图　　　图 5-65　G201 控制电路

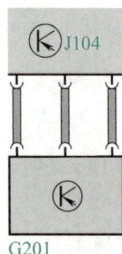

制动压力传感器失灵时，系统将 ESP 功能降低到 ABS 和 EBD（电子制动力分配）功

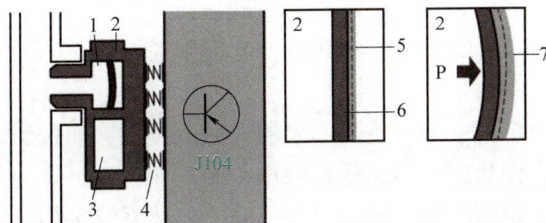

图 5-66　制动压力传感器结构
1—测量室　2—压阻厚膜传感器元件　3—传感器电子装置和信号放大器　4—接触弹簧
5—压阻测量电桥　6—柔性厚隔膜　7—压电电桥元件

能。制动压力传感器的核心部件是一个压电元件，制动液的压力就作用在其上。另一个是传感器电子元件。如果制动液的压力作用到压电元件上，那么该元件上的电荷分布就会改变。如果没有压力作用，电荷分布是均匀的；有压力作用时，电荷分布在空间发生变化，于是就产生了电压，压力越大，电荷分离的趋势越强，产生的电压就越高。这个电压由电子装置放大，然后作为信号传给控制单元。

5. 制动辅助系统（BAS）

制动辅助系统（Brake Assist System，BAS）（图 5-67）的功能是优化紧急制动操作过程中车辆的制动能力，系统通过感应制动作用力的大小检测紧急制动情形，然后对制动器施加最适宜的压力，这有助于减小制动距离。制动辅助系统（BAS）是对防抱死制动系统（ABS）的辅助。它能在紧急制动时发挥最好的制动效果。必须在制动过程（务必不要"回抽"制动器）中施加连续制动压力，一旦释放制动踏板，制动辅助系统（BAS）就停止作用。

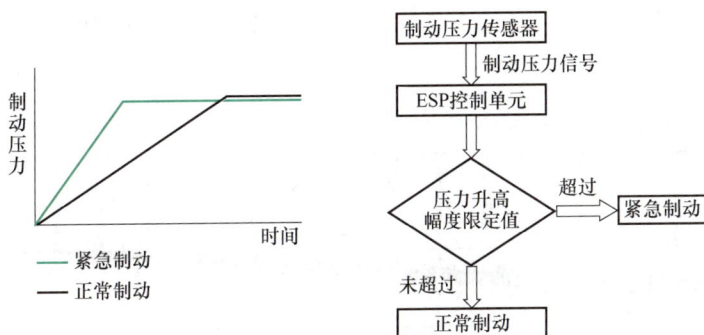

图 5-67　制动辅助系统（BAS）

6. ASR/ESP 按钮开关

功能：按下该按钮，ESP 功能关闭。再次按该按钮，ESP 功能重新激活，重新起动车辆后，该系统也可自动激活。当 ESP 调整工作正在进行或在超过一定的车速时，系统将不能被关闭。

工作模式：1 为从深雪或松软地面前后摆动驶出，有意让驱动轮打滑以摆脱被陷状态；2 为带防滑链行驶；3 为在车辆处于功率测试状态下行驶。

信号中断影响：出现故障后 ESP 无法关闭，组合仪表上的 ESP 警告灯有警告指示。

自诊断：该按钮故障无法通过自诊断检查发现。

ASR/ESP 按钮开关 E256 的外形图和其控制电路分别如图 5-68 和图 5-69 所示。

7. 液压控制单元

结构和功能：制动分泵通过液压控制单元的电磁阀控制，通过制动分泵的入口阀和出口阀的控制，建立了三个工作状态，即建压、保压、卸压。

信号中断影响：当电磁阀功能出现不可靠故障，整体系统关闭。

自诊断：转换阀 N225 和 N226 以及吸油高压阀 N227 和 N228 被检测，故障码 1 为电路断路；故障码 2 为电路短路（对正极/负极）。

液压控制单元外形图和控制电路分别如图 5-70 和图 5-71 所示。ESP 的电路图如图 5-72 所示。

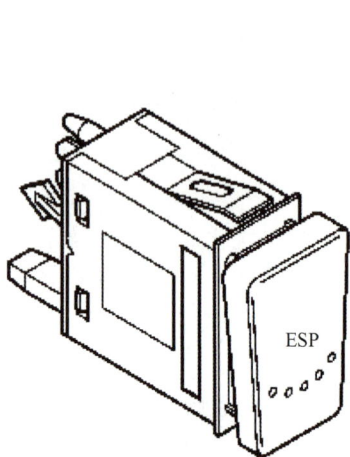

图 5-68　E256 的外形图　　图 5-69　E256 控制电路　　图 5-70　液压控制单元外形图

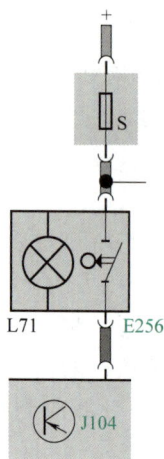

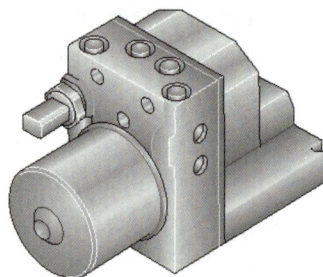

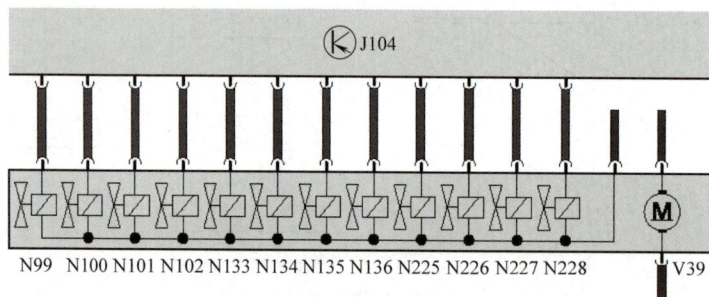

图 5-71　液压控制单元控制电路

8. 制动报警系统

制动报警系统的状态及故障显示如图 5-73 所示。

9. 自诊断系统

ESP 路试和系统测试：维修后应对系统功能进行一次全面检查，排除潜在隐患。若在进行 ESP 路试和系统测试过程中出现功能中断或不工作等情况，则仪表板会出现 ABS 和 ESP 警告灯警示。

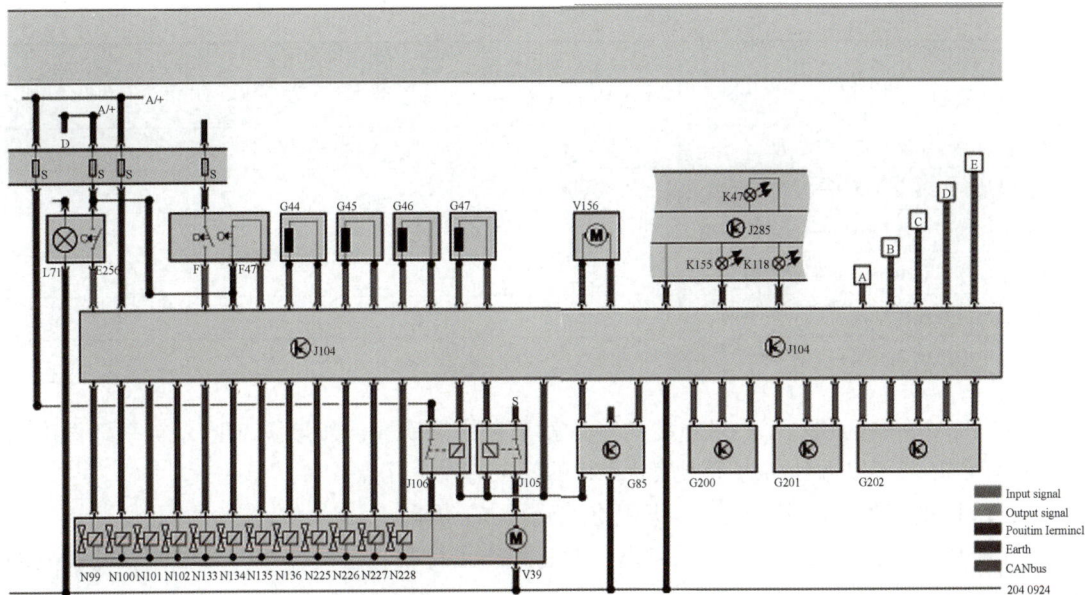

A/+：正极连接
D：点火开关
E256：ASR/ESP按钮
F：制动灯开关
F47：制动踏板开关
G44：右后轮速传感器
G45：右前轮速传感器
G46：左后轮速传感器
G47：左前轮速传感器
G85：转向盘转角传感器

G200：侧向加速度传感器
G201：制动压力传感器
G202：横摆率传感器
J104：带有EDS/ASR/ESP的ABS
电子控制单元
J105：回油泵(ABS)继电器
J106：电磁阀(ABS)继电器
J285：组合仪表显示电子控制单元
K47：ABS警告灯
K118：制动系统警告灯
K155：ASR/ESP警告灯

N99：右前ABS入口阀
N100：右前ABS出口阀
N101：左前ABS入口阀
N102：左前ABS出口阀
N133：右后ABS入口阀
N134：左后ABS入口阀
N135：右后ABS出口阀
N136：左后ABS出口阀
N225：动态调节-控制阀1
N226：动态调节-控制阀2

N227：动态调节-高压阀1
N228：动态调节-高压阀2
S：熔丝
V39：ABS回油泵
V156：动态调节液压泵
A：连接驻车制动警告灯
B：导航系统
C：发动机转矩控制
D：变速器控制(自动变速器)
E：自诊断

图 5-72　ESP 的电路图

状　　态	制动系统警告灯 K118	ABS警告灯 K47	ASR/ESP警告灯K155
点火开关打开			
系统正常			
ASR/ESP正在工作			
ASR/ESP按钮关闭，ABS有效，在加速和正常行驶中ESP关闭，但是在ABS工作的ESP激活			
ASR/ESP失效，ABS失效(EBD正常)			
ABS失效，所有系统都关闭			

图 5-73　制动报警系统的状态及故障显示

　　转向盘角度传感器 G85 初始化标定必须做，仪表板会有 ESP 故障显示提示。ESP 的标定和路测见表 5-2。

表 5-2　ESP 的标定和路测

项目	转向盘角度传感器 G85 初始化标定	ESP 路试和系统测试	电子控制单元编码
转向盘角度传感器 G85——断电	●		
转向盘角度传感器 G85——拆卸或更换	●	●	●
侧向加速度传感器 G200——拆卸或更换		●	
横摆率传感器 G202——拆卸或更换		●	
制动压力传感器 G201——拆卸或更换		●	
ABS 电子控制单元 J104——更换	●	●	●

ESP 和 ABS 的区别：ESP 最重要的特点就是它的主动性，如果说 ABS 是被动地做出反应，那么 ESP 却可以做到防患于未然。ESP 的特点有以下几点：

1）ESP 建立在 ASR 基础之上，ESP 包含 ASR 的功能。

2）ESP 不完全依赖于驾驶人的操纵，能起到纠正行驶轨迹的作用，可以减轻驾驶人的负担。

3）ESP 保证车辆在复杂行驶条件下始终保持高操纵稳定性。

复习思考题

1. 判断题

1）单向自增力式制动器是平衡式制动器。　　　　　　　　　　　　　　（　　）

2）真空助力器失效后汽车的行车制动系统也随之失效。　　　　　　　　（　　）

3）真空助力器失效时，制动系统仍然具有制动作用，但踏板力要大得多。（　　）

4）设置制动调节装置的目的是尽可能地防止后轮先抱死拖滑，保证行车安全。（　　）

5）装备 ABS 的车辆，紧急制动时其制动距离一定小于未装备 ABS 的车辆。（　　）

6）车辆装备 ASR 的目的是为了防止紧急制动时车轮抱死。　　　　　　（　　）

2. 选择题

1）对于纵向加速度传感器来说，下列说法正确的是（　　　）。

A. 它只用于四轮驱动车辆　　　　　　　　B. 它必须安装到车辆的重心上

C. 如果它损坏，ESP 和 ABS 功能就被终止，但 EBD 仍可用

2）何时应关闭 ESP？（　　　）

A. 在深雪或松软土地上行驶时　　　　　　B. 在结冰地面上行驶时

C. 带防滑链行驶时　　　　　　　　　　　D. 在功率检测试验台上检测时

3）向 ESP 电子控制单元传送车辆侧滑信息的传感器是（　　　）。

A. 转向角度传感器　　　　　　　　　　　B. 横向加速度传感器

C. 纵向加速度传感器

4）车辆正面临转向过度，ESP 如何使车辆恢复稳定？（　　　）

A. 只制动转弯内侧的前轮　　　　　　　　B. 只制动转弯外侧的前轮

C. 制动转弯外侧的前轮并干涉发动机和变速器的管理系统

D. 制动转弯内侧的前轮并干涉发动机和变速器的管理系统

5）系统的哪些部件由自诊断来检查？（　　　）

A. 行驶动态调节液压泵 V156 　　　　　B. ASR/ESP 按键 E256

C. 偏转率传感器 G202 　　　　　　　　D. 横向加速度传感器 G200

6）汽车制动时车轮抱死的工况是（　　　）。

A. 前轮先抱死拖滑，后轮后抱死拖滑　　B. 后轮先抱死拖滑，前轮后抱死拖滑

C. 前后轮同时抱死拖滑　　　　　　　　D. 以上都是

3. 填空题

1）制动系统按照功能用途分类可分为_____、_____、_____和辅助制动系统四种。

2）汽车制动性的评价指标有_____、_____和_____。

3）汽车制动效能的评价指标有_____、_____和_____。

4）汽车上所用的车轮制动器可分为_____式制动器和_____式制动器两种。

5）钳盘式制动器按制动钳固定在支架上的结构形式可分为_____式和_____式。

6）汽车上常用的双回路制动系统有_____形、_____形。

7）同步附着系数 φ_0 是指_____。

4. 简答题

1）简述制动效能的恒定性。

2）简述制动器摩擦力、地面制动力、附着力三者之间的关系。

3）制动力调节装置有几种形式？简述感载式比例阀和 EBD 的工作原理。

学习任务 6 高级驾驶辅助系统（ADAS）

📖 知识目标

1. 掌握线控底盘技术的概念。
2. 掌握线控节气门和线控换档的结构和工作原理。
3. 掌握线控悬架系统的结构和工作原理，了解其技术的最新发展状况。
4. 掌握线控转向系统结构和工作原理，了解其技术的最新发展状况。
5. 掌握线控制动系统结构和工作原理，了解 EHB、EMB 和制动能量的特点和工作原理。
6. 掌握 ACC 系统的结构与工作原理。
7. 了解电子制动力分配（EBD）系统、自动泊车辅助（APA）系统、自动紧急制动（AEB）系统、电子驻车制动系统（EPB）、以及 ADAS 的其他功能。

✍️ 能力目标

1. 能够描述线控底盘技术的概念。
2. 能够描述线控节气门和线控换档的技术特点。
3. 能够描述线控悬架系统的结构和工作原理，了解其发展方向。
4. 能够描述线控转向系统结构和工作原理，了解其发展方向。
5. 能够描述线控制动系统结构和工作原理，描述 EHB、EMB 和制动能量的特点和原理。
6. 能够描述自适应巡航控制（ACC）系统、电子制动力分配（EBD）系统、自动泊车辅助（APA）系统、自动紧急制动（AEB）系统、电子驻车制动（EPB）系统、以及 ADAS 的其他功能及特点。

6.1 高级驾驶辅助系统概述

高级驾驶辅助系统（Advanced Driver Assistance Systems，ADAS）通过环境感知技术对道路、车辆、行人、交通标志、交通信号等进行检测和识别，并对识别信号进行分析处理，再将相关指令传输给执行机构，从而保障车辆安全行驶。ADAS 按照环境感知系统的不同可以分为自主式和网联式两种。自主式 ADAS 按照功能可以分为自主预警类、自主控制类和视野改善类等，其中自主控制类为主要发展方向。

　　自主控制是指自动监测车辆可能发生的危险并做出提醒，必要时系统会主动介入车辆控制，从而防止发生危险或减轻事故伤害。自主控制类 ADAS 包含车道保持辅助（Lane Keeping Assist，LKA）系统、自动紧急制动（Autonomous Emergency Braking，AEB）系统、自适应巡航控制（Adaptive Cruise Control，ACC）系统、自动泊车辅助（Auto Parking Asist，APA）系统等，涉及车辆的运动控制，对线控底盘技术要求高。

6.2　线控底盘技术

　　所谓线控技术（By-Wire），通俗来讲就是由"电线"或者电信号来传递控制，而不是通过机械连接装置的"硬"连接来实现操作。线控技术的核心是智能机电传动装置，其起源于飞机上的电传操纵技术（Fly-By-Wire）。

　　线控技术（X-By-Wire）是无人驾驶车辆以及高级驾驶辅助系统（ADAS）的技术，是目前广泛应用于现代汽车的驾驶系统。

　　线控底盘的定义：线控技术（X-By-Wire）即用线（电信号）来控制执行机构，从而实现操纵控制汽车行驶的目的。线控底盘主要由线控制动、线控转向、线控悬架（电控悬架）、线控节气门（亦称电子油门、线控驱动）和线控换档（电子换档）组成，如图 6-1 所示。

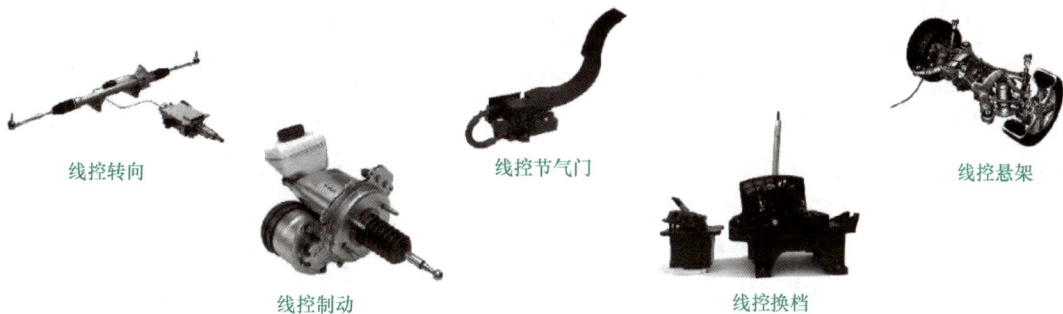

线控转向　　线控节气门　　线控悬架

线控制动　　线控换档

图 6-1　线控底盘的组成

　　传统燃油汽车和电动汽车底盘的结构如图 6-2 所示。线控底盘技术高度匹配智能电动汽车发展，ADAS 发展离不开线控底盘技术的发展。线控底盘技术更适合智能电动汽车，原因有以下两点。

　　1）动力总成由发动机变成蓄电池和电动机，而线控底盘减少了机械连接，为底盘布局提供了更多灵活性，虽然无发动机提供真空源，无法实现真空助力，但是可以采用电动机助力而不再需要真空源。

　　2）电动汽车蓄电池容量更大，电气化程度高，能够承载的电子电气设备更多，这也为线控底盘技术的发展奠定了基础。

　　自主控制类 ADAS 底层控制单元离不开线控底盘技术。以自主换道技术为例，该技术是指车辆为满足自身驾驶要求，在没有驾驶人干预的情况下进行自主换道行为的控制技术，主

a) b)

图 6-2 传统燃油汽车和电动汽车底盘的结构

a) 传统燃油汽车底盘 b) 电动汽车底盘

要涉及环境感知单元、网络通信单元、自主决策单元和底层控制单元，如图 6-3 所示。底层控制单元主要包括驱动、线控制动、自动变速器、电动助力转向/线控转向等，执行自主决策单元传递来的控制指令。底层控制单元能够代替驾驶人的操作，实现车辆自主加速、减速、制动、转向、变道等操作，从而实现车辆的自动驾驶。

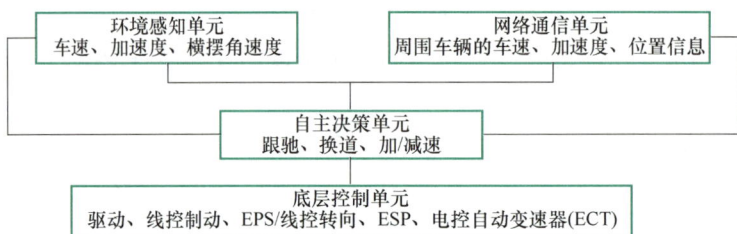

图 6-3 线控底盘的自主控制类 ADAS 底层控制单元

滑板底盘是当前汽车行业最重要的革命性技术之一，其最大的特点是上下车体解耦，从而大幅缩短整车研发周期，如图 6-4 所示。因此，滑板底盘需要搭载非承载式车身结构和线控底盘；为了便于上装，底盘不能占据过多纵向空间，"三合一"等集成式电驱系统成为必需：高度集成智能化模块，需要以集中式电子电气架构（Electrical/Electronic Architecture，EEA）为基础，并实现软硬件解耦，在有限空间内提升动力蓄电池的质量/体积能量密度，与蓄电池底盘一体化技术 CTC（Cell To Chassis）电池系统集成方案高度契合，高度集成后，底盘的结构更加复杂，底盘一体化压铸技术能够更好匹配底盘工艺提升的需求。

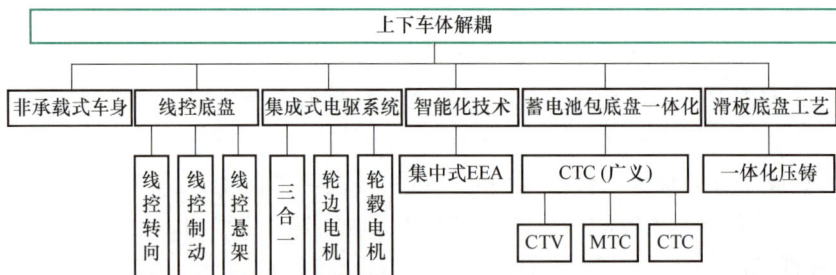

图 6-4 滑板底盘的上下车体解耦

线控转向和线控制动的技术壁垒最高，量产时间晚，目前渗透率低，自主供应商与海外供应商差距较小，国产替代机会大。线控悬架诞生虽早，但目前渗透率仍较低，预计渗透率将在电动汽车高端化发展中快速提升。线控节气门和线控换档出现时间较早，市场渗透率高，且市场格局相对稳定，如表 6-1。

表 6-1　线控底盘核心系统量产时间、渗透率、单车价值

核心系统	量产时间	渗透率	单车价值
线控悬架	1984 年	<3%	12 万元
线控换档	1991 年	大约 25%	400～500 元
线控节气门	1998 年	大约 100%	300 元左右
线控转向	2011 年	<1%	4000 元左右
线控制动（行车）	2013 年	大约 3%	2000～2500 元

6.2.1　线控节气门和线控换档

1. 线控节气门

节气门技术最初是加速踏板与发动机采用机械式连接，节气门直接控制油量；后来出现的化油器，名字虽然仍被称为"油门"，但它控制的不再是发动机的进油量，而是通过杠杆或者节气门拉线直接控制发动机的节气门（Throttle）开度；而后在混动/燃油汽车中应用的线控节气门（Throttle-by-Wire，亦称电子油门、电控油门）中，加速踏板和节气门之间不再有机械连接，加速踏板集成了加速踏板位置传感器。传感器将加速踏板位置信号发送给 ECU，ECU 通过计算将节气门开度位置大小传递给安装在节气门上的电动机，电动机控制节气门打开和关闭；纯电动汽车没有发动机，只有电源系统，作为动力系统，这时"油门"控制的是电动机的转矩，它和 VCU、MCU、动力总成等一同实现车辆的加速。

线控节气门主要由加速踏板、加速踏板位置传感器、电子控制单元（ECU）、数据总线、电动机和节气门执行机构组成。加速踏板位置传感器随时监测加速踏板位置，当监测到加速踏板高度位置发生变化时，会瞬间将此信息传送至伺服电动机，由伺服电动机驱动节气门执行机构实行加速控制，如图 6-5 所示。

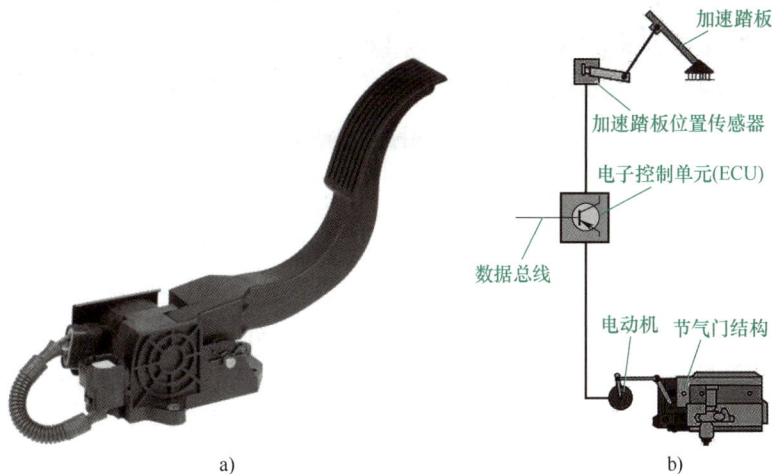

a)　　　　　　　　　　　　　　　　　　b)

图 6-5　线控节气门

a）线控节气门外形图　b）线控节气门控制电路原理图

线控节气门系统的优点：控制灵敏、精确，发动机能根据汽车的各种行驶信息精确地调节空燃比，改善发动机的燃烧状况，提高动力性和燃油经济性；它还可与油压、温度和废气再循环电子信号结合，减少废气排放；减少机械组合零部件，相应减小机械结构的质量，降低机械零部件的维修概率。

燃油汽车的自动变速器换档和混动/电动汽车的换档早已是线控换档，变速杆操纵的是换档开关或是传感器。线控节气门和线控换档单车价值量较低，技术相对较成熟，其中线控节气门渗透率已近100%，市场格局相对稳定。

2. 线控换档

线控换档（Shift-By-Wire）也是一种不需要任何机械结构，仅通过电控来实现传动的机构。相比传统的机械换档机构，线控换档没有了拉线的束缚，整个系统变得更轻、更小、更智能。

按照变速杆与变速器之间的连接方式不同，换档形式可划分为机械式和电子式。用于自动档车型的机械变速杆，主要有直排式和阶梯式两种类型。直排式优点是换档相对比较直接，缺点是在盲操作时容易挂错档。阶梯式又称蛇形式，在日系车上用得较多，优点是不容易挂错档，缺点是操作上不如直排式那样顺畅、直接。

由于线控换档取消了笨重的机械装置，因此它布置较为灵活，大致分为如下四种（图6-6）：

1）按键式：代表车型有林肯MKZ、本田冠道，阿斯顿·马丁等。

2）旋钮式：代表车型是捷豹、路虎极光、长安福特金牛座、长安新蒙迪欧、长安奔奔、凯翼C3、北汽EV200、北汽EC180、奇瑞EQ等。

3）怀档式：代表车型是宝马E56/E66、奔驰S级。

4）档杆式：代表车型有奥迪A8L、宝马5系、领克全系。

图6-6 线控换档的形式

线控换档系统由换档选择模块、换档电子控制单元、换档执行模块、停车控制ECU、停车执行机构和档位指示灯等组成。当挂入某一个档位时，传感器就会将档位请求信号传送到变速器控制单元（TCU），同时，TCU会根据汽车上其他的各种信号（比如发动机转速、车速、节气门开度，以及安全带、车门开关信号等）进行分析，根据通信协议进行判断是否执行换档请求。给变速器中相应的电磁阀通电或断电，来控制各种液压控制阀的通断，从而实现档位的切换。同时，传感器从CAN总线上接收TCU发出的反馈档位信号，并将档位通过LIN线点亮副仪表板上的档位指示灯。线控换档的原理如图6-7所示。

如果被分析到有错误操作的存在，比如高速行驶中突然向前挂R位，会被TCU认为是错误信号，这种情况下TCU就不会给变速器发操作指令。

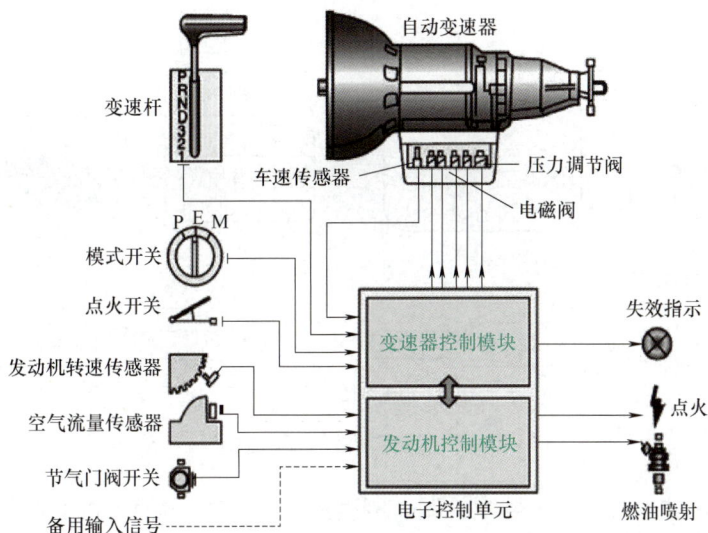

图 6-7　线控换档的原理

　　驾驶人通过变速杆的传感器将换档信号传递给电子控制单元，电子控制单元处理信号后将指令发给换档电动机，实现前进档、倒档和空档的切换。其停车控制 ECU 会根据换档电子控制单元发出的换档指令，控制停车执行机构。线控换档系统消除了传统机械部件与变速器联动的约束，从而提升了设计自由度，换档齿轮的切换由电动机驱动，减少了操纵力，其结构简化，换档响应快，操控灵敏。驻车时，只需轻触驻车开关就可实现驻车换档，可提高燃油经济性（可节油 5%），减少维护费用。

6.2.2　线控悬架系统（Suspension-By-Wire）

　　悬架可以分为被动式悬架、半主动式悬架和主动式悬架，如图 6-8 所示。其中半主动式悬架及主动式悬架均属于线控悬架（电控悬架）。线控悬架系统能够根据车身高度、车速、转向角度及速率、制动等信号，由 ECU 控制悬架执行机构，使悬架系统的刚度、减振器阻尼力及车身高度等参数相应改变，从而使汽车具有良好的乘坐舒适性、操纵稳定性和通过性。线控悬架系统的优点是能够根据不同路况和行驶状态改变悬架的刚度和减振器的阻尼，使汽车具有更好的驾乘体验，且由电信号控制，更加智能。线控悬架的控制框图如图 6-9 所示。

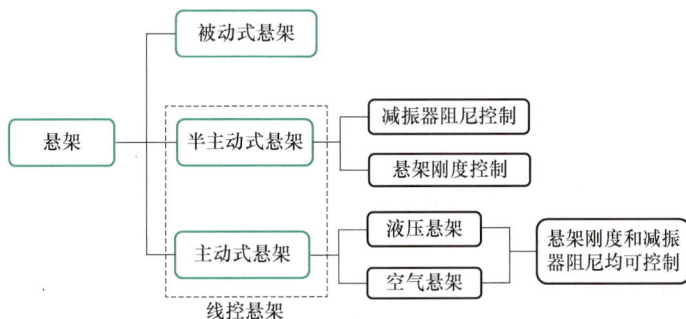

图 6-8　悬架的分类

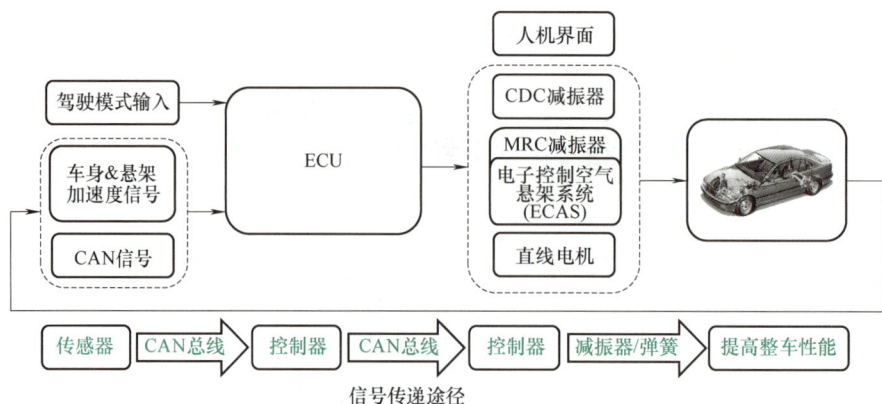

图6-9 线控悬架的控制框图

半主动式悬架技术主要分为阻尼控制、刚度控制两大类。阻尼控制主要有连续阻尼控制（Continuous Damping Control，CDC）减振器和磁流体变阻尼控制（Magnetic Ride Control，MRC）减振器两种，替代了原来的液压减振器；刚度控制主要有空气弹簧悬架和液压悬架，替代了原先的螺旋弹簧等机械式非变刚度弹簧。

1. CDC 减振系统

（1）CDC 减振系统构成　CDC 减振系统主要由电子控制单元、CDC 减振器、车身加速度传感器、车轮加速度传感器、CDC 控制阀构成，如图 6-10 所示。

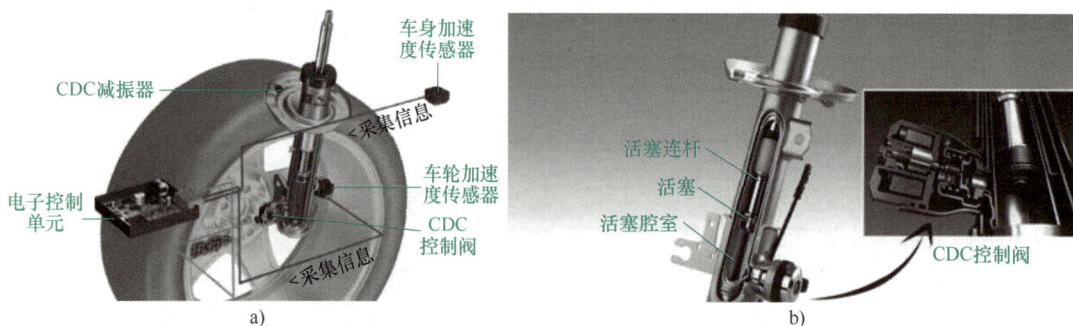

图6-10 CDC 减振系统结构

a）组成结构　b）结构剖视图

（2）CDC 减振系统控制原理　CDC 减振系统控制原理如图 6-11 所示，控制器向 CDC 减振器的电磁阀发送电信号，驱动电磁阀控制里面的阀芯做上、下移动，上下移动过程中阀体的节流面积发生改变，CDC 减振器就是通过控制两个腔室间小孔流通面积的大小来实现阻尼力的改变，控制电信号的量值根据控制算法来确定。

CDC 减振器分为内外两个腔室，内外腔室之间的油液可以通过小孔流动。当车轮在颠簸时，减振器内的活塞会在套筒内上下移动，腔内的油液便在活塞的作用力下在内外腔室间流动，同时油液也会对活塞产生阻力，只要改变油液流动过程中阻力的大小，就可以改变活塞的阻力大小，也就是减振器阻尼的大小。因此只要改变两个腔室的小孔大小，就可以改变油液的阻力，从而改变减振器的阻尼。

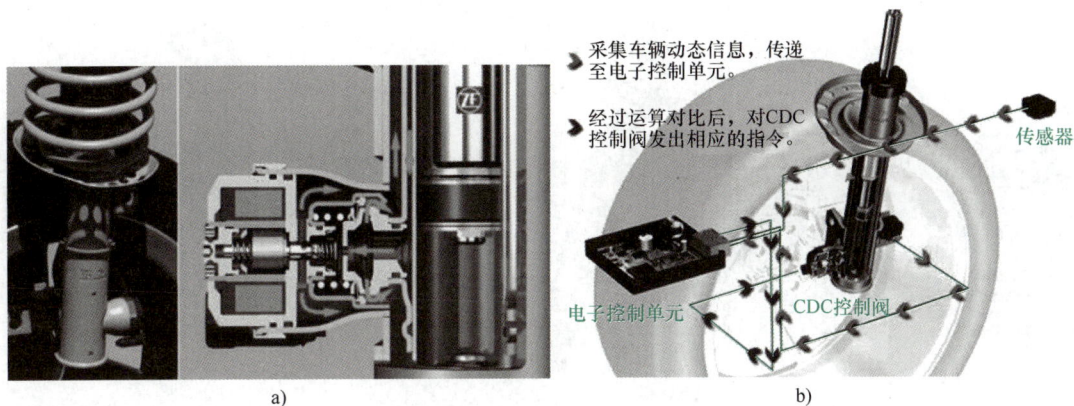

图 6-11　CDC 减振系统控制原理

a）控制阀的结构　b）控制逻辑示意图

　　什么时候该改变减振器的阻尼大小是由 CDC 系统的电子控制单元来控制的。系统会通过车辆上的传感器（车身加速度传感器、横向加速度传感器等传感器）来实时监测车辆当前的行驶状态（每秒钟至少可监测 100 次），搜集到的数据传输到电子控制单元经过运算对比后，对 CDC 控制阀发出相应的指令，从而控制阀门的开度大小来提供适应当前路况的阻尼。

2. MRC 减振系统

　　（1）MRC 减振系统构成　MRC 由车载控制单元、车轮位移传感器、MRC 减振器组成。MRC 减振器内部油液为含有直径 $3\sim10\mu m$ 磁性粒子的电磁液，没有传统减振器的卸载阀和单向阀，改为由电磁感应线圈控制液体流动，新款 MRC 线圈从一个大的换成两个小的来加快响应速度。

　　（2）MRC 减振系统工作原理　每个车轮和车身连接处都有一个车轮位移传感器，传感器与车载控制单元相连，控制单元与 MRC 减振器相连。当车辆行驶在崎岖不平的路面上时，车轮位移传感器会以最高每秒 1000 次的频率探测路面，并实时将信号传送至车载控制系统，该控制系统会实时发出指令至各个减振器内的电磁线圈，通过改变电流改变磁场，电流越小，磁场越弱，阻尼越小。电流越大，磁场越强，阻尼越大。MRC 减振系统控制原理如图 6-12 所示。

　　（3）MRC 减振系统的特点　MRC 减振系统的最大的特点就是响应迅速，可变阻尼，且调控精准。

　　MRC 和 CDC 的相同点和不同点：

　　1）相同点：MRC 和 CDC 的目的是一样的，都是通过控制减振器的阻尼来改变悬架的"软""硬"，适应不同的路况变化。

　　2）不同点：二者的响应频率和调节方式不同，CDC 对路面监测以及减振器的阻尼调节可以达到 100 次/s，而 MRC 可以达到 1000 次/s，因此 MRC 的响应速度更快。MRC 和 CDC 对减振器的阻尼调节方式也是完全不同的，CDC 是通过改变减振器内外腔之间的小孔大小，来改变液压油的流动阻力，进而改变减振器内活塞的阻力达到悬架"软""硬"调节的目的。MRC 的核心是减振器内的液体材料，一种被称为"磁流变液"的可控流体，这种材料

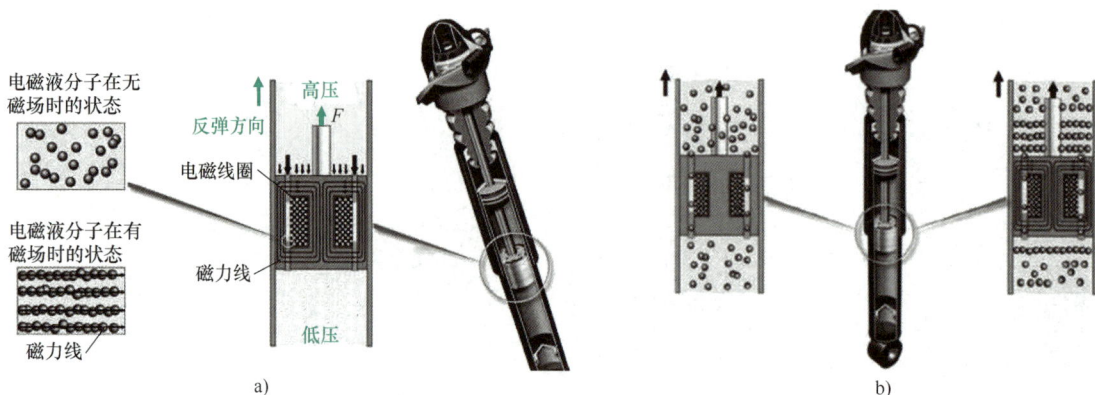

图 6-12　MRC 减振系统控制原理
a）控制的原理　b）实际控制示意图

在磁场作用下的流变是瞬间的、可逆的，在零磁场时会呈现出液态，而在强磁场时会呈现出固态，因此只要改变磁场的强弱就可以改变磁流变液的黏度状态，继而改变减振器内活塞的阻力。

3. 空气弹簧悬架

空气弹簧悬架的原理是在密闭的压力缸内充入惰性气体或者油气混合物，使缸内的压力高于大气压的几倍或者几十倍，利用活塞杆的横截面积小于活塞的横截面积从而产生的压力差来实现活塞杆的运动。由于原理上的根本不同，空气弹簧比普通弹簧有着很显著的优点：速度相对缓慢、空气弹簧动态力变化不大（一般在1∶1.2 以内）、容易控制。空气弹簧悬架如图 6-13 所示。

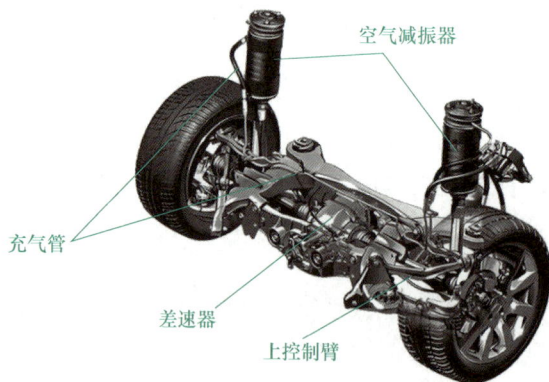

图 6-13　空气弹簧悬架

4. BOSE 电磁悬架系统

美国 BOSE 公司研制成功的动力-发电减振器（Power-Generating Shock Absorber，PGSA），完全由线性电动机电磁系统（Linear Motion Electromagnetic System，LMES）组成电磁减振器，如图 6-14 所示。它包含四个关键技术：线性电磁感应式电动机、功率放大器、控制算法和计算速度。

其工作原理为通过 BOSE 独有的功率放大器，对每个车轮进行调节的控制信号被放大成足以驱动电动机的电流，从而驱动电磁式线性电动机工作让悬架伸展或压缩。

BOSE 的电磁悬架系统独特之处在于不但可以为电动机提供电流，而且还可以在整车行驶工况下由电机发电产生电流（每个 PGSA 可产生至少 25W 的功率，可以为电动汽车蓄电池充电），这就形成了一套电力补偿机制。这对于完全依靠电力驱动的电动汽车来说是非常有利的，可以较大幅度地增加蓄电池的电量，延长电动汽车的续驶里程。

例如，当一个车轮压过一个凹坑时，这一侧悬架会伸展而另一侧悬架会压缩，这套系统会利用另一侧悬架微小的压缩趋势让电动机产生电力，提供给这一侧的电动机伸展悬架。这样的自补偿系统要比常规的调节系统节省大约 1/3 的动力。

5. 线控悬架基本工作原理

当汽车在路面行驶时，传感器将汽车行驶的路面情况（汽车的振动）和车速及起动、加速、转向、制动等工况转变为电信号，输送给电子控制单元，电子控制单元将传感器送入的电信号进行综合处理，输出对悬架的刚度、阻尼及车身刚度进行调节的控制信号，线控空气悬架工作原理如图 6-15 所示。

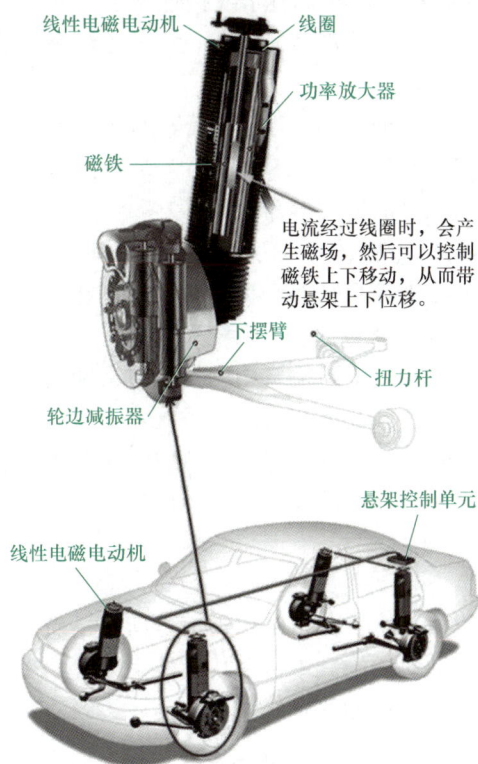

图 6-14　BOSE 电磁悬架系统

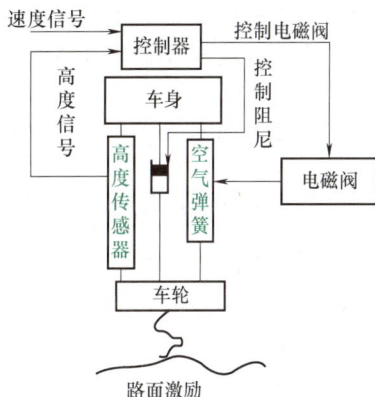

图 6-15　线控空气悬架工作原理

MBC（Magic Body Control）也被称为"魔毯"，除了核心部件线控悬架外，还加装了车顶雷达系统，目前奔驰和宝马的顶配车型上装有 MBC。

奔驰的"魔毯"悬架系统工作原理为：通过车顶的雷达对前方路面凸凹度进行录入，录入的信息会和当时的车速一同经过悬架电子控制单元预置算法计算处理，之后 ECU 会对各个悬架的刚度和阻尼比进行调节（调节空气弹簧刚度，调节减振器阻尼比），最终实现车身始终水平的目的。

6. 线控悬架特点

线控空气悬架是线控悬架的一种，它可以在不同的工况下，具有不同的弹簧刚度和减振器阻尼力，既能满足平顺性的要求，又能满足操纵稳定性的要求。其优点具体如下：

1）刚度可调，可改善汽车转弯时出现的侧倾以及制动和加速等引起的车身"点头"等问题。

2）汽车载荷变化时，能自动维持车身高度不变。

3）碰到障碍物时，能瞬时提高底盘和车轮，越过障碍，使汽车的通过性得到提高。

4）可抑制制动时车身的"点头"，充分利用车轮与地面的附着条件，加速制动过程，缩短制动距离。

5）使车轮与地面保持良好的接触，提高车轮与地面的附着力，增加汽车抵抗侧滑的能力。

尽管线控空气悬架有诸多优点，但其结构也决定了其不可避免的缺点：

1）结构复杂，故障的概率和频率远远高于传统悬架系统。由于线控悬架要求每一个车轮悬架都有电子控制单元，得到路谱数据后的优化处理算法难度非常大，调节不好就会适得其反。

2）线控空气悬架：用空气作为调整底盘高度的"推进动力"，减振器的密封性要求非常高，若空气减振器出现漏气，则整个系统将处于"瘫痪"状态。如果频繁地调整底盘高度，还有可能造成气泵系统局部过热，会大大缩短气泵的使用寿命。

3）宝马"魔毯"悬架系统除了存在空气悬架自身缺点外，还存在着其他的限制，如摄像头只能识别路面的凹陷和凸起，浸满雨水的坑就会被无视；而斑马线却很有可能被当成起伏。此外，颠簸振动、雨雪大雾天气、迎面射来的灯光都会直接让系统失效。

虽然线控悬架已有成熟、量产技术，但由于其前期大量研发费用的投入、后期高昂的使用和维护费用等造成其成本居高不下，目前多用于国内外高端车型。

"线控悬架"相比"线控制动"和"线控转向"，不是无人驾驶技术中的关键核心技术，它只是无人驾驶中锦上添花的一项技术，所以目前技术发展相对比较缓慢。

6.2.3 线控转向系统（Steer-by-Wire）

线控转向系统取消了转向盘与转向轮之间的机械连接，其角传递和力传递都是通过电传机构实现。由于物理上的完全解耦，双向的独立驱动模块给汽车转向特性带来巨大的设计空间。传统助力式转向系统与双向驱动的线控转向系统对比如图6-16所示。

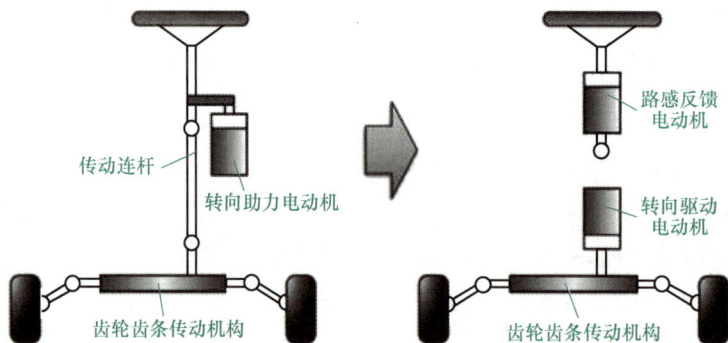

图6-16 传统助力式转向系统与双向驱动的线控转向系统对比

1. 汽车线控转向系统的结构及原理

汽车线控转向系统由转向盘总成、转向执行机构总成和ECU三个主要部分以及自动故障处理系统、电源等辅助系统组成，如图6-17所示。

转向盘总成的主要功能是将驾驶人的转向意图（通过测量转向盘转角）转换成数字信号，并传递给 ECU；同时接收 ECU 送来的力矩信号，产生转向盘回正力矩，以提供给驾驶人相应的路感信息。转向盘总成包括转向盘、转向盘转角传感器、力矩传感器、转向盘回正力矩电动机等。

转向执行机构总成的功能是接收 ECU 的命令，通过转向电机控制器控制转向车轮转动，实现驾驶人的转向意图。转向执行机构总成包括前轮转角传感器、转向执行电动机、转向电机控制器和前轮转向组件等。

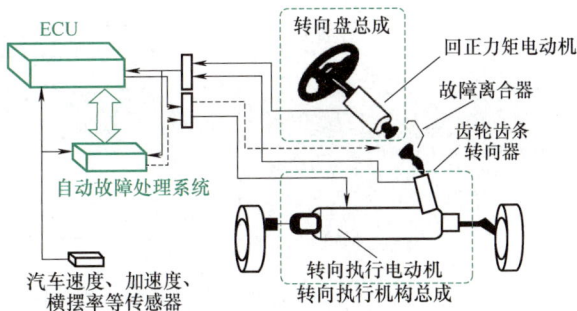

图 6-17　汽车线控转向系统组成

ECU 的功能是对采集的信号进行分析处理，判别汽车的运动状态，向转向盘回正力电动机和转向执行电动机发送指令，控制两个电动机的工作，保证各种工况下都具有理想的车辆响应，以减少驾驶人对汽车转向特性随车速变化的补偿任务，减轻驾驶人负担。同时 ECU 还可以对驾驶人的操作指令进行识别，判定在当前状态下驾驶人的转向操作是否合理。当汽车处于非稳定状态或驾驶人发出错误指令时，线控转向系统会将驾驶人错误的转向操作屏蔽，而自动进行稳定控制，使汽车尽快地恢复到稳定状态。

自动故障处理系统是线控转向系统的重要模块。它包括一系列的监控和实施算法，针对不同的故障形式和故障等级做出相应的处理，以求最大限度地保持汽车的正常行驶。作为应用最广泛的交通工具之一，汽车的安全性是必须首先考虑的因素，安全是一切研究的基础，因而故障的自动检测和自动处理是线控转向系统最重要的组成系统之一。它采用严密的故障检测和处理逻辑，以更大地提高汽车安全性能。电源系统承担着 ECU、两个执行电动机以及其他车用电器的供电任务，其中仅前轮转向执行电动机的最大功率就有 500～800W，加上汽车上的其他电子设备，电源的负担已经相当沉重。所以要保证电网在大负荷下稳定工作，电源的性能就显得十分重要。

2. 汽车线控转向系统的原理

汽车转向系统是决定汽车主动安全性的关键总成，传统汽车转向系统是机械系统，汽车的转向运动是由驾驶人操纵转向盘，通过转向器和一系列的杆件传递到转向车轮而实现转向的。汽车线控转向系统取消了转向盘与转向轮之间的机械连接，完全由电能实现转向，摆脱了传统转向系统的各种限制，不但可以自由设计汽车转向的力传递特性，而且可以设计汽车转向的角传递特性，给汽车转向特性的设计带来无限的空间。

汽车线控转向系统的工作原理如图 6-18 所示。其原理是用传感器检测驾驶人的转向数据，然后通过数据总线将信号传递至车上的 ECU，并从转向控制系统获得反馈命令，转向控制系统也从转向操纵机构获得驾驶人的转向指令，并从转向系统获得车轮情况，从而指挥整个转向系统的运动。转向系统控制车轮转到需要的角度，并将车轮的转角和转动转矩反馈到系统的其余部分，比如转向操纵机构，以使驾驶人获得路感，这种路感的大小可以根据不同的情况由转向控制系统控制。

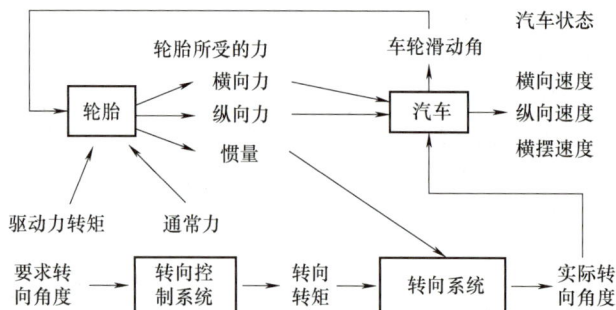

图6-18 汽车线控转向系统的工作原理

3. 汽车线控转向系统的特点

（1）提高汽车安全性能 线控转向系统去除了转向柱等机械连接，完全避免了撞车事故中转向柱对驾驶人的伤害；智能化的ECU根据汽车的行驶状态判断驾驶人的操作是否合理，并做出相应的调整；当汽车处于极限工况时，能够自动对汽车进行稳定控制。当系统中电子部件出现故障后，由于采用冗余和容错技术，系统仍能实现其最基本的转向功能。

（2）改善驾驶特性和增强操纵性 线控转向系统能基于车速、牵引力控制以及转向比率（转向盘转角和车轮转角的比值）不断变化。低速行驶时，转向比率低，可以减少转弯或停车时转向盘转动的角度；高速行驶时，转向比率变大，能获得更好的直线行驶条件。

（3）改善驾驶人的路感 线控转向系统转向盘和转向车轮之间无机械连接，驾驶人"路感"通过模拟生成。其原理是从信号中提出最能够反映汽车实际行驶状态和路面状况的信息，作为转向盘回正力矩的控制变量，使转向盘仅向驾驶人提供有用信息，从而为驾驶人提供更为真实的"路感"。

（4）增强汽车舒适性 线控转向系统由于消除了机械结构连接，地面的不平和转向轮的不平衡不会传递到转向轴上，从而减缓了驾驶人的疲劳，驾驶人的腿部活动空间和汽车底盘的空间明显增大。

（5）体现个性化的设置 线控转向系统可以根据驾驶人的要求设置转向传动比和转向盘反馈力矩，以满足不同驾驶人的要求和适应不同的驾驶环境，与转向相关的驾驶行为都可以通过软件来设置。

6.2.4 线控制动系统（Brake-by-Wire）

通常，汽车的制动系统，会直接与汽车行驶过程的安全有所联系，随着如今道路的建设发展，车流量增多，为了保障行驶安全，制动的控制变得尤为关键。线控制动技术、网络技术等都会成为未来汽车发展的主要趋势。

汽车线控制动技术能够将驾驶人的制动操作转变为电信号，并通过传感器、电缆等设施，将信号直接传送给执行结构，最终实施制动。在现阶段，线控节气门系统、线控转向系统等属于发展比较稳定的线控制术，线控制动系统的技术目前还未完全成熟，一般多用于实施工业操作的车辆中。

在传统的汽车制动系统中，驾驶人的所有操作（如踩制动踏板等），都是通过机械装置来完成的，而线控制动技术则不同，它将所有的动作转化为电信号，通过电路发出的指令，实施汽车制动操作。

汽车线控制动技术的特征与优点，主要体现在以下几个方面：

1）能够降低对驾驶人员精力的消耗，在提高其驾驶舒适度的同时，增加了安全性。

2）能够为汽车行业的发展带来新的方向，提供了更广阔的设计空间，不仅能够促使设计方向更加个性化，还能提升性能，为汽车智能控制技术提供发展的潜力。

3）能够大量减少维护所消耗的费用，也减少了维护所用的设施。

但在现阶段，电子设备还具有一定的安全隐患，例如当电路失效后，很有可能导致制动踏板的控制失灵或是无法安全制动等。因此，今后的发展和研究要重点关注其安全性能，从而更好地提升车辆行驶的可靠性。

线控制动是自动驾驶汽车"控制执行层"中最关键，也是技术难度最高的部分。由于技术发展程度的局限，目前出现了两种形式的线控制动系统：电子液压制动（EHB）系统和电子机械制动（EMB）系统。

典型的 EHB 系统由传感器、电子控制单元（ECU）、执行器等部分构成，其结构如图 6-19 所示。

正常工作时，制动踏板与制动器之间的液压连接断开，备用阀处于关闭状态。制动踏板配有踏板感觉模拟器和电子传感器，ECU 可以通过传感器信号判断驾驶人的制动意图，并通过电动机驱动液压泵进行制动。电子系统发生故障时，备用阀打开，EHB 系统变成传统的液压系统。

备用系统增加了制动系统的安全性，使车辆在线控制动系统失效时还可以进行制动，但是由于备用系统中仍然包含复杂的制动液传输管路，使得 EHB 系统并不完全包含线控制动系统产品的优点。

EHB 系统虽然实现了线控制动功能，但是并没有完全移除液压系统。在 EMB 系统中，所有的液压装置，包括主缸、液压管路、助力装置等均被电子机械系统替代，液压盘和鼓式制动器的调节器也被电动机驱动装置取代。EMB 系统是名副其实的线控制动系统，其结构如图 6-20 所示。

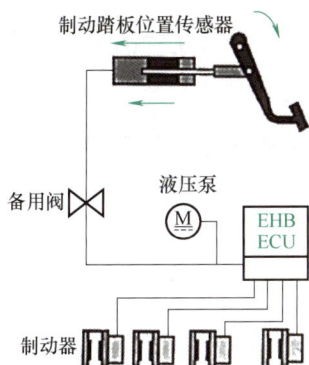

图 6-19 典型的 EHB 系统结构   图 6-20 EMB 系统结构

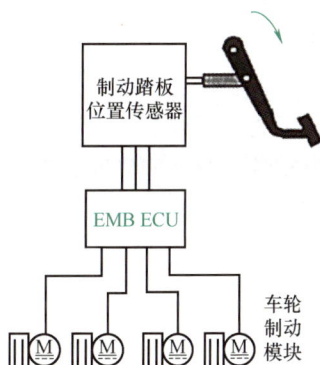

EMB 系统的 ECU 需要根据制动踏板传感器信号以及车速等车辆状态信号，驱动和控制执行机构电动机来产生所需的制动力。

线控制动的关键技术主要有以下几项。

1）功能安全技术。线控制动系统的功能安全，是一项针对电子、电气以及可编程电子安全控制系统的产品安全设计指导规范。

制动系统是设计汽车安全的关键系统。线控制动系统要求高可靠性，目前需要冗余备份来保障可靠性。以电动助力器来说，当驱动电动机发生故障时，需要有机械系统来做备份。电动机驱动器也需要软件备份及硬件备份。制动工况比较复杂，经常会出现长时间制动、制动过热等现象，对机电系统的过载性能、耐高温性能有较大考验，需要充分考虑。

2）踏板模拟技术。传统的制动系统中，驾驶人在踩制动踏板时，能够感受到真空助力器以及液压系统的反馈，整车在不同制动压力的驱动下，建立起相应的减速度，给驾驶人建立起制动踏板感。踏板踩踏速度、踏板力、踏板行程以及对应压力和减速度的建立都影响制动踏板感。

3）汽车动态稳定性控制技术。汽车主动安全领域的 ABS、ASR 以及 ESP 都是涉及制动系统的汽车主动安全控制系统。ESP 中用于进行压力精度调节和响应速度调节的电磁阀等液压控制单元设计与生产技术、ESP 的控制技术、底盘综合控制技术以及控制器技术、ESP 评价方法等都是 ESP 的关键所在。

4）能量回收和安全冗余。目前制动能量回收技术较为成熟，对于绝大部分场景都能进行高效能量回收。

新能源汽车的制动能量回收使得其具有传统汽车无法比拟的优势。在制动过程中，电机发电将汽车的动能转化为电能储存，电机发电和基础制动系统协同作用，实现汽车制动过程。图 6-21 所示为具有再生制动的电动汽车能量转换示意图。

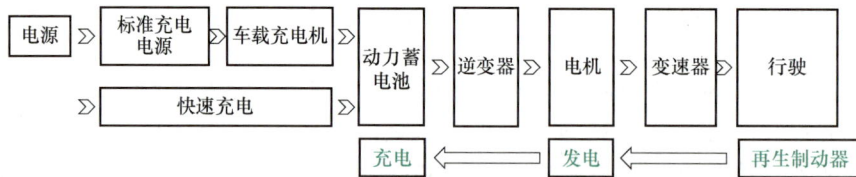

图 6-21　具有再生制动的电动汽车能量转换示意图

能量回收延长了汽车的续驶里程，同时也减少了基础制动系统的消耗和热衰退等，增加制动器使用寿命。制动过程中需要考虑驱动轮与非驱动轮的分别控制、蓄电池 SOC 的状态、回收电流与功率的实时调节、不同转速下电动机回收能力、汽车行驶工况以及整车制动稳定性和制动踏板感觉。制动能量回收需要再生制动系统与液压制动系统的协调工作才能实现，如图 6-22 所示。

汽车制动过程能量分类如图 6-23 所示，制动能量回收主要是指制动阻力的能量回收。制动能量回收的主要衡量指标为能量回收效率，即在制动过程中，电动机产生的回馈制动力（或再生制动力）占可回收总制动阻力的比例。回馈制动力占比越大，能量回收效率越高，续驶里程改善越明显。

不同能量回收策略（图 6-24）对应的能量回收效率和制动感受会存在差异。现阶段最常见的能量回收策略为以下三种：其一是单踏板回收（特斯拉方案），单踏板回收有较高的能量回收效率，但制动驾驶感受与传统驾驶差别较大（驾驶感受较差，松开加速踏板即开始制动/能量回收）；其二是叠加式回收，制动驾驶感受与传统驾驶相似，有一定的能量回

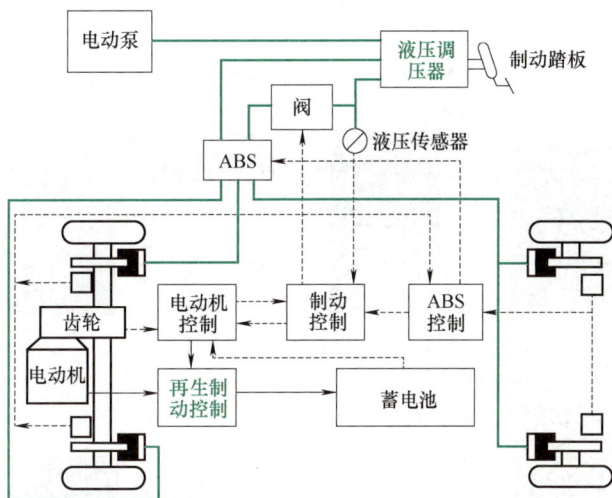

图 6-22　再生制动系统与液压制动系统的协调工作示意图

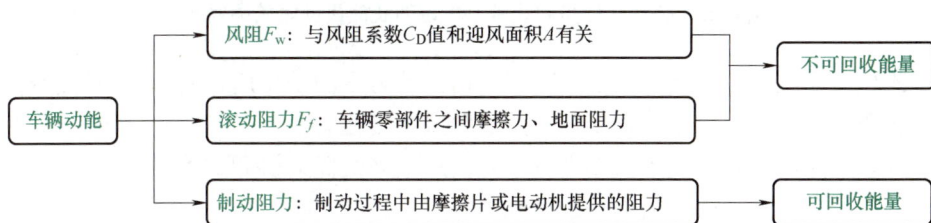

图 6-23　汽车制动过程能量分类

收功效；其三是协调式回收，制动驾驶感受也与传统驾驶相似，同时具备更高的能量回收效率（在不同的测试工况下，协调式回收效率均高于叠加式回收）。

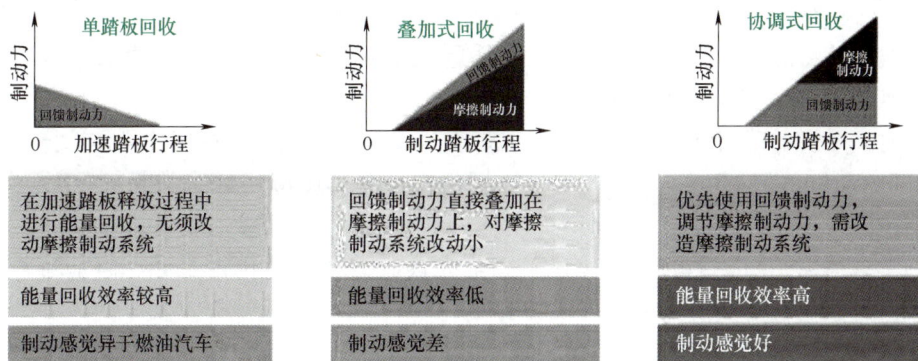

图 6-24　汽车制动过程能量回收策略

从叠加式与协调式能量回收策略的对比来看（图 6-25），叠加式能量回收的本质是先放大制动摩擦力，再叠加一个可变或固定的再生制动力，导致能量回收效率偏低；协调式能量回收的本质在于分配，制动控制器在收到踏板行程探测器的信号后，先计算出所需的总制动力，然后通过 ECU 的分配优先将制动任务分配给再生制动力，当再生制动力达到上限后，不足的部分可通过摩擦制动力补偿。

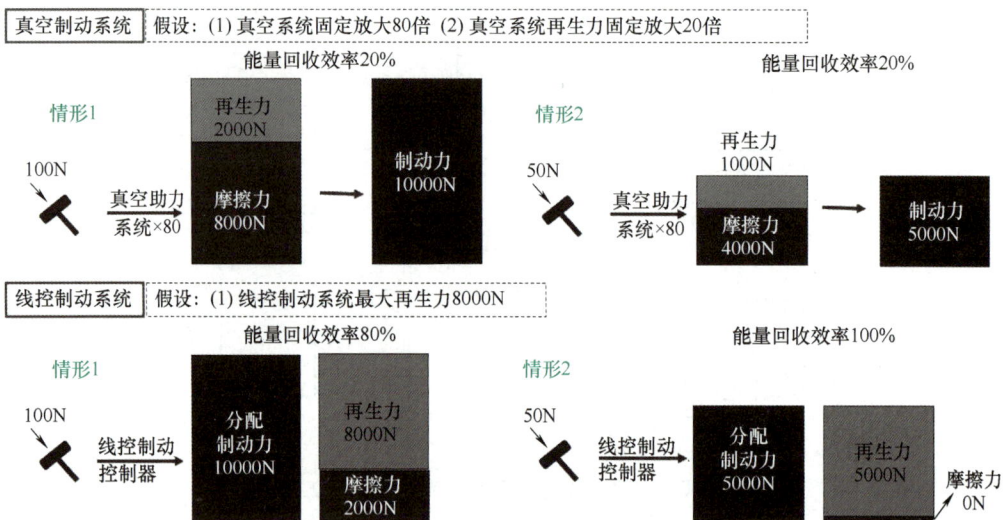

图6-25 叠加式能量回收策略与协调式能量回收策略对比

协调式能量回收策略能最大限度地利用电动机的再生制动作用，具备较高的能量回收效率；同时相较于单踏板式能量回收策略，其驾驶感受更佳。

从三种能量回收策略的技术对比来看，协调式策略最优，协调式策略的核心在于控制器分配，而控制器分配制动力的前提在于解耦。

制动系统中解耦有两种常见的方式，机械解耦和液压解耦。机械解耦是通过直接断开制动踏板机构与后续制动机构之间的机械连接；而液压解耦则是通过添加额外的中间机构（如储液罐），将由制动踏板传递而来的制动能量储存起来。机械解耦的结构简化程度优于液压解耦，预计将成为未来的主要解决方案。

5）车载网络通信技术。线控系统对车载通信网络提出了新的性能需求。目前基于事件触发的总线系统将会不能满足新的需求，尤其是系统对通信的高速率、可靠性、容错支持以及满足消息传输实时和确定性的要求。

基于时间触发的确定性的通信网络协议是满足安全关键性实时控制的最佳选择。目前有TTCAN、Byteflight、FlexRay、TTP/C等通信网络标准。其中应用最多的是FlexRay、TTP/C两个网络协议。

目前车载通信网络技术的商业化还不完全成熟，CAN通信仍占主导。但是随着智能汽车的发展，车载通信网络的变革也将很快出现。

6）传感器技术。未来的制动系统一定是智能主动制动系统，能够依据精确、分辨率高传感器信息来感知、控制决策、动态执行。因此成本低、可靠性好、精度高、体积小的传感器是发展线控制动系统的关键技术之一。多功能化、智能化、集成化的传感器并和计算机芯片集成是未来发展趋势。

随着线控制动技术的应用，人们逐渐开始用电子电路、电子元器件等代替传统的机械和液压传动装置，提升了汽车的性能，使其具有传统汽车无法相比的优势，不仅使汽车更智能化，还改善了汽车的动力性能，提升了乘坐舒适度。目前，线控制动技术的发展还处于不断完善的阶段，一些关键性技术中存在的局限还有待突破。

6.3　自适应巡航控制（ACC）系统

自适应巡航控制（Adaptive Cruise Control，ACC）系统是在传统的定速巡航控制系统基础上，结合安全车间距保持控制，通过环境信息感知模块进行前方行驶环境监测（前方有无车辆、两车间距、相对速度等），在前方没有车辆或前方车辆远在安全车距之外时以预设定车速定速巡航，而当前方车辆在监测范围以内且前方车辆车速小于本车巡航车速时，以一定的控制策略自动跟随前车行驶（图 6-26）。ACC 在特定工况下实现了汽车的纵向自动驾驶，是高级驾驶辅助系统（ADAS）的重要组成部分，其目的在于通过车辆自动控制在高速公路上的车速与车距，以提高通行效率与行车安全，减轻驾驶人的操作负担。

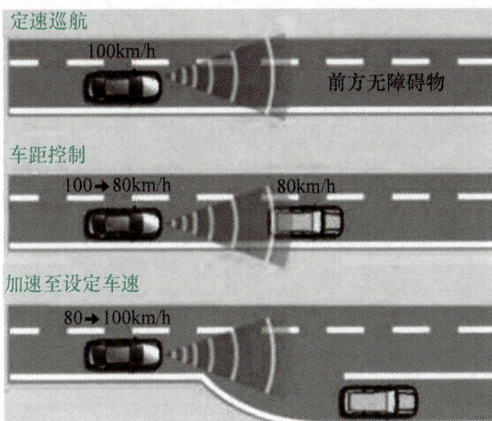

图 6-26　ACC 工作原理示意图

1. ACC 系统架构

自适应巡航控制系统架构（图 6-27）主要包含感知、决策、执行三个环节。其中，感知环节依靠毫米波雷达和车辆底盘 CAN 总线传输有效信息；决策环节根据对感知信息的判别，选择进入巡航模式或跟车模式，获取需求加速度并发送至执行层；执行环节将需求加速度转化为发动机转矩或制动系统油液压力等，实现车辆的自主控制。其中，当毫米波雷达未检测到本车道前方跟随目标时，系统进入巡航模式，按照驾驶人预先设定的速度定速前行；当毫米波雷达检测到本车道前方存在潜在跟随目标时，系统进入跟车模式并通过调节车间距跟随前方车辆；当系统检测到驾驶人踩下制动踏板或取消 ACC 功能时，系统退出 ACC，由驾驶人接管车辆。

2. ACC 感知系统

ACC 系统需要感知本车信息、前车信息、环境信息，并进行车距计算。

（1）本车信息感知　本车信息主要是指自车的运动信息和驾驶人对车辆的操控，包括本车的速度、加速度、横摆角速度以及驾驶人行为。自车速度和加速度为计算目标加速度提供数据支撑；横摆角速度为判断自车是否处于弯道提供依据；驾驶人的行为作为判断驾驶人

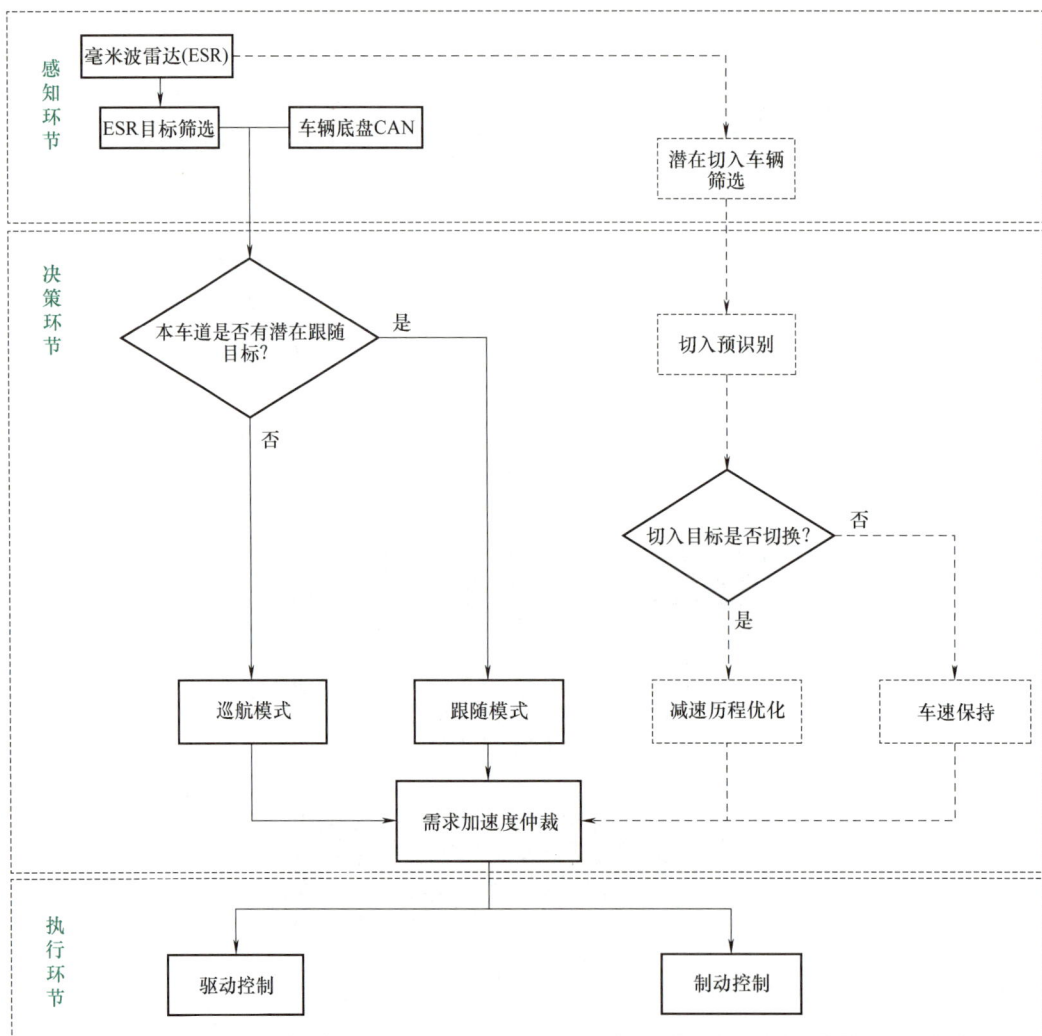

图 6-27 自适应巡航控制系统架构

是否介入汽车操控的判断基准。

（2）前车信息感知 前车信息主要包括前车的速度信息和前车相对于自车的位置信息，位置信息包括相对距离和相对角度。相对角度用于相对距离与纵向距离、横向距离之间的转化；速度信息和纵向距离为跟车工况提供汽车的状态信息，以便跟车策略的执行；横向距离为判断前车和自车是否在同一车道提供依据。自适应巡航控制系统的基本目标是得到目标车辆与本车之间的距离和相对速度，利用感知系统获得前方车辆与自车之间的运动信息，提取距离和车辆行驶速度信息。ACC 系统一般选取毫米波雷达识别物体的距离、速度等信息（图 6-28）。

图 6-28 毫米波雷达测距方法示意图

（3）环境信息感知 ACC 系统需要感知汽车行驶环境，了解道路信息，包括道路限速和地面附着系数的大小等，目前可以实现主动制动功能的底层执行机构有电子稳定控制（ESC）系统，其包含很多传感器，通过解读传感器信息以及运用相应的算法计算可以对地面附着系数进行预估，为跟车提供参数支持，从而为策略的确定提供参考。车载视觉系统主要包括摄像头等依靠视觉数据处理来获得交通信息的传感器，能获得包括道路车辆、行人及交通标线与标志在内的大容量交通信息，因此被广泛应用在行人保护、车道偏离预警及前向防撞控制中。

（4）车距计算 图 6-29 所示给出了两车间车距计算的简易方法，假设前后两车车速为恒定值，分别为 v_1 和 v_2，雷达波的频率为 f，雷达波长为 λ，雷达传播速度 $v_0 = \lambda f$。

在 t_0 时刻，汽车 1 发出雷达波，开启自适应巡航控制系统，雷达波向汽车 2 传播。经过时间 t_1，雷达波到达汽车 2，此时雷达走过的距离为 $L_1 = v_0 \times t_1$，汽车 1 行驶距离 $S_1 = v_1 \times t_1$，汽车 2 行驶距离 $S_2 = v_2 \times t_1$。经过时间 t_2，雷达波返回至汽车 1，雷达波返回的距离为 $L_2 = v_0 \times (t_2 - t_1)$，汽车 1 行驶距离 $S_3 = v_1 \times (t_2 - t_1)$。得出 $t_1 = t_2(\lambda f + v_1)/2\lambda f$，所以 $L_1 = t_2(\lambda f + v_1)/2$。雷达波的频率较快，所以只测定出雷达波第一次触碰到前车的距离即为当前的两车距离。

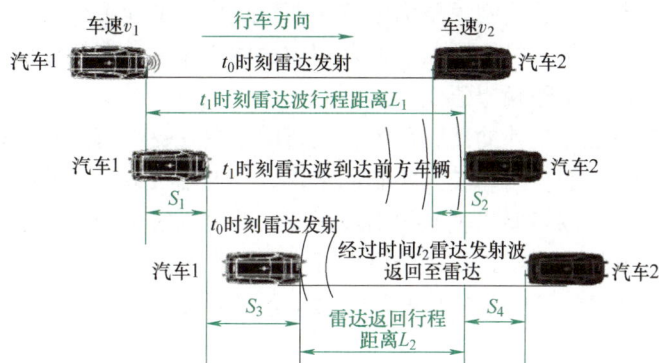

图 6-29 利用雷达测距简易计算方法

3. 安全车距模型

安全车距模型的选择和设置对自适应巡航控制系统十分关键。在进行车距控制时安全车距模型实时计算主车所处的安全状态，并根据前车的行驶情况决定是否对主车进行加速或减速操作。安全车距设置偏小会导致主车在前车跟随行驶时经常处于不安全状态，从而引发驾驶人精神紧张。安全车距设置过大则会引起其他车辆的频繁并线，使驾驶人对自适应巡航控制的信任度降低。因此选取可靠而合适的安全车距计算模型十分重要。安全车距模型主要采用固定车间时距 CTH（Constant Time Headway）和可变车间时距 VTH（Variable Time Headway）两种。

（1）CTH 算法 固定车间时距算法采用的是固定间隔时距，根据驾驶人指定的间隔时距来控制汽车行驶，计算公式为

$$d_{des} = v_h \times t_h + d_{min} \tag{6-1}$$

式（6-1）中，d_{des} 为期望安全间距；t_h 为可以设定的车间时距，一般可取 1.4 ~ 3s；v_h 为本车车速；d_{min} 为静止时两车之间的最小保持距离，一般可取 2 ~ 5m。当车间时距 t_h 一定时，本车车速越大，所期望安全间距就越大，车速变小则所期望的安全间距就变小，而这

符合实际驾驶人的驾驶习惯。固定车间时距算法可以考虑到汽车速度对安全距离的影响，简单而直接，目前大多数做 ADAS 产品的汽车零部件供应商都采用的是此算法。

（2）VTH 算法　可变车间时距算法采用的是变化的车间时距 t_h。它根据道路工况以及行驶参数的变化来做出相应的调整。有研究表明，在自适应巡航控制系统中采用此种算法可以提高道路的利用率。在此算法中，车间时距与本车车速成正比，计算公式为

$$d_{des} = v_h \times t_h + d_{min} \tag{6-2}$$

$$t_h = t_{h1} + t_{h2} \times v_h \tag{6-3}$$

式（6-3）中，t_{h1}、t_{h2} 为大于 0 的常数。车辆间的车间时距是动态变化的，随本车速的提高而增加，随本车车速的降低而减小。由于在实际工况中，汽车车速不能超过设计的最高车速 v_{max}，所以车辆间的车间时距最高应表示为

$$t_h = t_{h1} + t_{h2} \times v_{max} \tag{6-4}$$

4. 自适应巡航主控系统

自适应巡航主控系统由目标车辆状态及主车行驶状态确定各执行机构的控制动作，是自适应巡航控制系统的核心部分。目前大部分控制算法采用上、下位控制器的分层设计结构，上位控制器根据传感器信息及控制策略确定主车期望达到的加速度或速度，并引入实际加速度与速度作为控制反馈，而下位控制器根据期望加速度或速度计算执行机构的控制量，以使主车的实际加速度或速度跟随期望值变化。

自适应巡航控制系统作为辅助驾驶系统，其目的主要是提高道路利用率、减轻驾驶人驾驶负担，提高驾驶安全性能。当驾驶人踩制动踏板、加速踏板或系统故障时，系统都应该给予驾驶人最高的优先级，以确保驾驶人的驾驶意图，此时系统必须主动退出，保证驾驶人在何种情况下都能接管车辆控制权；当系统再次开启时，系统应恢复上一次的参数设置，当然也可以进行新的参数设置，这就是驾驶人主动干预策略的基本功能，控制流程如图 6-30 所示。

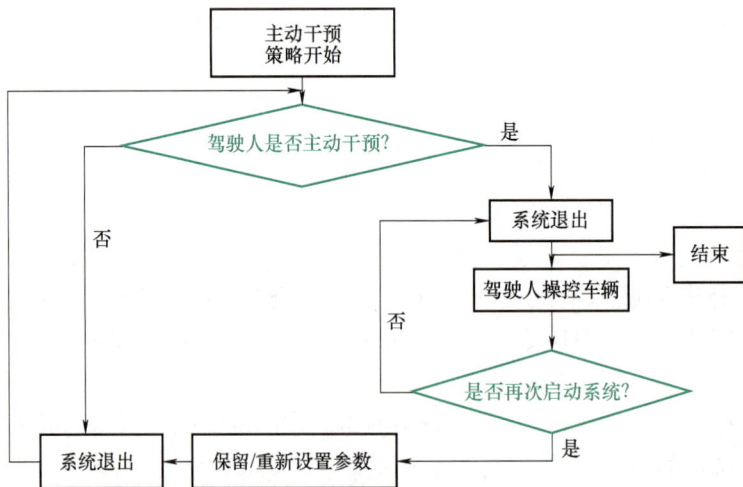

图 6-30　驾驶人主动干预控制流程

驾驶人干预主要有两部分，即踩加速踏板或踩制动踏板，将这两个动作转化为数值形式，设置加速信号门限值和制动信号门限值，每当驾驶人有相应的执行动作时，系统会接收

传感器经过计算得来的数值，将计算结果与限值进行对比，若该计算值大于系统限值，则认为驾驶人有干预意图，如果计算值小于系统限值，则认为驾驶人没有干预意图。

5. 执行机构系统控制

自适应巡航控制系统的执行机构主要包括电子节气门系统、主动制动系统以及在低速控制中应用的自动换档系统。通过第一车距判据、第二车距判据和车速判据，依次由前至后将前车与本车之间的间距划分为四个区域：避撞区域、制动区域、降速区域、加速区域。前车后端至第一车距判据的临界车距之间的区域，为避撞区域；第一车距判据的临界车距至第二车距判据的临界车距之间的区域，为制动区域；第二车距判据的临界车距至车速判据平衡时的两车间距之间的区域，为降速区域；车速判据平衡时的两车间距至本车前端之间的区域，为加速区域。前后两车之间区域划分如图 6-31 所示。

图 6-31　前后两车之间区域划分

6.4　电子制动力分配（EBD）系统

1. 电子制动力分配（EBD）系统概述

ABS 的主要作用是防止汽车制动时车轮抱死，提高车辆制动时方向稳定性和可操纵性，防止制动时产生侧滑和甩尾等危险现象，同时提高对路面附着系数的利用，可以使汽车获得较短的制动距离。但 ABS 并没有解决汽车制动系统中的所有缺陷，因为汽车制动时，在滑移率达到 ABS 的控制范围之前，汽车车轮上的制动压力同时增大，但由于惯性，直行制动时汽车前、后轮或转弯制动时汽车左、右轮上的垂直载荷已经发生转移，导致四个车轮达到最佳滑移率的时间不同，所以路面附着条件的利用率不能达到最大限度，制动效率还不高，EBD 系统则可以解决这一问题。ABS+EBD 就是在 ABS 的基础上，平衡每一个车轮的有效地面附着力，改善车轮制动力的平衡，防止汽车出现甩尾和侧滑。它实际上是 ABS 的辅助功能，是对 ABS 的有效补充，可以提高 ABS 的效用，EBD 系统一般和 ABS 配合使用。即使车载 ABS 失效，EBD 系统也能保证车辆不会出现因甩尾而导致翻车等恶性事件的发生。从驾驶感受上说，ABS 会给驾驶人"弹脚感"，并发出较为急促和剧烈的阀体动作的噪声，而

EBD 系统并不会有任何类似表现。所以一般驾驶人并不会察觉 EBD 系统的存在，EBD 系统可以把制动带来的失控风险控制于无形之中。在车轮轻微制动时，电子制动力分配（EBD）功能就起作用，转弯时尤其如此。

2. 电子制动力分配（EBD）系统定义

电子制动力分配（Electric Brake force Distribution，EBD）系统，德文缩写为 EBV（欧洲车一般用它表示），是 ABS 的新发展，它是在 ABS 基础上发展而来的系统，采用电子控制技术替代传统的各种比例阀，是 ABS 的辅助功能，只需在 ABS 的控制系统里增加一个控制软件，其他与 ABS 完全一致。作为 ABS 的有效补充，它和 ABS 组合使用，可以提高 ABS 的功效。

EBD 系统在制动时控制制动力在各轮间的分配，充分地利用车轮与地面的附着系数，不仅提高了汽车制动的操纵性和稳定性，还缩短了制动距离，提高了行车安全性。EBD 系统整合了电子与液压技术，通过改变对各个制动器所施加的制动压力，可提升车辆在紧急状况下的制动性能。EBD 系统属于主动式安全设备。此外，EBD 系统除了对 ABS 支持外，还对 ESP 提供技术支持。

3. 电子制动力分配（EB）系统组成

汽车 EBD 系统结构与 ABS 一样，也是由轮速传感器、制动压力调节器（液压执行器）和电子控制单元等组成（图 6-32），只是在 ABS 的基础上改变了控制逻辑和控制算法，使之具有了新的功能。

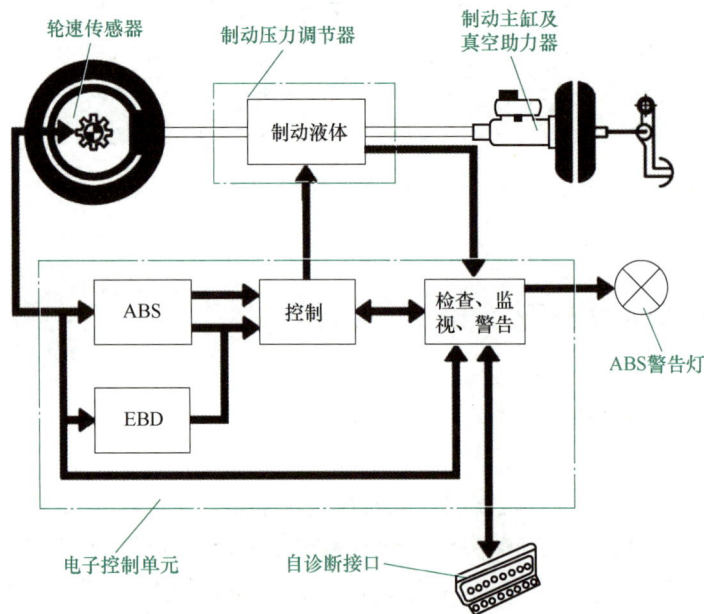

图 6-32　汽车 EBD 系统组成

4. 电子制动力分配（EB）系统工作原理

EBD 的工作原理与 ABS 基本相同，EBD 控制原理框图如图 6-33 所示。当汽车制动时，EBD 系统会实时采集车轮轮速、车轮阻力以及车轮载荷等信息，经计算得出不同车轮最合理的制动力并分配给每个车轮。在 ABS 起作用之前，EBD 系统便会根据车轮垂直载荷和路面附着系数分配制动器制动力，使每个车轮都能够充分利用路面附着系数，在缩短制动距离的同时提高汽车行驶的方向稳定性。当制动被释放（或车辆加速）的时候，程序的应用恰好相反。

1）轮速传感器检测出车轮转速后，将其传递给电子控制单元（ECU）。

2）ECU 计算出参考车速和滑移率后，发指令给制动压力调节器，进行制动力分配，并调节车轮的最佳滑移率。

3）制动压力调节器执行 ECU 传来的指令，将合理的制动力作用于汽车的车轮，使其满足制动要求。

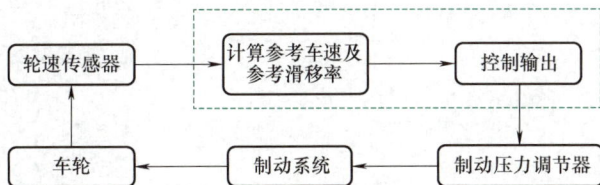

图 6-33　EBD 控制原理框图

EBD 系统与 ABS 的工作范围略有区别（图 6-34），EBD 系统在汽车制动时即开始控制制动力，而 ABS 则是在车轮有抱死倾向时才开始工作。当 ABS 起作用时，电子制动力分配（EBD）系统即停止工作。EBD 系统的优点在于在不同的路面上都可以获得最佳制动效果，缩短制动距离，提高制动灵敏度和协调性，改善制动的舒适性。

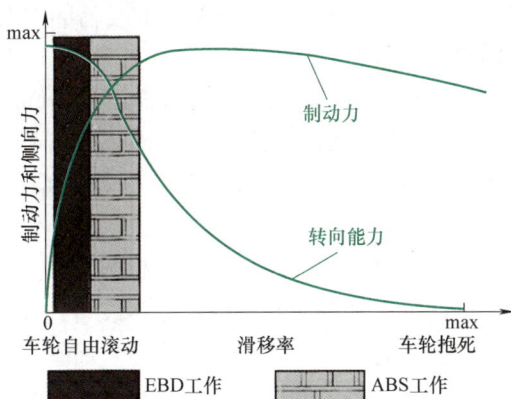

图 6-34　EBD 系统与 ABS 的工作范围示意图

6.5　自动泊车辅助（APA）系统

1. 自动泊车辅助定义

自动泊车辅助是通过遍布车辆周围的传感器探测车辆周围环境信息和有效泊车空间，并规划泊车路径，控制车辆的转向和加减速，使车辆半自动或自动完成泊车操作的功能。

2. 自动泊车辅助系统分级

根据自动化程度的演进，自动泊车辅助可分为半自动泊车辅助、全自动泊车辅助、记忆泊车、自主代客泊车四种产品形态，其中，根据搭载传感器和使用场景的不同，全自动泊车辅助又可分为基于超声波雷达的全自动泊车辅助、超声波雷达融合环视摄像头的全自动泊车辅助、遥控泊车辅助三种形态。随着自动泊车辅助技术的不断迭代，自动泊车辅助功能的实用性也越来越强。自动泊车辅助（APA）系统分级如图 6-35 所示。

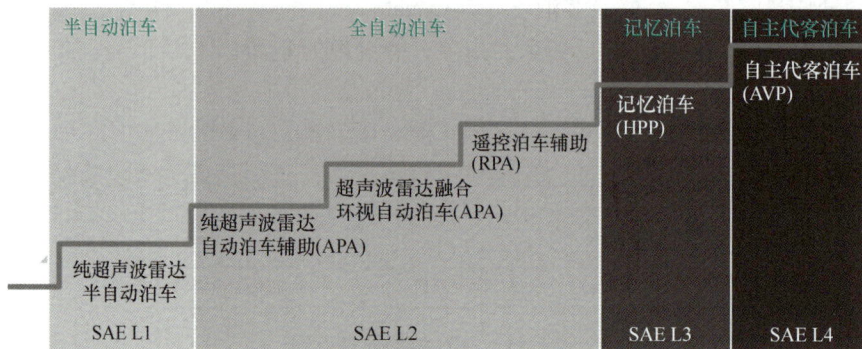

图 6-35　自动泊车辅助（APA）系统分级

（1）半自动泊车辅助　半自动泊车辅助（Semi-Automatic Parking Assist，S-APA）基于车辆的超声波雷达实现车位感知，向驾驶人提供车位信息，并进行路径规划，系统自动控制车辆转向系统，驾驶人仅需按照仪表板的提示对车辆纵向进行控制。半自动泊车辅助需要驾驶人实时监督，并控制档位、加速和减速，对应 SAE L1 级辅助驾驶系统；对驾驶过程要求较高，且操作流程复杂，用户体验较差。

（2）全自动泊车辅助　全自动泊车辅助（Full-Automatic Parking Assist，F-APA）相比半自动泊车辅助更加智能化。全自动泊车辅助系统可以对车辆进行横向和纵向的控制，同时需要驾驶人对车辆进行持续监控和有效接管，以保障泊车安全，属于 SAE L2 级别的泊车辅助系统。

按照传感器组成的不同，全自动泊车辅助分为基于超声波雷达的全自动泊车辅助、基于超声波雷达与视觉融合的全自动泊车辅助，其中传统超声波雷达泊车方案仅能在由障碍物组成的车位实现泊车功能，应用场景有限，用户满意度不高。而基于超声波雷达与视觉融合的全自动泊车辅助系统具有更强的探测物体的能力，可对车辆周遭环境进行分类，能帮助泊车系统实现更丰富的感知。

（3）遥控泊车辅助　遥控泊车辅助（Remote Parking Assist，RPA）系统是在 APA 的基础上增加了遥控部分，允许驾驶人在车外一定可视范围内使用遥控装置（手机 APP 或遥控钥匙）控制车辆实现泊入、泊出、直进、直出等自动召唤或泊车功能，避免了停车后难以打开自车车门的尴尬场景。全自动泊车辅助所有操作由泊车系统完成，解决了最后十米的自动驾驶问题，用户体验得到提升。

（4）记忆泊车辅助　在全自动泊车辅助基础上，记忆泊车（Home-Zone Parking Pilot，HPP）可在相对更远距离和更复杂环境中自主完成泊入和泊出操作。记忆泊车建立在即时定位与地图构建（Simultaneous Localization and Mapping，SLAM）技术基础之上，利用车身传感器，学习、记录并储存用户常用的下车位置、停车地点及泊车行进路径，建立常用泊车路径的环境特征地图，车辆再次经过该地点时，系统将复现用户的泊车路径来代替驾驶人完成停车场内最后一段距离的低速驾驶和泊车。在外界环境发生较大变化，记忆泊车功能无法实现时，记忆泊车系统将要求驾驶人接管车辆或者返回原来位置，对应 SAE 分级的 L3 级别。

记忆泊车系统应用区域不需要提前采集高精度地图，适用于高频、高重复性的泊车行为，可以有效解决家庭区域私人停车位、园区及办公场景下单位固定停车场的泊车问题。

（5）自主代客泊车　自主代客泊车（Automated Valet Parking, AVP）是指用户在指定下客点下车，通过手机 APP 下达泊车指令，车辆在接收到指令后可自动行驶到停车场的停车位，不需要用户操纵与监控。用户通过手机 APP 下达取车指令，车辆在接收到指令后可以从停车位自动行驶到指定上客点；若多辆车同时收到泊车指令，可实现多车动态的自动等待进入泊车位。车辆自动行驶过程中应能遵守道路交通规则，或停车场运营方所制定的场内交通规则。自主代客泊车显著的特点是车内无人。依靠更精准的感知（需使用高精度地图）、更强大的算力、更先进的自动驾驶算法，自主代客泊车系统可自动完成智慧停车场内的低速自动驾驶、自主避障、智能搜索车位和车辆泊入/泊出，是目前业内公认的将最先实现商业化应用的 L4 级自动驾驶功能。

3. 自动泊车辅助系统结构

自动泊车辅助系统结构包括：环境感知系统、中央控制系统、执行系统和人机交互系统，如图 6-36 所示。

（1）环境感知系统　环境感知系统主要任务是探测环境信息，通过超声波雷达、摄像头、毫米波雷达等传感器采集车辆位置信息和车身状态信息，并将其转化为数字信号，为下一步的路径规划和决策提供基础。在车位探测阶段，环境感知系统将采集车位的长度和宽度；在泊车阶段，检测汽车相对于目标停车位的位置坐标，进而用于计算车身的角度和转角等信息，确保泊车过程的安全可靠。自动泊车辅助主流车端传感器配置方案见表 6-2。

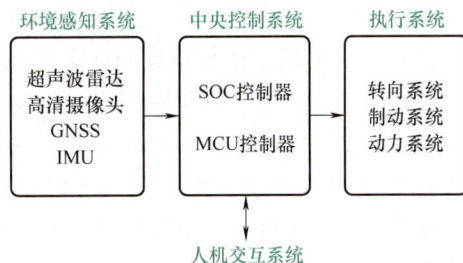

图 6-36　自动泊车辅助系统（APA）结构

表 6-2　自动泊车辅助主流车端传感器配置方案

自动泊车辅助系统	半自动泊车辅助	全自动泊车辅助	遥控泊车辅助	记忆泊车	自主代客泊车
传感器配置方案	超声波雷达×12	超声波雷达×12 环视摄像头×4	超声波雷达×12 环视摄像头×4	超声波雷达×12 环视摄像头×4 前视摄像头×1 毫米波雷达若干	超声波雷达×12 环视摄像头×4 前视摄像头×1 毫米波雷达若干 高精度地图

（2）中央控制系统　中央控制系统是一个泊车控制器，负责将环境感知系统采集到的信息进行处理和分析，得出车辆当前的位置、目标的位置以及周边的环境，依据这些参数判断是否具备停车条件，计算最优路径规划，生成相应的控制指令，并通过整车网络将泊车过程中所需的转向力矩、转角信息等信息以电信号形式下发到相关执行器，同时要把需要向驾驶人显示的信息按照输出的逻辑和顺序，通知到 HMI 显示控制端。

195

随着自动泊车辅助级别的提升，各个方案所需的传感器的种类和数目越来越多，对数据处理的需求也越来越高。一般而言，超声波数据使用微处理器（MCU）处理即可；摄像头数据处理包括传统的计算机视觉方法和深度学习两种方法，需要使用到系统级芯片（SOC）上的中央处理器（CPU）、图形处理器（GPU）、数字信号处理单元（DSP）、神经网络处理器（NPU）等处理单元；毫米波雷达和激光雷达数据需要算力更强的 SOC 芯片进行处理，如图 6-37 所示。

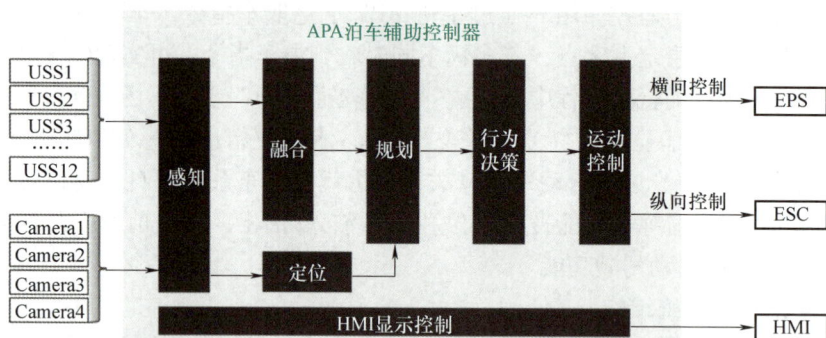

图 6-37　APA 泊车控制器内部的处理模块

（3）执行系统　执行系统的任务是根据接收到的泊车控制器的指令，控制车辆的转向盘、加速以及制动等，使车辆能够按照规划出来的泊车路径来执行泊车动作，并随时准备接收中断的紧急停车。横向控制的实现一般基于对电动助力转向系统（EPS）的控制，通常由 APA 控制器给 EPS 发送转向盘转向角度指令，由 EPS 执行转向命令，并且将转向盘实时的角度反馈给泊车控制器，最终实现对车辆的横向控制。纵向控制主要是基于对电子稳定控制（ESC）系统的控制。控制器将纵向控制的各项目标输入 ESC 系统，再由 ESC 系统向下控制发动机管理系统（EMS）、变速器控制单元（TCU）、电子驻车制动（EPB）系统等控制器或系统，从而控制汽车泊车速度/加速度，实现对整车的纵向控制。电动助力转向系统与汽车动力系统、电控系统相互协调配合，控制车辆按照指定命令完成泊车过程。

（4）人机交互系统　驾驶人通过人机交互系统启动泊车过程，实现泊车命令的下达、泊车状态的监控及调整。L1、L2 的自动泊车辅助系统的人机交互系统着重于用户体验，其决定了自动泊车辅助系统的好用、易用程度，影响自动泊车辅助系统的使用率。L3 级别的自动泊车辅助系统着重于车辆周边的人与环境的交互，与 L1、L2 级别的自动泊车辅助系统相比，其控制和检测的对象和逻辑均存在差异。

6.6　自动紧急制动（AEB）

自动紧急制动（Autonomous Emergency Braking，AEB）是一种汽车主动安全技术，主要由 3 大模块构成，其中测距模块的核心包括微波雷达、激光雷达和视频系统等，它可以提供前方道路安全、准确、实时的图像和路况信息。

AEB 系统采用雷达测出与前车或者障碍物的距离，然后利用数据分析模块将测出的距离与警告距离、安全距离进行比较，小于警告距离时就进行警告提示，而小于安全距离时即使在驾驶人没有来得及踩制动踏板的情况下，AEB 系统会主动控制制动系统使车辆及时制动以尽可能避免碰撞。

在这个过程中，上层 ADAS 实时监测驾驶工况和交通状态，当出现自车可能和前车碰撞的情况下，ADAS 会触发 AEB 功能，并发送减速请求给 ESC，在接收到 ADAS 的减速度请求后，ESC 会快速进行制动，使车辆按照 ADAS 请求进行减速。

6.7　电子驻车制动（EPB）系统

电子驻车制动（Electrical Park Brake，EPB）系统是利用线控技术将行车过程中的临时性制动和停车后的长时性制动功能整合在一起，以电子控制方式实现停车制动的技术。EPB 系统去掉了普通机械式驻车制动系统的手柄或是踏板等机械装置，通过一个 EPB 开关（通常设计为按钮 P）对驻车制动器进行控制，从而实现了驻车制动的电子化控制，EPB 电子控制单元通过数据总线与 ESP 系统连接，可以实现车辆的自动停止固定功能和动态的应急制动。

常见的 EPB 系统包括卡钳式 EPB 系统和拉线式 EPB 系统。卡钳式 EPB 系统的电动机装在卡钳上，两个后轮各装一个电动机，其优点为系统响应快，左右轮可以单独控制；缺点为成本高。拉线式 EPB 系统使用一个电动机，通过拉线带动两个卡钳，其作用方式与机械式驻车制动类似，其优点为成本相对低；缺点为响应相对较慢。

EPB 系统的驻车功能主要通过电信号的传递来实现，通过 ECU 发出指令来驱动卡钳进行相关动作。其主要组成为 EPB ECU、EPB 提示灯、EPB 开关按键、EPB 执行机构等，如图 6-38 所示。EPB 执行机构结构如图 6-39 所示。

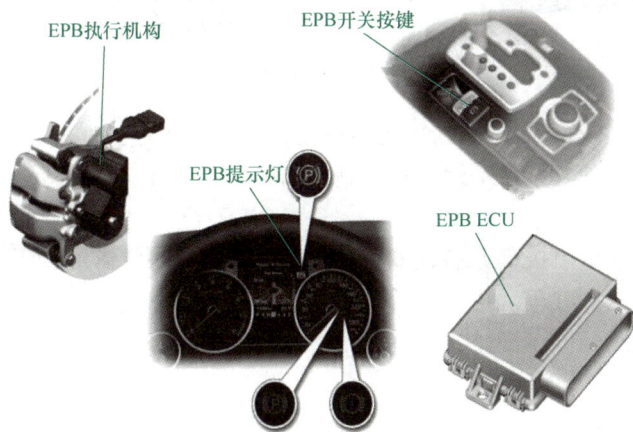

图 6-38　EPB 组成

双控 EPB：双 ECU 独立控制，可节省 P 位锁止机构，降低成本，如图 6-40 所示。

EPB 的工作基本原理与机械式驻车制动、制动踏板制动相似，均是通过制动盘与制动片产生的摩擦力来控制停车制动，只不过控制方式从之前的机械式驻车制动拉杆或脚踏板变成了电子按钮，故也有人称其为"电子驻车制动"。EPB 的应用如图 6-41 所示。

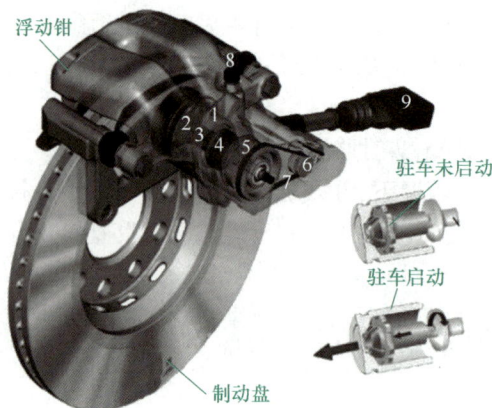

图 6-39　EPB 执行机构结构

1—活塞　2—顶杆（推力螺母）　3—旋转螺杆　4—斜盘减速器　5—主驱动轮
6—电动机输出轴齿轮　7—传动链（带）　8—制动油管接头　9—电动机线插口

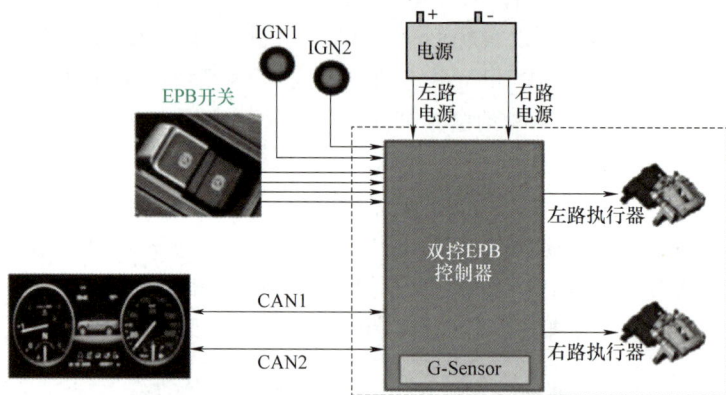

图 6-40　双控 EPB

EPB 与传统的驻车制动和制动踏板制动相比，有如下优点：

1）采用 EPB，无驻车制动手柄或驻车制动踏板，为整车内饰造型的设计提供了更大的发挥空间。

2）EPB 停车制动可由按键 P 替代驾驶人的用力提拉制动手柄的动作，简单省力。

3）EPB 系统可以在驻车（P 位）后自动施加驻车制动，避免驻车忘记拉驻车制动、起动忘记松开驻车制动的不安全事故。采用 EPB 时，驻车方便、可靠，还可防止意外的释放（比如小孩误撞、偷盗等）。

4）在车辆行驶过程中（尤其是高速行驶）遇到紧急情况时，如果起动了 EPB，它会与 ESP 或 ABS 协同作用，避免车轮抱死导致车辆失控，使驾驶过程变得更安全。

5）采用 EPB 后，可在 EPB 基础上扩展其他功能，如该系统不仅能够实现静态驻车、静态释放（关闭）、自动释放（关闭）等基本功能，还可增加自动驻车（Auto Hold）和动态驻车等辅助功能。

虽然电子驻车制动节省空间，易操作，还能减小制动滑行，但是也有明显的缺点：

1）电子驻车制动的稳定性没有传统驻车制动好，一旦失灵，车主无法自行处理，存在安全隐患；且因其系统复杂度高，更换或维修不方便，其维修费也比传统驻车制动要高。

2）汽车严重亏电时驻车无法解除，无法移动车辆。

3）无法利用电子驻车制动完成漂移。电子驻车制动只在低速区起效，而作为紧急制动功能也只在传统液压制动系统出现故障时才会介入（并非所有的电子驻车制动系统都带有这种工作逻辑）。所以在一般情况下，电子驻车制动在高速行车时，只能进行传统液压制动操作而无法单独制动后轮完成车辆甩尾动作，即"漂移"动作。

4）电子驻车制动的操作范围比传统驻车制动要窄，只能进行低速制动以及实现驻车制动功能。常见的电子驻车制动系统只有松和紧两种状态，无法精确并线性地控制后轮制动力。这就使得电子驻车制动难以在赛车、街道跑车等运动车型中普及。

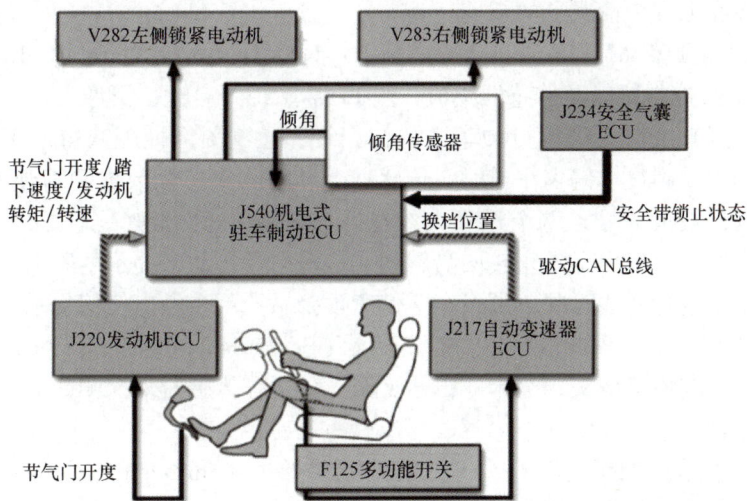

图 6-41　EPB 的应用

6.8　ADAS 的其他功能简介

（1）前方碰撞预警（FCW）系统　（Forward Collision Warning，FCW）能够通过雷达系统和摄像头来时刻监测前方车辆，判断本车与前车之间的距离、方位及相对速度，当存在潜在碰撞危险时对驾驶人进行警告。FCW 系统本身不会采取任何制动措施去避免碰撞或控制车辆。

（2）自适应前照灯（AFL）　自适应前照灯（Adaptive Front Lights，AFL）是一种可以安装在车上的技术，可以根据道路的形状来改变前照灯的方向。另一些自适应前照灯控制系统能够根据车速和道路环境来改变前照灯的强度。

（3）盲点检测（BSD）　盲点检测（Blind Spot Detection，BSD）通过车辆周围排布的防撞雷达、多普勒雷达、红外雷达等传感器、盲点探测器等设施，由计算机进行控制，在超车、倒车、换道、大雾、雨天等易发生危险的情况下随时以声、光（侧视镜上的小灯闪烁）形式向驾驶人提供汽车周围必要的信息，并可自动采取措施，有效防止事故发生。

（4）驾驶人监控系统（DMS）　驾驶人监控系统（Driver Monitoring Systems，DMS）运

用感应器来检测驾驶人的注意力。如果驾驶人看向马路前方，并且在此同时有危险的情况被检测到了，系统就会用闪光，用刺耳的声音来警示。如果驾驶人没有做出任何回应，那么车辆就会自动制动。

（5）抬头显示器（HUD） 抬头显示器（Heads-Up Display，HUD）把汽车行驶过程中仪表板显示的重要信息（如车速）投射到前风窗玻璃上，不仅能够帮助对速度判断缺乏经验的新手控制自己的车速，避免在许多的限速路段中因超速而违章，更重要的是它能够使驾驶人在大视野不转移的条件下瞬间读数，始终头脑清醒地保持最佳观察状态。

（6）智能车速控制（ISA） 智能车速控制（Intelligent Speed Adaptation，ISA）系统能识别交通标识，并根据读取的最高限速信息控制加速踏板，确保驾驶人在法定限速内行驶，有效避免驾驶人在无意识情况下的超速行为。

（7）车道偏离预警（LDW） 车道偏离预警（Lane Departure Warning，LDW）系统主要由 HUD、摄像头、控制器以及传感器组成，当 LDW 系统开启时，摄像头（一般安置在车身侧面或后视镜位置）会时刻采集行驶车道的标识线，通过图像处理获得汽车在当前车道中的位置参数。当检测到汽车偏离车道时，传感器会及时收集车辆数据和驾驶人的操作状态，之后由控制器发出警报信号，整个过程大约在 0.5s 完成，为驾驶人提供更多的反应时间。此时转向系统会产生纠正力矩阻止转向盘转动或是转向盘抖动来提示驾驶人。而如果驾驶人打开转向灯，正常进行变线行驶，那么车道偏离预警系统不会做出任何提示。

（8）行人检测系统（PDS） 行人检测系统（Pedestrian Detection System，PDS），是车辆在行驶途中可以利用摄像头、毫米波雷达、激光雷达等传感器来探测四面行人，在安全距离内及时控制车速。

（9）全方位全景摄像头（SVC） 全方位全景摄像头（Surround View Cameras，SVC）由安装在车身前后左右的四个超广角鱼眼摄像头同时采集车辆四周的影像，经过图像处理单元畸变还原、视角转化、图像拼接、图像增强，最终形成一幅车辆四周无缝隙的 360° 全景俯视图。在显示全景图的同时，也可以显示任何一方的单视图，并配合标尺线准确地定位障碍物的位置和距离。

（10）交通信号及标志牌识别（RSR） 交通信号及标志牌识别（Road Sign Recognition，RSR）技术让车辆能够自动识别交通信号或者标志牌，例如最高限速、停车标示等。

（11）汽车夜视系统（NVS） 汽车夜视系统（Night Vision System，NVS）利用红外线技术能将黑暗变得如同白昼，使驾驶人在黑夜里看得更远更清楚。夜视系统的结构由两部分组成：一部分是红外线摄像机，另一部分是风窗玻璃上的光显示系统。

（12）上坡起步辅助控制（HAC） 上坡起步辅助控制（Hill-start Assist Control，HAC）功能的作用是在右脚松开制动踏板后的一段时间内继续将制动液压保存在轮缸内，给驾驶人充分的时间踩加速踏板来建立驱动力，使驾驶人更加从容应对坡道起步。在 HAC 的辅助下，驾驶人可以减少对驻车制动的操作，减少熄火和溜车的可能，其对前进和后退都适用。

HAC 功能的激活取决于对坡道的判断，而坡道的判断依赖惯性传感器中探测的纵向加速度传感器。另外，为提高舒适性，HAC 需要保证制动力和驱动力能够被很好地衔接起来，随着驱动力的上升，制动力需要逐渐降低，因此在 HAC 的控制过程中需要通过制动力踏板信号和加速踏板信号来正确地判断驾驶人起步的意图。与此同时，HAC 需要接收档位信息，以综合纵向加速度传感器来判断车辆起步的方向。

当探测到的坡道超过 HAC 激活门限时，整个控制过程可以概括如下：

1）驾驶人踩制动踏板到车辆静止。

2）驾驶人松开制动踏板准备起步。

3）HAC 功能激活，液压控制单元控制出液阀关闭，将第一步中踩进四个轮缸中的压力保持在轮缸内。

4）判定驱动力超过起步门限或者达到 HAC 激活时间门限（不超过 2s）时控制出液阀打开，释放制动力。

默认情况下 HAC 功能最长提供 2s 的驻车时间，2s 后开始撤销液压，在大部分坡道场景下 2s 的时间足够驾驶人完成从踩制动踏板切换到踩加速踏板的动作切换；但是在坡道很大的场景下，如果驱动力建立不迅速，还是可能存在短暂的溜坡风险。因此 HAC 同时也会检测加速踏板状态，如果检测到驾驶人在踩加速踏板但是 HAC 判断当前的驱动力输出不足以完成坡道起步，HAC 会延长驻坡时间至 4s，从而提高大坡道起步的舒适性。

（13）陡坡缓降控制（HDC）　陡坡缓降控制（Hill Descent Control，HDC）功能是高性能越野车的标配，可以认为是低速的"定速巡航"，它使驾驶人在不踩制动踏板的情况下，平稳地通过陡峭的下坡坡段。在这个过程中驾驶人可完全专注于控制转向盘，无须控制制动踏板和加速踏板，如图 6-42 所示。

HDC 功能的激活取决于对坡道的判断，而坡道的判断依赖惯性传感器中探测纵向加速度的传感器。HDC 的控制要点可归纳为以下几点：

1）驾驶人通过 HDC 激活按钮开启 HDC，并输入目标车速（通常不超过 15km/h）。

2）如果当前 HDC 功能状态正常（如没有制动片过热报警等），将会通过比例积分器（Proportion Integral Differential，PID）控制，结合当前轮速和目标车速计算目标制动力，并将目标制动力转化为目标压力指令发送给液压控制单元，从而实现定速控制。

3）如果在这个过程中某个车轮的滑移率超过了 ABS 设置的门限，ABS 将介入对目标压力进行修正。

（14）自动驻车（Auto Hold）功能　自动驻车（Auto Hold）功能是系统提供的除了电子稳定程序（ESP）功能外最受欢迎的功能。目前自动变速器越来越普及，大大减轻了驾驶人的负担。不过由于自动变速器的液力特性，在 D 位下通过制动将车辆停住后（如等红灯），如果驾驶人松开制动踏板，车辆会以很低的速度蠕行；但是等红灯一般停车时间短暂，驾驶人又不想每次静止后手动进行电子驻车制动。Auto Hold 功能的目的就是当车辆由驾驶人停住后，自动将轮缸内压力保持住，从而让液压制动力使车辆保持静止，既避免了蠕行，又省去了拉电子驻车制动的麻烦。电子驻车制动与自动驻车如图 6-43 所示。

图 6-42　陡坡缓降控制示意图

图 6-43　电子驻车制动与自动驻车（Auto Hold）

Auto Hold 的工作原理听起来和 HAC 相似，但是相比后者，Auto Hold 的应用场景更广，同时控制也相对更加复杂。两者功能作用对比见表 6-3。

表 6-3 HAC 和 Auto Hold 功能作用对比

对比项	HAC	Auto Hold
坡道探测	均通过惯性传感器中的纵向加速度传感器探测	
应用场景	坡道起步	任意车辆静止场景
驻车时间	不超过 2s	不超过 10min
主动建压	只保压而不主动建压	检测压力不够驻车时会主动建压
激活方式	没有激活按钮，满足条件主动激活	有激活功能按钮，驾驶人选择是否开启

Auto Hold 整个控制过程可以概括如下：

1）驾驶人踩制动踏板到车辆静止。

2）车辆静止后液压控制单元控制出液阀关闭，将第一步中踩进四个轮缸中的压力保持在轮缸内（如果压力不足以控制，则主动增压）。

3）如果 Auto Hold 工作时长超过设定门限（10mins），主动请求 EPB 拉起卡钳，同时释放液压力。

4）如果检测到驾驶人踩加速踏板，当驱动力超过一定门限时 Auto Hold 释放液压力。

（15）驻车制动减速功能（CDP） 目前市场上的 ESP 系统通常集成了电子驻车制动（Electric Parking Brake，EPB）。EPB 系统除了提供车辆静止时的驻车功能外，作为第二套行车制动系统，还需要通过拉起 EPB 开关触发电控液压制动单元主动建压以实现最低 $1.5m/s^2$ 的减速度，以满足法规要求，CDP 功能为满足该法规要求而设计。

当车辆行驶过程中，当驾驶人拉起 EPB 开关时，CDP 将会持续提供制动减速度直至车辆进入静止状态。CDP 可以提供最大至 $8m/s^2$ 的减速度直至车辆静止或者 EPB 电子按钮松开。目标减速度由 CDP 通过控制 ESP 系统下的液压单元施加给车轮的制动力来实现调节。CDP 作用期间，车辆的稳定性功能 ABS 和 ESP 应处于完全可用状态，避免车轮抱死带来车辆失稳的风险。

复 习 思 考 题

1. 判断题

1）线控悬架不能够采用档杆式换档操作系统。　　　　　　　　　　　　　（　　）

2）线控悬架可以连续控制悬架的刚度和减振器的阻尼。　　　　　　　　　（　　）

3）CDC 减振器通过控制电磁阀阀芯上、下移动而改变节流面积大小从而改变阻尼力。

　　　　　　　　　　　　　　　　　　　　　　　　　　　　　　　　（　　）

4）MRC 减振器内是一种被称为"磁流变液"的可控流体，改变磁场的强弱可以改变磁流变液的黏度，继而改变减振器的阻尼力。　　　　　　　　　　　　　（　　）

5）线控转向系统转向盘与转向轮之间仍然有机械连接装置，以便于线控转向系统出现故障时仍可以转向。　　　　　　　　　　　　　　　　　　　　　　　（　　）

2. 选择题

1）电子制动力分配缩写为（　　　）。

A. ABS　　　　　　　B. EBD　　　　　　　C. ASR　　　　　　　D. ESP

2）自动紧急制动缩写为（　　　）。

A. AEB　　　　　　　B. EBD　　　　　　　C. APA　　　　　　　D. EPB

3）电子驻车制动缩写为（　　　）。

A. APA　　　　　　　B. EBD　　　　　　　C. ASR　　　　　　　D. EPB

4）上坡起步辅助控制缩写为（　　　）。

A. HUD　　　　　　　B. HDC　　　　　　　C. HAC　　　　　　　D. BSD

3. 填空题

1）线控底盘主要由线控＿＿＿＿＿＿、线控＿＿＿＿＿＿、线控＿＿＿＿＿＿、线控＿＿＿＿＿＿和线控＿＿＿＿＿＿组成。

2）线控转向系统由＿＿＿＿＿＿、＿＿＿＿＿＿和＿＿＿＿＿＿三个主要部分以及自动故障处理系统、电源等辅助系统组成。

3）目前有两种形式的线控制动系统：＿＿＿＿＿＿＿＿＿和＿＿＿＿＿＿＿＿＿。

4）能量回收主要集中在两个方面：＿＿＿＿＿＿＿和＿＿＿＿＿＿＿。

5）自适应巡航控制系统主要包含＿＿＿＿＿＿＿、＿＿＿＿＿＿＿、＿＿＿＿＿＿＿三个环节。

4. 简答题

1）简述电磁悬架系统的工作原理。

2）简述线控制动系统的组成、分类和工作原理。

3）简述自适应巡航控制系统的工作原理。

4）简述 EBD 的组成及工作原理。

5）简述自动紧急制动的工作原理。

6）简述电子驻车制动系统的优点。

参考文献

［1］周林福，封建国. 汽车底盘构造与维修［M］. 4 版. 北京：人民交通出版社股份有限公司，2019.

［2］李妙然，邹伟德. 智能网联汽车技术概论［M］. 北京：机械工业出版社，2019.

［3］余志生. 汽车理论［M］. 6 版. 北京：机械工业出版社，2018.

［4］李东兵，杨连福. 智能网联汽车底盘线控系统装调与检修［M］. 北京：机械工业出版社，2021.